Josef Wilfling

UNHEIL

Josef Wilfling

UNHEIL

Warum jeder zum Mörder
werden kann

HEYNE‹

MIX
Papier aus verantwor-
tungsvollen Quellen
FSC® C014496
FSC
www.fsc.org

Verlagsgruppe Random House FSC-DEU-0100
Das für dieses Buch verwendete
FSC®-zertifizierte Papier *EOS*
liefert Salzer Papier, St. Pölten, Austria.

Redaktion: Johann Lankes, München

Umschlaggestaltung: Nele Schütz Design, München
Umschlagfoto: Andreas Müller, www.andreasmueller-fotografie.de
Dieses Werk wurde vermittelt durch die Literarische Agentur
Thomas Schlück GmbH, 30827 Garbsen
Satz: Leingärtner, Nabburg
Druck und Bindung: GGP Media GmbH, Pößneck
Printed in Germany 2012
ISBN 978-3-453-19360-4

www.heyne.de

INHALT

Vorwort

Warum Gewalt- oder Gewohnheitsverbrecher zu Mördern werden können, ist weitgehend bekannt. Es liegt an der hohen kriminellen Energie, die sich bei diesen Leuten meist schon von Kindesbeinen an aufgebaut hat, während sich die innere Hemmschwelle sukzessive abbaut. Und ist diese Hemmschwelle erst einmal überschritten, dann wird es von Mord zu Mord immer leichter. Dafür gibt es genügend Beispiele. Trotzdem fällt diese Gruppe bei uns in Deutschland, zumindest statistisch, nicht besonders ins Gewicht und ist auch im Hinblick auf die Erforschung seelischer Abgründe relativ uninteressant. Es mag sich zynisch anhören, aber zum einen gehen allenfalls 10 Prozent aller Tötungsdelikte auf das Konto dieser Leute, zum anderen bringen sie sich meist gegenseitig um. Das subjektive Sicherheitsgefühl der Bevölkerung wird in solchen Fällen also nicht sonderlich tangiert. Jedenfalls ruft es wenig Mitgefühl und Beunruhigung hervor, wenn ein Zuhälter einen anderen erstickt oder wenn sich Mafiosi wechselseitig eliminieren. Bemerkenswert ist auch, dass sich die Tötungsarten in diesen Kreisen vielfach auf »kurz und schmerzlos« beschränken, sodass in der Regel nicht einmal das Mordmerkmal der Grausamkeit erfüllt ist. Denn grausam handelt nur, wer dem Opfer aus gefühlloser, unbarmherziger Gesinnung heraus besondere Schmerzen und Qualen zufügt. Das aber erlebt man ausgerechnet dort, wo sich Menschen nahe, oft sogar sehr nahe standen und wo sich dennoch teuflische Mordpläne entwickelt oder negativ besetzte Emotionen entladen haben.

Während die Motivlagen bei Berufsverbrechern meist klar auf der Hand liegen und keine großen Rätsel aufgeben, ist man regelmäßig ratlos, wenn es sich bei Täterinnen oder Tätern um bislang unbescholtene, anständige Menschen handelt, denen man eine so schreckliche Tat niemals zugetraut hätte. Für Angehörige ist die Suche nach Antworten oft verbunden mit der quälenden Frage, ob sie die verhängnisvolle Entwicklung hätten erkennen oder sogar stoppen können. Nicht selten kommt es zu heftigen Vorwürfen oder Selbstvorwürfen. Was war es, das einen geistig gesunden, friedfertigen, mitten im Leben stehenden, erfolgreichen und eventuell sogar tiefgläubigen Menschen veranlassen konnte, vorsätzlich ein Menschenleben auszulöschen? Die Taten von Triebtätern oder psychisch kranken Menschen nehme ich hier ausdrücklich aus, weil mein Thema nicht Krankheiten, sondern Verbrechen sind.

In meinem Buch *Abgründe* habe ich die gesetzlich definierten Mordmotive anhand realer Fälle beschrieben. Der Vergleich mit den sieben Todsünden sollte aufzeigen, dass Habgier, Wollust, Mordlust, Eifersucht, Neid, Hass und alle anderen Bösartigkeiten seit Menschengedenken in jedem Winkel dieser Erde beheimatet waren und sind, unabhängig von Religion, Kultur oder sozialem Status. Es wird sie geben, solange es Menschen gibt. Die gesetzlich definierten Mordmotive sind also eine Art Allgemeingut und stellen lediglich eine grobe Einteilung dessen dar, was wir als besonders verwerflich betrachten. Es sind quasi unterschiedlich beschriftete Schubladen, in die sich die individuellen Taten einordnen lassen, wobei das Sortiment mit der Aufschrift »Habgier« am besten gefüllt ist – es sind jene Fälle, in denen es um rational geplanten, eiskalten Mord geht.

Im Bereich der emotionalen Motive dürfte dagegen die »Eifersucht« den Schwerpunkt bilden. Das sollte aber nicht darüber hinwegtäuschen, dass selbst scheinbar gleich gelagerte Fälle gravierende Unterschiede aufweisen.

In diesem Buch möchte ich etwas tiefer in die Täterseelen eindringen und aufzeigen, dass ausgerechnet das schwerste aller Verbrechen in den wenigsten Fällen mit dem zu tun hat, was man als Wurzel allen Übels ansieht, nämlich frühkindliche

Gewalterfahrungen, Aufwachsen in ärmlichen Verhältnissen oder der soziale Status. Diese Faktoren mögen zwar die Entwicklung krimineller Energie begünstigen, aber wenn es um das böseste alles Bösen geht, spielen sie eine eher untergeordnete Rolle, weil sogenannte anständige Bürger mehr Menschen umgebracht haben, umbringen und umbringen werden als alle Berufsverbrecher zusammen.

Täglich werden Menschen zu Mördern, von denen niemand geglaubt hätte, dass sie jemals zu solchen Taten fähig sein könnten – am allerwenigsten sie selbst. Das mag unfassbar klingen, doch für mich war es der Normalfall. Ich hatte es ständig mit Menschen zu tun, die Ungeheuerliches getan haben. Die Begegnungen mit diesen Tätern und den Verbrechen, die sie begingen, lässt letztlich nur einen einzigen Schluss zu: Jeder kann zum Mörder werden.

Um diese zugegebenermaßen provokante These zu veranschaulichen, habe ich mich um ein möglichst breites Spektrum spezieller Fälle bemüht, in denen es um die Tötung nahestehender Menschen ging. Die dabei aufgezeigten Hintergründe mögen vielen bekannt vorkommen. Manche werden sogar feststellen, dass sie selbst schon inmitten eines aufziehenden Unheils stehen.

Vielleicht hilft dieses Buch ja im einen oder anderen Fall, sich dessen bewusst zu werden und zu realisieren, dass Brutalität, Kaltblütigkeit und kriminelle Energie nicht auf einen bestimmten Personenkreis beschränkt sind. Jeder kann – spontan oder im Verlauf eines längeren Prozesses – in eine Lage geraten, aus der heraus sich bewusst und gewollt der Wille zu töten entwickelt.

Die moralische Bewertung der geschilderten Tathintergründe bleibt selbstverständlich dem Urteil des Einzelnen überlassen. Die Sichtweisen sind ebenso individuell wie die Taten selbst. Da ich weder Psychologe noch Psychiater bin und auch keine philosophischen oder gar theologischen Weisheiten von mir geben möchte, beschränke ich mich auf das, was meinem Status als Praktiker entspricht: Veranschaulichung durch Schilderung realer Fälle.

Denjenigen, denen die Einblicke in die Täterseelen nicht tief genug gehen, möchte ich die Äußerung eines renommierten Gerichtspsychiaters in Bezug auf die Grenzen psychologischer und psychiatrischer Prognosen zu bedenken geben: »Die Einzigen, die in einen Menschen hineinschauen können, sind die Rechtsmediziner.« Wobei wir Ermittler übrigens bei jeder Obduktion mit am Seziertisch stehen, den Ärztinnen und Ärzten über die Schultern schauen und ihnen Fragen stellen. Manchmal lässt sich in den Eingeweiden tatsächlich eine Antwort finden, obwohl die Seele unsichtbar ist.

Trotzdem habe ich mich jedes Mal, wenn ich vor dem geöffneten Leichnam eines Menschen stand, aufs Neue gefragt, wo eigentlich »das« geblieben ist, was dieses Wesen in seiner Kreativität und Individualität einst ausgemacht hat. Eine Frage, die ich mir bei der ersten Obduktion, der ich beiwohnte, ganz spontan stellte und die mich in all den Jahren nicht mehr losließ.

Als Ermittler wären für mich natürlich insbesondere die Gedanken des jeweiligen Mordopfers interessant gewesen, vor allem die letzten. Aber wie soll man Gedanken sehen?

Dass gerade Beziehungstaten an Grausamkeit und Brutalität nicht zu übertreffen sind, ist eine Tatsache. Trotzdem sind detaillierte Schilderungen aus Gründen der Authentizität vor allem im Hinblick auf die Täterpsyche unerlässlich. Dass dabei eventuell auch Voyeure bedient werden, ließe sich nur vermeiden, wenn überhaupt keine Romane, Sachbücher, Filme oder Presseberichte über Verbrechen mehr veröffentlicht würden. Aber das Böse ist nun einmal spannender und interessanter als das Gute.

Die geschilderten Fälle orientieren sich an echten Kriminalfällen. Aus juristischen Gründen mussten Namen, örtliche und zeitliche Gegebenheiten, Berufe oder individuelle Besonderheiten, die einen Rückschluss auf Täter oder Opfer zulassen würden, verändert, anonymisiert und durch fiktive Beschreibungen unkenntlich gemacht werden.

Josef Wilfling
München, im Januar 2012

Der Profi

Friedrich O. war mit Frau und Kindern aus dem Urlaub zurückgekehrt. Sein erster Gang führte ihn zur benachbarten Doppelhaushälfte, wo ihre Freunde Christine und Peter L. mit ihrer noch nicht sechsjährigen Tochter Lisa wohnten. Er wollte sich mit einer guten Flasche Wein, die er ihnen aus Frankreich mitgebracht hatte, dafür bedanken, dass sie während des Urlaubs ihre Katze gefüttert hatten.

Friedrich O. sah, dass die Haustür spaltbreit offen stand. Wahrscheinlich hat nur jemand vergessen, die Tür fest zuzuziehen, dachte er. Er läutete mehrmals, niemand reagierte. Also drückte er die Tür vorsichtig auf und rief nach drinnen.

»Hallo, ich bin es, Fritz. Wir sind zurück. Ist denn niemand zu Hause?«

Keine Antwort. Dann aber hörte er das Lachen und Kichern von Mädchen im Obergeschoss. Er kannte sich aus in dem Haus, ging hinauf und traf auf Lisa und ihre Freundin Nicole. Die vergnügten Kinder ließen sich nicht ablenken, und Lisa erklärte, sie wisse nicht, wo Papa und Mama seien. Vielleicht sei Papa beim Sport und Mama einkaufen, meinte sie unbekümmert.

Als Friedrich O. wieder nach unten gehen wollte, sah er, dass die Tür zum Büro weit offen stand, die Schreibtischschubladen herausgezogen waren und deren Inhalt auf dem Boden verstreut lag. Es sah aus wie nach einem Einbruch. Besorgt ging er ins Erdgeschoss, schaute in die Küche und entdeckte auch hier eine gewaltige Unordnung, die auf ein hastiges Durchwühlen von Schränken und Schubladen hindeutete. Besonders auffallend war eine Geldbörse, die aufgeklappt auf dem Küchentisch lag und offensichtlich hastig geleert worden war. Mein Gott, dachte Friedrich O., da muss eingebrochen worden sein! Aber wo sind Christine und Peter?

Friedrich O. trat vor die Haustür, nahm sein Handy und wollte gerade Peter L. anrufen, als er ihn aus der Richtung des Waldes herankommen sah – wie an jedem Abend um diese Zeit, wenn Peter nicht beruflich unterwegs war und im Perlacher Forst joggte. Als er schwitzend auf sein Haus zulief, erklärte ihm sein Nachbar aufgeregt, dass die Haustür offen gewesen und Christine nicht im Haus sei. Da habe er sich schon mal erlaubt, nach ihr zu suchen.

»Was, die Tür stand offen?«, fragte Peter L. sofort alarmiert. »Das gibt es doch nicht. Ich habe sie fest zugezogen, als ich loslief. Allein schon wegen

Lisa. Und Christine ist nicht da?«, setzte er nach und wurde panisch. Peter L. stürzte ins Haus und rief nach seiner Frau. Er lief ins Obergeschoss und schaute im Büro nach, rannte wieder hinunter in die Küche und rief: »Das gibt's doch gar nicht, da muss eingebrochen worden sein!«

Dann hetzte er abermals nach oben ins Arbeitszimmer, sodass der Nachbar Mühe hatte, ihm zu folgen, doch abschütteln ließ er sich nicht.

»Das war vorhin noch nicht, als ich losgelaufen bin, da war noch alles in Ordnung. Das müssen Einbrecher gewesen sein. Mein Gott, wo ist Christine?«, rief er mit fast weinerlicher Stimme und schaute seinen Nachbarn hilflos an. Er rannte abermals ins Erdgeschoss, nahm sein Handy, das er aus beruflichen Gründen auch beim Joggen immer dabeihatte, und rief seine Frau an. Deren Handy lag nicht wie üblich in der Küche, also musste sie es eingesteckt haben. »Der Teilnehmer ist vorübergehend nicht erreichbar«, ertönte eine Ansage. Das bedeutete, dass es ausgeschaltet war.

»Sieh doch mal im Keller nach«, schlug Friedrich O. vor, als Peter keine Anstalten machte, auch dort zu suchen.

»Ja klar, dort könnte sie sein«, antwortete dieser, öffnete die Tür zum Keller, die sich im Flur befand, und ging die Treppe hastig nach unten, wobei er mehrmals den Namen seiner Frau rief.

Der Bereitschaftsdienst der Mordkommission war bereits vor Ort, als ich in dem noblen Vorort Grünwald bei München eintraf.

Das Verbrechen hatte sich in der Nachbarschaft in Windeseile herumgesprochen. Vereinzelt standen Anwohner zusammen, während eine Gruppe der Einsatzhundertschaft bereits mit der Nachbarschaftsbefragung begann. Ziel der Aktion war, Zeugen, die sachdienliche Hinweise geben konnten, sofort zu den Ermittlern zu bringen.

Tatsächlich wollten mehrere Anwohner am späten Nachmittag südländisch aussehende Personen im Viertel gesehen haben, zwei oder drei Männer seien es gewesen, möglicherweise Angehörige einer vorwiegend herumziehenden osteuropäischen Volksgruppe. Sie seien aber nicht von Haus zu Haus gegangen, wie das Hausierer üblicherweise tun, sondern hätten eher den Eindruck gemacht, als würden sie etwas Bestimmtes suchen, möglicherweise eine Hausnummer.

Zu diesem frühen Zeitpunkt war dies die erste und einzige Spur. Ihr mussten wir sofort nachgehen. Wie meistens, wenn es um Informationstechnologie geht, wurden Spezialisten des Bayerischen Landeskriminalamtes hinzugezogen.

Bevor ich in den Kellerraum durfte, hatte ich mich in den obligatorischen weißen Overall gehüllt und mich etwas im Wohnzimmer umgesehen. Dort befanden sich Fotos, die eine glückliche Familie zeigten: einen gut aussehenden Vater, eine schöne

Mutter und ein süßes Mädchen. Alle lachten fröhlich auf den Bildern und machten einen sorglosen, unbeschwerten Eindruck.

Die Tote im Keller bot einen schlimmen Anblick. Dass es sich bei ihr um jene attraktive Frau auf den Fotos handelte, hätte man nicht mehr erkennen können. Der Kopf war eine einzige blutige Masse ohne erkennbare Gesichtszüge, das ursprünglich hellblonde Haar klebte in Fäden oder Strähnen am Boden und war durch das viele Blut verkrustet und dunkel verfärbt. Wie immer, wenn ich vor einer so entsetzlich malträtierten Leiche stand, empfand ich tiefes Mitleid. Ich konnte nicht umhin, mir den Schmerz und die Todesangst vorzustellen, die dieser Mensch in den letzten Minuten oder Sekunden seines Lebens erlitten haben musste. Diese Frau hier starb jedenfalls eines grausamen Todes. Es war eines jener Tötungsdelikte, bei denen sich Mitleidlosigkeit und abgrundtiefer Hass im Zustand der Leiche widerspiegelten.

Grundsätzlich zeigte sich das klassische Bild einer Beziehungstat: einer Tat, bei der sich lange aufgestauter Hass explosionsartig entladen haben könnte, also im Affekt. Dafür sprach dieses sogenannte Übertöten, welches daran erkennbar ist, dass der Täter mehr getan hatte, als notwendig gewesen wäre, um das Opfer zu töten. Raubmörder, Auftragskiller oder Einbrecher beschränken sich gewöhnlich auf die bloße Tötung ihrer Opfer, da es ihnen in erster Linie darauf ankommt, Beute zu machen, einen Auftrag zu erfüllen oder sich bei Entdeckung der Festnahme zu entziehen.

Christine L. war offensichtlich beim Bügeln ermordet worden, da eine noch ungebügelte Bluse auf dem Bügelbrett lag. Darauf fanden sich zahlreiche Blutspritzer, die keine Zweifel daran ließen, dass die Tötungshandlung hier erfolgt sein musste.

Das Bügeleisen befand sich neben der Leiche am Boden und war offensichtlich mitgerissen worden. Allerdings war es längst erkaltet und das Kabel aus der Steckdose gezogen worden, die sich mindestens zwei Meter entfernt in der Wand befand. Am Stecker sah man Blutantragungen. Wer war da so besorgt, dass etwas in Brand geraten könnte? Und wann wurde diese Vorsichtsmaßnahme von wem durchgeführt?

In diesem Fall konnte man sowohl an der ausgedehnten Blutlache als auch den zahlreichen Blutspritzern an Wänden und am Boden erkennen, dass Auffindungsort und Tatort identisch sein dürften. Christine L. musste hier in diesem Raum überrascht und getötet worden sein. Diesen Rückschluss erlaubte schon die erste Inaugenscheinnahme, ohne den Rechtsmedizinern vorgreifen zu wollen, die auf das Lesen von Blutspurenbildern spezialisiert sind. Sie würden sogar Aussagen darüber treffen können, welche Positionen Opfer und Täter bei den jeweiligen Tatphasen innehatten, wie diese wechselten und wo und in welcher Reihenfolge jeder einzelne Tropfen oder Spritzer entstanden sein musste.

Sie konnten auch einschätzen, ob es sich beim Täter um einen Links- oder Rechtshänder gehandelt haben könnte, aus welcher Richtung und mit welcher Intensität die Schläge geführt wurden und wie viele Personen im Raum gewesen sein mussten.

Peter L. hielt sich im Haus von Friedrich O. auf, wo er von Freunden aus der ganzen Nachbarschaft betreut wurde. Als ich das Haus betrat, war ich in einem Zustand erwartungsvoller Anspannung. Man hatte mir bereits mitgeteilt, dass Peter L. ein 39-jähriger Jurist war, der in einem internationalen Unternehmen arbeitete. Er saß im Wohnzimmer, und ein Kollege des Erkennungsdienstes nahm Spurensicherungsmaßnahmen an ihm vor. Momentan kratzte er ihm gerade die Fingernägel aus, weil er zum Spurenträger geworden war. Hatte er sich doch schreiend auf die Leiche seiner Frau geworfen, als er sie im Keller auffand.

Lisa befand sich derweil in Obhut der Familie ihrer Freundin Nicole, die gleich in der Nähe wohnte. Weil es keine engen Verwandten gab, sollte sie dort auch bleiben. Ein glücklicher Zufall, denn Lisa fühlte sich bei den liebevollen Eltern ihrer besten Freundin wie zu Hause.

Eine Kinderpsychologin übernahm anderntags die Aufgabe, dem Mädchen schonend beizubringen, dass seine Mama nicht mehr wiederkommen werde. Das geschah auf unsere Bitte hin, verbunden mit dem Wunsch einer vorsichtigen Befragung, ob sie etwas mitbekommen haben könnte von dem, was sich im Keller des Hauses zugetragen hatte. Gott sei Dank war das nicht der Fall. Wie sich herausstellte, bemerkten weder Lisa noch ihre Freundin Nicole irgendetwas von den schrecklichen Vorgängen.

Als Ehemann des Tatopfers und Auffindungszeuge war Peter L. unsere wichtigste Informationsquelle. Da seine sofortige, umfassende Vernehmung unabdingbar war und die Ermittler mit anderen wichtigen Dingen beschäftigt waren, übernahm ich diese Aufgabe.

Peter L. saß ganz ruhig da und ließ die Maßnahmen des Kollegen geduldig über sich ergehen. Er wirkte gefasst, was aber nicht als auffällig zu bezeichnen gewesen wäre. Menschen trauern unterschiedlich. Hunderte Male hatte ich das schon miterleben müssen, sodass mir keine Variation fremd war. Dem äußeren Anschein nach verhielt er sich so, wie man es von einem Mann, der gelernt hat, seine Emotionen im Griff zu behalten, in dieser Situation erwarten würde. Traurig, ruhig, in sich gekehrt und sichtlich betroffen. Oder angstvoll? Oder vorsichtig abwartend? Hatte er die Antennen ausgefahren?

Alles hätte möglich sein können, doch mir fiel nichts Besonderes auf. Oft erregen Täter allein durch auffälliges Verhalten unser Misstrauen. Gute Ermittler werden schnell misstrauisch und verfolgen diese Fährte hartnäckig. Deshalb wollen es die meisten Täter unbedingt vermeiden, bei der Auffindung der Leiche zugegen zu sein, denn dabei verraten sie sich leicht.

Bevor ich mit Peter L. zur Zeugenbefragung ins Präsidium fuhr, durfte er sich in einem separaten Raum umziehen. Da er sich auf die Leiche geworfen und dadurch zum Spurenträger und -verursacher geworden war, sollte seine Kleidung dem Erkennungsdienst übergeben werden. Friedrich O. lieh ihm einen Trainingsanzug.

Nun saß Peter L. auf dem Beifahrersitz meines Dienstwagens und wirkte sehr nachdenklich. Er habe schon viel von der hohen fachlichen Qualität der Münchner Mordkommission gehört, sagte er auf der Fahrt zum Polizeipräsidium. Er schätze unsere Arbeit sehr und sei zuversichtlich, dass wir alles tun würden, um diese Tat aufzuklären. Darauf könne er sich verlassen, versicherte ich ihm.

Mir saß ein Profi gegenüber, ein Jurist in einem großen Unternehmen mit sehr speziellen Aufgaben vorwiegend im Ausland. Obwohl sich der eloquente, ausgesprochen beherrscht wirkende, höfliche Mann während des kurzen Vorgesprächs sehr bescheiden gab und sein berufliches Engagement eher kleinredete, erfuhr ich erst viel später, welch bedeutende Stellung der Einserjurist innehatte. Momentan war er für mich Angehöriger eines Mordopfers. Und mit diesen Menschen geht man besonders behutsam um.

Inzwischen hatte ich Kaffee gekocht und eine Protokollführerin angefordert. Um 21.00 Uhr begann dann die schriftliche Vernehmung des Zeugen Peter L. Da gegen ihn kein Tatverdacht bestand, begannen wir sofort mit der schriftlichen Protokollierung.

Obwohl Peter L. Jurist war, belehrte ich ihn ordnungsgemäß als Zeugen. Ich wollte jeden Fehler vermeiden und wies ihn darauf hin, dass er zu wahrheitsgemäßen Angaben verpflichtet sei, dass er niemanden bewusst falsch beschuldigen und dass er auch nichts verschweigen dürfe. Gelassen, fast in sich ruhend, nahm er alles zur Kenntnis.

Dass sich diese erste Vernehmung bis 4.00 Uhr am Morgen des nächsten Tages hinziehen würde, war nicht absehbar, aber auch nicht ungewöhnlich. Vernehmungen bei der Mordkommission dauern in der Regel mehrere Stunden. Das hängt damit zusammen, dass jedes Wort sorgfältig protokolliert werden muss. So braucht man vor allem eines: Geduld.

Während der gesamten Dauer der Vernehmung wurde ich mit Informationen durch das Ermittlungsteam versorgt. Ich meinerseits teilte den Kollegen vor Ort neue Erkenntnisse mit, die sich aus der Befragung ergaben. Parallel zu dieser Befragung erfolgte eine ganze Reihe anderer Vernehmungen im Umfeld des Opfers. Zudem arbeitete der Erkennungsdienst auf Hochtouren. Bei aktuellen Mordfällen gibt es keinen Feierabend und kein Wochenende.

Ich schlug Peter L. vor, sofort zur Sache zu kommen und die Fragen zu den persönlichen Verhältnissen zurückzustellen. So begann ich mit jener Frage, mit der alle Vernehmungen dieser Art beginnen:

»Herr L., haben Sie einen bestimmten Tatverdacht?«

»Keinen konkreten. Ich kann mir allerdings vorstellen, dass es mit ihren Handyverkäufen zu tun hat. Meine Frau arbeitete in leitender Position bei einer Telefonfirma und hatte ständig die neuesten Handys zur Verfügung, wobei sie die Vorgängermodelle behalten und verkaufen konnte.«

»Was ist daran so besonders? Wieso sehen Sie da einen Zusammenhang?«

»Sie inserierte in Zeitungen und zog damit immer wieder Interessenten an, die teilweise nicht sehr vertrauenswürdig wirkten.«

»Können Sie das etwas konkretisieren?«

»Mir war das gar nicht recht. Zu uns kamen immer wieder Leute an die Haustür, die teilweise aufdringlich und sogar aggressiv wurden, weil sie den Preis drücken wollten. Meine Frau war aber sehr energisch und konsequent. Manchmal wurde es laut an der Haustür. Ich habe sie oft gebeten, diese Verkaufsgeschäfte zu unterlassen, sie würde noch einmal eins über den Kopf bekommen. Ja, das habe ich wortwörtlich gesagt. Außerdem machte ich mir Sorgen, weil diese Leute damit unsere Adresse kannten. Ich bat sie, sie solle wenigstens an Lisa denken. Aber sie hörte nicht auf mich.«

»Wissen Sie, wie das heute war? Gab es da auch Angebote?«

»Ja, sie hatte vor ein paar Tagen wieder inseriert, und soweit ich weiß, waren irgendwelche Interessenten für heute angemeldet. Ich habe von den Nachbarn gehört, dass südländisch aussehende Männer im Viertel waren und etwas gesucht haben. Ich kann mir gut vorstellen, dass die zu meiner Frau wollten. Es sollen Zigeuner gewesen sein.«

»Sie meinen wohl Angehörige einer reisenden Minderheit aus dem osteuropäischen Raum, oder?«

»Ja, entschuldigen Sie, ich wollte niemanden diskriminieren. Ich habe diesen Ausdruck nur wörtlich wiedergegeben, denn so wurde es mir übermittelt. Aus Gründen der Authentizität.«

»Wo ist das Handy Ihrer Frau? Trug sie es immer bei sich? War es immer eingeschaltet?«

»Meine Frau besaß zwei Handys. Ein rein privates und eines, über das sie ihre Verkäufe abwickelte. Ich konnte keines von beiden finden, und beide sind auch nicht eingeschaltet. Wobei sie ihr Geschäftshandy wegen der vielen anderen Anrufe von Interessenten, die ja teilweise noch tagelang und manchmal sogar mitten in der Nacht anriefen, sofort ausschaltete, sobald sie einen Verkaufstermin vereinbart hatte. Unsere Festnetznummer war tabu, unsere Adresse, vorerst zumindest, ebenfalls. Die Leute riefen an und meine Frau sagte ihnen, wo wir wohnen. Dann kamen sie oder auch nicht.«

»Wenn also heute Interessenten da waren, dann müssten die vorher irgendwann auf dem Handy Ihrer Frau angerufen haben. Andernfalls hätten sie ja nicht wissen können, wo Sie wohnen. Sehe ich das richtig?«

»Ja, das kann eigentlich nur so gewesen sein. Es sei denn, es waren Leute, die zufällig vorbeigekommen sind, weil sie die Adresse schon von früheren Käufen kannten. Inzwischen dürfte es ja Dutzende geben, die schon bei uns an der Haustür waren. Leider. Normalerweise müssten sich Interessenten bereits gestern oder im Laufe des heutigen Tages angemeldet haben. Nur so lässt sich erklären, warum das Handy ausgeschaltet war. Ihr privates war ohnehin nicht eingeschaltet, wenn sie zu Hause war.«

Eine ziemlich verwirrende Geschichte, das mit den Handys, dachte ich, und erstmals kamen leichte Zweifel in mir auf. Irgendetwas war hier nicht schlüssig. Da es aber momentan keine weiteren Erkenntnisse gab, wechselte ich das Thema und bat ihn, seine Frau, seine Ehe und das Familienleben zu beschreiben.

Peter L. begann zögerlich und schien sich jedes Wort genau zu überlegen. Umso mehr wunderte mich der erste Satz, denn der passte so gar nicht zu jener Familienidylle, die ich auf den Fotos zu erkennen geglaubt hatte.

»Christine konnte sehr kalt und auch sehr egoistisch sein«, sagte er leise und verstärkte noch den Eindruck tiefer Betroffenheit und Traurigkeit. Wobei mir momentan nicht klar war, ob sich diese Betroffenheit auf den Tod seiner Frau bezog oder auf ihre Gefühlskälte, die er im Folgenden ausführlich beschrieb. Es schien eher ein emotionaler Ausbruch zu sein.

Sieben Jahre seien sie verheiratet gewesen, zwei Jahre nach der Eheschließung wurde Lisa geboren. Die Tochter sei sein Ein und Alles, er liebe sie mehr als alles andere auf der Welt, berichtete er und bekam jetzt sogar feuchte Augen. Das war echt. Er sei beruflich leider sehr häufig unterwegs, vorwiegend im Ausland, das war wohl einer der Gründe, warum die Beziehung zu seiner Frau immer mehr erkaltete. Hinzu kam, dass diese beruflich nicht weniger ehrgeizig war als er. Sie wollte Karriere machen und machte sie auch. Christine war Leiterin einer Marketing-Abteilung bei einer großen Telefonfirma.

Er sei ein Einzelkind gewesen, in Kiel geboren und aufgewachsen. Seine Eltern waren beide vor über neun Jahren bei einem Autounfall auf der Autobahn ums Leben gekommen. Daraufhin ging er in eine Selbsthilfegruppe und lernte dort seine Frau Christine kennen und lieben, die das gleiche Schicksal erlitten hatte.

Auch sie war ein Einzelkind, auch ihre Eltern kamen bei einem Verkehrsunfall ums Leben, auch sie suchte Hilfe, um diesen Verlust verarbeiten zu können. Dieses fast identische Schicksal schweißte sie wohl zusammen. Sie gaben sich Halt und stützten sich gegenseitig. Es sei eine wunderbare Beziehung gewesen, und sie hätten sich sehr geliebt. Als schließlich Lisa geboren wurden, schien das Glück perfekt. Er habe nach Abschluss seines Studiums die freie Auswahl gehabt und schließlich eine Stelle bei jener Firma angenommen, bei der er auch jetzt noch arbeitete. Damit war seine Versetzung nach München möglich geworden, die sie beide nicht nur anstrebten, sondern über die sie hocherfreut waren. Sie liebten Bayern, die Berge, die Seen, den Freizeitwert. Es war ihrer beider Wunsch, nach München zu ziehen.

Seine Frau fand in München rasch eine Anstellung mit glänzenden Aufstiegschancen. Finanziell ging es ihnen prächtig, der Kauf dieser Doppelhaushälfte stellte kein Problem dar. Deshalb bestehe Gütertrennung, und es sei selbstverständlich ein Ehevertrag abgeschlossen worden. Das Haus war nahezu schuldenfrei, und die Restfinanzierung wurde eigentlich nur noch aus steuerlichen Gründen aufrechterhalten. Finanzielle Probleme waren es also nicht, die ihre Beziehung hätten belasten können.

Damit schied schon einmal das häufigste aller Mordmotive aus, nämlich Gier. Vorausgesetzt, es handelte sich um eine Beziehungstat. Aber dafür gab es momentan keinerlei Anhaltspunkte. Oder doch?

Denn Peter L. begann zu schildern, dass der krankhafte Ehrgeiz und die abweisende Art seiner Frau die Beziehung mehr und mehr infrage gestellt und sie sich mit zunehmendem Erfolg zum Nega-

27

tiven verändert habe. Soweit er wisse, sei sie an ihrem Arbeitsplatz wegen ihres autoritären Führungsstils ebenfalls äußerst unbeliebt gewesen. Bei einer Feier in ihrer Firma, zu der er eingeladen war, habe er deutlich spüren können, dass sie bei ihren Mitarbeiterinnen und Mitarbeitern fast schon verhasst war. Auch zu Hause habe sich Christine zusehends verändert, ihre abweisende, teils arrogante Art habe schließlich sogar zur Abkühlung ihres Sexuallebens geführt. Das schien ihr nichts auszumachen. Am meisten habe ihn aber geschmerzt, dass sie sich auch Lisa gegenüber eher distanziert und nüchtern verhielt als liebevoll und zärtlich. Er könne sich nicht erinnern, wann sie Lisa letztmals in den Arm genommen oder ihr einen Kuss gegeben habe. Wenn er zu Hause war, sei er es gewesen, der die Kleine zu Bett brachte und ihr eine Geschichte vorlas. War er verreist, bekam Lisa keine Gutenachtgeschichte, weil ihre Mutter auch zu Hause noch am Computer arbeitete. Den Haushalt besorgte übrigens eine Zugehfrau, und wenn sie wieder einmal eine hochwertige Mahlzeit wollten, gingen sie zum Essen in ein Restaurant. Jedenfalls verhielt sie sich längst nicht mehr so, wie man es von einer warmherzigen, liebevollen Ehefrau und Mutter erwarten würde.

»Aber gebügelt hat Ihre Frau offensichtlich schon, wie wir feststellen konnten. Das passt eigentlich nicht zu dem, was Sie erzählt haben«, unterbrach ich Peter L.s Schilderung seines Familienlebens.

»Ja, gebügelt hat sie schon. Allerdings nur ihre eigene Wäsche und ihre teuren Blusen. Weil sie die nicht weggeben wollte. Alle andere Wäsche kam in die Wäscherei oder wurde von unserer Zugehfrau erledigt.«

»Wollten Sie sich trennen, gab es Scheidungsabsichten, Streit oder irgendwelche Übereinkünfte?«

»Ich habe immer wieder versucht, mit ihr zu reden und die Dinge ins Lot zu bringen, aber ohne Erfolg. Ja, wir haben vereinbart, uns zu trennen, sobald Lisa zur Schule geht. Das wäre im nächsten Jahr der Fall gewesen. Bis dahin wollte jeder weitgehend sein eigenes Leben führen, vernünftig und wie es sich für zivilisierte Menschen gehört.«

»Haben Sie eine andere Beziehung? Und wissen Sie, ob Ihre Frau eine hatte?«

»Ich selbst unterhalte keine Beziehung zu einer anderen Frau. Ich war nie untreu, und ich gehe davon aus, dass auch sie mich nicht betrogen hat. Mir ist auf alle Fälle nichts von einer anderen Beziehung bekannt. Ich glaube es eher nicht. Dazu ist ihr die Karriere zu wichtig. Mir ist jedenfalls nie etwas aufgefallen in dieser Richtung.«

»Sind Sie oft beruflich unterwegs?«

»Ja, ich bin mehrmals im Jahr für jeweils einige Wochen unterwegs. Dafür aber habe ich dann relativ viel Freizeit, wenn ich in München bin. Was auch seine Vorteile hat. Vorwiegend habe ich mich dann um Lisa gekümmert. Und natürlich um meine Frau, falls sie Zeit und Lust dazu hatte.«

»Wann hatten Sie letztmals Geschlechtsverkehr mit Ihrer Frau? Ich frage das, weil wir prüfen werden, ob sie eventuell sexuell missbraucht wurde.«

Mir war klar, dass dies sehr weit hergeholt war, denn auf eine Vergewaltigung deutete nichts hin. Die Kleidung des Opfers – Jeans und T-Shirt – sah ordentlich aus, und dass ein Sexualmörder sein Opfer nach dessen Tötung wieder komplett anzieht, ist mir nie begegnet. Aber ich sah es als Gradmesser für den derzeitigen Zustand einer Beziehung. Zumal ich immer noch nicht recht verstand, warum sich diese Frau von ihrem gut aussehenden, offenbar toleranten, intelligenten Ehemann distanziert haben sollte. Nur weil sie karrieresüchtig war? Muss man deshalb den Mann, den man einst aufrichtig geliebt hat, so vernachlässigen? Und das Kind dazu?

Wir haben vor etwa drei Wochen das letzte Mal miteinander geschlafen. Die Initiative ging von mir aus. Wie immer in den letzten Monaten. Ohne Austausch von Zärtlichkeiten lief das ab. Reiner Sex nach einigen Gläsern Rotwein.«

Irgendwie verstand ich das Ganze nach wie vor nicht. Eine intakte Familie war zerbrochen. Menschen, die alles zu haben schienen, was man sich wünschen konnte. Attraktive und gut bezahlte Jobs, Wohlstand, Gesundheit und familiäres Glück. Was war es, das diese einst große Liebe verschwinden ließ? Nur beruflicher Ehrgeiz?

Es ist unüblich, dass Angehörige von Mordopfern oder auch Selbstmördern von sich aus, ohne tatverdächtig zu sein, negative Verhältnisse und Spannungen innerhalb der Familie einräumen. Normalerweise werden diese eher verschwiegen. Selbst der Gesetzgeber hat dieser Tatsache Rechnung getragen und billigt allen Verwandten und Verschwägerten bis zum dritten Grad Seitenlinie ein Zeugnisverweigerungsrecht zu. Es hat einen sehr hohen Stellenwert in unserer Rechtsordnung und bedeutet, dass niemand gezwungen werden kann, Angehörige, sofern sie einer Straftat beschuldigt werden, belasten zu müssen. Damit verbunden ist das Recht, zu deren Gunsten sogar straflos lügen zu dürfen.

Jetzt aber saß mir jemand gegenüber, der keine Rücksicht auf irgendwelche Angehörigen nehmen musste, war doch die einzige Verwandte, die er noch hatte, seine kleine Lisa. Peter L. war als Zeuge nicht verpflichtet, sich selbst zu belasten. Ich wies ihn darauf hin, dass jedoch alles, was er aussagte, der Wahrheit entsprechen müsse – obwohl klar war, dass er die Rechtslage kannte und offensichtlich schonungslos die Wahrheit sagen wollte. Andernfalls hätte er wohl kaum die Eheprobleme so offen angesprochen. Es sei denn, er rechnete damit, dass wir es ohnehin herausfinden würden. Falls ja, musste es auch andere geben, die davon wussten. In diesem Fall wäre es tatsächlich unklug gewesen, uns zu belügen. Vielleicht hatte sich Christine L. jemandem anvertraut. Einer guten Freundin etwa, die ja bekanntlich häufig bestens informiert ist über die familiären Verhältnisse. Ob unser Tatopfer solch eine Freundin hatte, vermochte uns Peter L. allerdings nicht zu sagen. Es gebe einige Nachbarinnen, mit deren Familien freundschaftliche Beziehungen bestünden, inwieweit seine Frau aber mit einer dieser Damen enger befreundet gewesen sei, könne er nicht sagen. Oder wollte er nicht? Jedenfalls fand ich es eigenartig, wenngleich ich andererseits wusste, dass es tatsächlich Menschen gibt, die keine Freunde haben. Es schien ein wenig ergiebiges Umfeld zu sein, in dem sich Christine und ihr Mann Peter bewegt hatten. Blieben noch die Arbeitskolleginnen und -kollegen. Wir würden es herausfinden. Jetzt aber, so entschloss ich mich, würde ich am besten erst einmal zur Sache kommen.

Ihre Frau wurde offensichtlich im Keller angegriffen und getötet. Dafür spricht die Spurenlage. Können Sie sich das erklären?«

»Ich kann mir das nur so erklären, dass ich tatsächlich die Haustür nicht richtig zugezogen habe. Das ist mir schon ein paarmal passiert, die Tür schließt schwer. Man muss sie wirklich mit Kraft zuziehen, damit sie einschnappt. Lisa zum Beispiel schafft das gar nicht. Es kann nur so gewesen sein, dass die Täter ins Haus eindrangen, im Keller auf meine Frau stießen und sie dort töteten. Mein Gott, dann bin ja ich schuld.«

»Der Stecker für das Bügeleisen war herausgezogen. Haben Sie das gemacht?«

»Nein. Vielleicht sie selbst. Vielleicht hatte sie gerade aufgehört zu bügeln, als sie überfallen wurde, und den Stecker schon herausgezogen.«

»Mit blutigen Händen?«

»Das kann ich mir auch nicht erklären.«

Das war merkwürdig. Von wegen schwergängige Tür. Dem Nachbarn gegenüber hatte er noch versichert, die Tür fest zugezogen zu haben. Und welche Fremdtäter ziehen den Stecker aus der Sorge heraus, es könnte ein Brand entstehen? Das Gegenteil ist der Fall. Manche legen sogar Feuer, um Spuren zu vernichten. Den Stecker konnte nur jemand gezogen haben, der einen Brand vermeiden wollte. Um die Kinder im Obergeschoss nicht zu gefährden? Jemand, der Blut an den Händen gehabt haben musste. Und zwar schon vor Auffinden der Leiche. Danach konnte es nicht gewesen sein, weil es sonst der Nachbar, der sich bereits im Haus aufhielt, mitbekommen hätte.

Ich schöpfte plötzlich Verdacht. Jedenfalls hielt ich es für möglich, dass Peter L. die Tür absichtlich offen gelassen haben könnte. Weil es die einzige plausible Erklärung war, warum seine Frau nicht schon an der Haustür angegriffen und erschlagen wurde, sondern in ihrem Wäscheraum im Keller, wo sie – arglos bügelnd – überrascht wurde. Das wiederum war nur möglich, wenn die Kriminellen unbemerkt ins Haus gelangen konnten. Und ungehindert ins Haus konnten sie nur gelangen, wenn die Haustür offen stand.

Es waren zwei Stunden vergangen, und wir legten eine Pause ein. Peter L. ging auf den Flur hinaus und vertrat sich in den langen Gängen des Polizeipräsidiums die Beine. Ich nutzte die Zeit, um mit den Kollegen vor Ort zu telefonieren. Insbesondere führte ich ein längeres Gespräch mit dem Beamten, der den Nachbarn, unseren zweiten Auffindungszeugen, vernommen hatte. Ein Zeuge, wie man ihn sich besser nicht wünschen könnte. Als erfahrener Gymnasiallehrer war er geschult im Erkennen von abweichendem, auffälligem Verhalten. Was er aussagte, bestätigte meine Gedankengänge, verstärkte meinen Verdacht und sollte unseren Profi in arge Bedrängnis bringen.

Anschließend setzte ich die Befragung fort:

»Herr L., inzwischen wurde Ihr Nachbar vernommen. Daraus haben sich einige Ungereimtheiten ergeben, die wir klären sollten. Sind Sie dazu bereit?«

»Ja, selbstverständlich. Obwohl ich gleich sagen möchte, dass mein Nachbar fast genauso aufgeregt war wie ich.«

»Wissen Sie, was ich nicht verstehe? Sie finden die offene Tür vor, gehen ins Haus, stellen dort fest, dass eingebrochen wurde, hetzen durch das ganze Haus, aber nach Lisa sehen Sie nicht. Von den Mädchen war nichts zu hören, als Sie mit Ihrem Nachbarn im Haus herumliefen. Also, ich hätte zuerst nachgeschaut, ob die Kinder wohlauf sind. Haben Sie sich denn keine Sorgen um Lisa gemacht? Obwohl Einbrecher im Haus waren?«

»Doch, doch, ich habe die Mädchen gehört, da muss sich mein Nachbar irren. Sie haben laut gelacht, und da wusste ich, dass es ihnen gut geht.«

»Ihre Frau hätte außerdem bei den Mädchen im Zimmer sein können. Trotzdem sind Sie nicht nach oben gelaufen, um dort nachzusehen?«

Mir war klar, dass es sich um eine Fangfrage handelte. Schließlich hatte der Nachbar kurz vorher bei den Mädchen reingeschaut und festgestellt, dass sie miteinander spielten und dass Christine L. nicht bei ihnen war. Ich wusste allerdings nicht, ob er dies gegenüber Peter L. erwähnt hatte, als sie im

Haus herumrannten. Der Nachbar konnte sich nicht mehr daran erinnern, wie eine kurze Rückfrage ergab. Aber Peter L. hätte es noch wissen müssen, denn es wäre eine Information mit Auswirkungen auf seine Handlungsweise gewesen. Also hatte es der Nachbar nicht erwähnt, und deshalb blieb es unlogisch, warum er nicht im Zimmer der Mädchen nachsah.

Mein Gott, in der Aufregung habe ich halt nicht gleich daran gedacht. Sie können sich doch denken, dass ich völlig konfus reagierte.«

Peter L. wurde zusehends nervöser. Seine Angaben verloren an Präzision und glichen eher vagen Ausreden denn plausiblen Erklärungen. Ich entschloss mich, ihn weiter unter Druck zu setzen.

Warum haben Sie erst nach Aufforderung durch Ihren Nachbarn im Keller gesucht?«
»Aus dem gleichen Grund. Ich war zu aufgeregt.«
»Sie haben Ihre Frau zuletzt im Keller gesehen, bevor Sie das Haus verließen. Stimmt das?«
»Ja, das ist richtig.«
»Wäre es da nicht logisch gewesen, zuallererst dort nachzuschauen, wo sie sich zuvor aufgehalten hat?«

»Das habe ich ja dann auch getan. Es ist nicht so, dass ich stundenlang im Haus umhergeirrt bin, bis ich dann im Keller nachgeschaut habe. Das waren bloß Minuten.«

»Sie sind zunächst quer durch den Keller gelaufen und haben in der Sauna nachgesehen, anstatt in dem Raum, in dem Sie zuletzt mit Ihrer Frau zusammen waren. Warum suchten Sie Ihre Frau ausgerechnet in der Sauna?«

»Ich war eben völlig konfus. Eine andere Erklärung habe ich nicht.«

»Nachdem Sie in der Sauna waren, wollten Sie sofort wieder die Treppe hoch. Ihr Nachbar musste Sie auffordern, auch im Wäscheraum nachzuschauen. Warum?«

»Man handelt nicht rational, wenn man aufgeregt ist. Außerdem habe ich nachgeschaut, sonst hätte ich meine Frau nicht gefunden. Dass mich Fritz dazu aufgefordert hat, daran kann ich mich überhaupt nicht erinnern. Er ist ein recht ungeduldiger Mensch, der mich noch zusätzlich nervös machte. Schließlich war er genauso aufgeregt wie ich.«

Unser Zeuge, der Lehrer, beschrieb die Auffindungssituation so präzise und anschaulich, dass man sich geradezu bildlich vorstellen konnte, wie die Sache abgelaufen war. Er selbst sei oben an der Kellertreppe stehen geblieben und habe sich gewundert, warum Peter L. erst durch den ganzen Keller rannte und sogar in der Sauna nachschaute. Zumal diese dunkel und demnach gar nicht in Betrieb sein konnte. Dann sei Peter zurückgekommen und habe sofort wieder nach oben gewollt. »Warum schaust du denn nicht im Waschraum nach?«, fragte ihn deshalb unser Zeuge.

Daraufhin habe Peter L. auffallend zögerlich und ganz vorsichtig die Tür geöffnet, einen ebenso vorsichtigen Blick hineingeworfen und im selben Augenblick auch schon laut aufgeschrien. Dann sei er in den Raum gegangen, während er selbst ebenfalls nach unten lief und dort diese schreckliche Szene entdeckte. Alles sei voller Blut gewesen. Peter habe sich regelrecht auf seine Frau geworfen und immer wieder ihren Namen gerufen, aber ihren Kopf habe er nicht hochheben oder überhaupt berühren können, denn davon konnte man nicht einmal mehr etwas erkennen. Man habe sofort gesehen, dass Christine L. tot war. Er wisse nicht mehr, warum, doch er habe Peter daraufhin gepackt und regelrecht hochgerissen, ihn aus dem Raum gezerrt und nach oben verfrachtet. Und dann den Notruf der Polizei angerufen. Während Peter in der Küche saß, kam die Frau des Lehrers und brachte die beiden Mädchen so aus dem Haus, dass sie von alldem nichts mitbekamen. Die Mädchen seien nach wie vor fröhlich und unbeschwert gewesen.

Inzwischen war es weit nach Mitternacht. Peter L. wurde immer unsicherer und verwickelte sich mehr und mehr in Widersprüche. Längst hatte ich nicht mehr den souveränen Juristen vor mir, sondern einen verunsicherten, um Erklärungen ringenden, nervösen Tatverdächtigen, dem jede Selbstsicherheit abhanden gekommen schien. Jedenfalls näherten wir uns dem Punkt, wo ich ihn nach pflichtgemäßem Ermessen vom Zeugen zum Beschuldigten würde machen müssen. Denn Beschuldigte haben mehr Rechte als Zeugen. Während sich Letztere wie bereits erwähnt strafbar machen können, wenn sie nicht die Wahrheit sagen, dürfen Beschuldigte lügen, so viel sie wollen, um sich nicht selbst belasten zu müssen.

Allein die Tatsache seines auffälligen Verhaltens bei der Suche nach der Vermissten und der Auffindung der Leiche reichte allerdings nicht, um Peter L. eines Tötungsdelikts beschuldigen zu können. Zumindest konnte ich mir nicht vorstellen, dass der Staatsanwalt auf dieser Basis einen Haftbefehl beantragen würde. Aber wenn man erst einmal die richtige Spur aufgenommen hat, findet man meistens auch den passenden Weg zum Ziel.

Während ich vorsichtig versuchte, meinem Gegenüber zu erklären, dass unsere bisherigen Einschätzungen eher auf eine Beziehungstat hindeuteten, kam ein weiterer wichtiger Punkt hinzu. Die Spezialisten des Landeskriminalamts konnten eine erste Auswertung jener Funkzelle vorlegen, in die sich sämtliche Mobiltelefone einloggen mussten, die im Bereich des Tatorts benutzt wurden. Dafür war es erforderlich, dass auch telefoniert wurde. Tatsächlich waren mehrere unterschiedliche Rufnummern gespeichert, die verschiedenen Personen mit unterschiedlichen Vornamen, aber einheitlichem Familiennamen zugeordnet werden konnten. Diese gehörten wohl zweifelsfrei jener ethnischen Minderheit aus dem osteuropäischen Raum an, und waren mehreren Anwohnern aufgefallen. Nachweislich hatten sich einige dieser Leute in Tatortnähe aufgehalten, was zunächst den Verdacht von Peter L. zu bestätigen schien. Wenn da nicht der Zeitfaktor gewesen wäre. Kann man doch minutengenau feststellen, wann sich jemand in einer bestimmten Funkzelle eingeloggt hat. Bei allen vier unterschiedlichen Mobilfunknummern stand zweifelsfrei fest, dass ihre Besitzer sich genau in der Zeit zwischen 14.15 Uhr und 14.55 Uhr im Bereich des Tatorts aufgehalten hatten. Nach 15.00 Uhr gab es von keinem dieser Teilnehmer mehr ein Gespräch in diesem Bereich, wohl aber in anderen. Was uns ein aussagekräftiges Bewegungsbild lieferte.

Für die Spezialisten war es eine Kleinigkeit, herauszufinden, wann und wo sich diese Teilnehmer anschließend einloggt hatten. Der Weg ließ sich zeitgenau verfolgen bis zu einem großen Wiesengrundstück in der Nähe von Freising, wo diese Großfamilie lagerte. Da Christine L. um 16.00 Uhr noch lebte, konnte man schon jetzt davon ausgehen, dass diese

Leute als Täter ausschieden. Unser Opfer war also definitiv nicht von irgendwelchen ominösen »kriminellen Elementen« getötet worden, sondern von jemandem, den es kannte, den es an sich heranließ und dem gegenüber es arg- und wehrlos war.

Dann ging es Schlag auf Schlag. Während ich Peter L. gerade erklärte, dass sich sein Verdacht wohl im Sande verlaufen dürfte, kam jener akribische Beamte vom Erkennungsdienst zum Präsidium, der bereits die erste Spurensicherung an Peter L. vorgenommen hatte. Er bat, mich kurz sprechen zu dürfen. Ich unterbrach die Vernehmung und ging nach draußen.

Dass sich dieser Kollege nicht damit zufriedengegeben hatte, die sichergestellte blutbesudelte Sportkleidung des Peter L. nur äußerlich zu begutachten, sondern sie ganz gründlich zu untersuchen, überraschte mich nicht. Erkennungsdienstbeamte müssen besonders akribisch arbeiten.

Das rechte Hosenbein sei ihm aufgefallen, meinte er. Im Bereich des Schienbeins fänden sich Beschädigungen, die seiner Meinung nach neu sein dürften. An der Innenseite habe er leichte Blutspuren festgestellt, die aber nicht vom Opfer stammen könnten. Denn wenn diese Blutspuren durch den Stoff nach innen gesickert wären, musste sich auch Blut an der Außenseite befinden, und zwar genau an dieser Stelle. Das war aber nicht der Fall. Also fragte er, ob er sich einmal die Beine von Peter L. ansehen dürfe.

Als wir dann in mein Büro zurückkamen und ich Peter L. bat, aufzustehen und die Hosenbeine hochzuziehen, zeigte er eine deutliche Reaktion, die selbst einem Laien nicht verborgen geblieben wäre. Er wurde verlegen und noch blässer, als er ohnehin schon war. Wortlos stand er auf, zog die Hosenbeine der Trainingshose hoch, und dann kamen sie zum Vorschein: frische, deutliche Hautabschürfungen am rechten Schienbein, die unterhalb des Knies begannen und eine Handbreit oberhalb des Fußgelenks endeten.

»Wie ist das passiert, Herr L.?«, fragte ich ihn.

»Ach ja, das ist nicht schlimm, ich bin beim Laufen gestolpert und hingefallen.«

»Wo denn genau?«

»Auf dem Schotterweg von der Kugler-Alm zum Forsthaus Wörnbrunn«, antwortete er wie aus der Pistole geschossen.

»Aber warum sind Ihre Knie nicht aufgeschürft? Wenn man stürzt, schürft man sich doch eher die Knie auf als die Schienbeine. Oder?«

Peter L. schwieg. Damit war der Punkt erreicht, an dem ich es nicht mehr verantworten konnte, ihn länger als Zeugen zu behandeln. Noch wussten wir nicht, wie und wodurch diese eigenartige Verletzung entstanden sein konnte, waren aber sicher, dass sie nicht von einem Sturz auf einem gut präparierten Schotterweg herrührte. Er log. Also musste die Verletzung im Zusammenhang mit der Tat stehen. In welchem, würde noch zu ermitteln sein.

Nachdem Peter L. die fotografische Sicherung der Verletzung wortlos über sich hatte ergehen lassen und der Erkennungsdienstbeamte wieder gegangen war, eröffnete ich ihm ruhig und sachlich, dass er ab sofort als Beschuldigter gelte. Auch wenn er als Jurist fach- und sachkundig war, wies ich ihn trotzdem darauf hin, dass er das Recht habe, jede weitere Aussage zu verweigern oder einen Anwalt hinzuzuziehen.

Peter L. sank in sich zusammen. Er nahm diese Belehrung so gefasst auf, als habe er schon darauf gewartet. Anscheinend wusste er selbst, dass ich gar keine andere Wahl hatte, als ihn unter diesen Bedingungen als Beschuldigten zu behandeln. Weder legte er Widerspruch ein, noch zeigte er sich empört. Scheinbar stoisch nahm er hin, was er offenbar für unvermeidlich hielt. Ich fragte ihn, ob er seine bisherigen Angaben, die er als Zeuge gemacht hatte, weiterhin aufrechterhalte und auch zum Gegenstand seiner Beschuldigtenvernehmung mache oder sie für nichtig erklären wolle. Er antwortete resigniert, darüber müsse er erst nachdenken. Mit leiser Stimme bat er um Verständnis, dass er momentan keine Angaben mehr machen wollte, auf die Hinzuziehung eines Kollegen verzichtete er jedoch.

Es herrschte eine bedrückende Atmosphäre im Raum. Niemand sagte etwas in den nächsten Minuten, und man hätte eine Stecknadel fallen hören können. Die Protokollführerin verließ das Zimmer,

es war unschwer zu erkennen, dass sie Mitleid empfand. Jedenfalls hatte sie feuchte Augen. Ich konnte
sie sogar verstehen, denn bislang hatte sich Peter L.
erfolgreich als Leidtragender dargestellt.

Jetzt wirkte er in sich gekehrt, schüttelte immer
wieder den Kopf, und man merkte, dass es in ihm
arbeitete. Er dachte nach. Eine günstige Gelegenheit, ihn zu fragen, ob er sich die Argumente anhören mochte, die für seine Täterschaft sprächen. Er
müsse auch nichts sagen, könne nur zuhören. Ich
war mir fast sicher, dass er das wollte, und behielt
recht. Er nickte zustimmend mit dem Kopf. Mir
war klar, dass man ihn überzeugen musste, die
Wahrheit zu sagen. Dass sich ein frühes Geständnis
strafmildernd auswirken konnte, musste ich diesem
Beschuldigten nicht erklären. Also schilderte ich
ihm meine Sicht der Dinge.

Es war immer meine Devise, Tatverdächtigen offen und ehrlich die Wahrheit zu sagen. Ich begann
damit, ihm zu erläutern, dass wir von einer Beziehungstat ausgingen, bei der sich meiner Meinung
nach pure Emotionen entladen hätten. Deshalb unterstellte ich auch keinen geplanten Mord, denn die
Umstände sprachen eher für eine Affekttat. Den
Unterschied zwischen Mord und Totschlag musste
ich ihm nicht erklären. Es war jetzt an ihm zu entscheiden, ob er sich öffnen oder es darauf ankom-
men lassen wollte, dass wir ihm die Tat nachweisen
konnten. Inzwischen hätte ich die Rückmeldung erhalten, dass auch andere von den schwierigen Ehe-

verhältnissen wussten, in denen er sich befunden hatte. In solchen Fällen stelle sich natürlich immer die Frage nach der Ursache und damit auch nach einer etwaigen Mitschuld des Opfers.

Ich redete und redete, er hörte zu. Ich zählte ihm alle Fehler auf, die er gemacht hatte, und gab ihm zu bedenken, dass wir erst am Anfang unserer Ermittlungen stünden. Es sei gerade einmal sechs Stunden her, dass wir seine Frau aufgefunden hätten, und wir würden genauso konstant weiterermitteln. Es liege jetzt an ihm, ob er an der Aufklärung in Form eines Geständnisses mitwirken wolle. Wie er wisse, sei das auch eine Chance.

Bis 4.00 Uhr morgens erläuterte ich ihm alle Argumente, die für seine Täterschaft sprachen und versicherte ihm nochmals, dass wir momentan von einer Affekttat ausgingen. Sollte es keine gewesen sein, sondern ein geplanter, eiskalter Mord, aus welchen Motiven auch immer, dann könne ich verstehen, wenn er schweigen wolle. Sollte es sich aber um Streit, Eskalation, Provokation und damit Affekt gehandelt haben, biete sich ihm die Chance eines frühen Geständnisses. Man könne sich nur rechtfertigen und verteidigen, wenn man rede.

Obwohl er zusammengesunken auf seinem Stuhl saß, war ihm anzumerken, dass er jedes Wort in sich aufsog und analysierte. Dann klärte ich ihn über die vorläufige Festnahme auf. Bewusst brachten wir ihn sofort in die Polizeihaftanstalt. Ich begleitete ihn persönlich bis zu seiner Einzelzelle und nickte ihm noch einmal aufmunternd zu, bevor sich die eiserne Tür schloss. In ein paar Stunden, so versprach ich ihm, würde er wieder abgeholt werden. Dann musste die Staatsanwaltschaft entscheiden, wie weiter mit ihm zu verfahren sei. Als ich in mein Büro zurückkehrte, war ich mir sicher, dass er es getan hatte. Ohne zu wissen, was das Motiv gewesen sein könnte. Und ohne zu ahnen, was wirklich hinter dieser Tragödie stand.

Fünf Stunden später wurde Peter L. aus seiner Zelle wieder nach oben in mein Büro gebracht. Er sah schrecklich aus. Nichts war geblieben von dem gut aussehenden, sportlichen, eloquenten Akademiker. Ein Häufchen Elend saß da vor mir, unrasiert, blass, mit tiefen Augenringen. Dann ging es schneller, als ich dachte. Kaum hatte ich das Gespräch wieder aufgenommen und da angeknüpft, wo wir Stunden vorher aufgehört hatten, brach es plötzlich aus ihm heraus.

»Es war nicht so, wie Sie denken. Es war ganz anders. Es ging um Lisa.«

Ein Weinkrampf erfasste und schüttelte ihn derart heftig, dass ich fast befürchtete, er könnte vom Stuhl fallen. Die Protokollführerin und eine weitere Kollegin erschraken regelrecht. Ich stellte mich neben ihn, legte ihm eine Hand auf die Schulter und versuchte ihn zu beruhigen. Das dauerte einige Minuten. Ich war mir sicher, dass seine Verzweiflung nicht gespielt war. Derart extreme körperliche Reaktionen kann man nicht simulieren. Wobei sich die Ursache dieser emotionalen Erschütterung vorerst nicht erkennen ließ. Waren es Reue, Einsicht und Schmerz wegen der Tat selbst, oder war es der Schmerz über die verlorene Zukunft, über den Verlust des bisherigen Lebens und seiner geliebten Lisa? Oder handelte es sich um bloßes Selbstmitleid?

Es dauerte etwa zehn Minuten, bis er sich so weit beruhigt hatte, dass er wieder einigermaßen sprechen konnte. Dann berichtete er, was wirklich passiert war an diesem Nachmittag und was die Tat überhaupt erst ausgelöst hatte. Es sei die pure Bösartigkeit seiner Frau gewesen, die ihn die Kontrolle verlieren ließ. Sie wollte das alleinige Sorgerecht für Lisa. Immer wieder habe es diesbezüglich Streit gegeben, auch gestern. Er sei außer sich vor Wut gewesen und habe sie angebrüllt, er sei schließlich der Vater und es gebe Gesetze. Daraufhin habe sie hämisch gelächelt und ganz ruhig gesagt:

»Du wirst Lisa nicht mehr sehen. Väter, die im Verdacht stehen, ihre Töchter sexuell missbraucht zu haben, bekommen weder ein Umgangsrecht noch ein Besuchsrecht.«

Da habe er sie getötet.

Es herrschte minutenlange Stille im Vernehmungsraum. Peter L. schluchzte noch einige Male und beruhigte sich nur langsam. Ich redete beruhigend auf ihn ein und gab ihm zu verstehen, dass so etwas eine Affekttat erklären könne und ich die Sache ungeheuerlich fände. Was auch meiner ehrlichen Meinung entsprach. Dann schilderte er zögerlich, dass es plötzlich wie in einem Film vor seinen Augen abgelaufen sei. Er habe einen Hammer genommen und damit seiner Frau auf den Kopf geschlagen, bis sie zusammenbrach – was dann passierte, wisse er nicht mehr genau. Erst als sie leblos vor ihm lag, sei er wieder zu Bewusstsein gekommen und in Panik geraten, habe nur noch an Lisa gedacht. Was sollte aus ihr werden? Mutter tot und Vater im Gefängnis? Abschiebung in ein Heim? Das wollte er ihr ersparen. Deshalb habe er in der Folge einen Einbruch vorgetäuscht, wobei ihm die Handygeschäfte seiner Frau geeignet erschienen, den Verdacht in diese Richtung zu lenken. Seine blutbefleckte Kleidung, den Hammer, die angebliche Diebesbeute, die Handys seiner Frau, Bargeld und einige Schmuckstücke habe er im Wald unter einigen quer liegenden Baumstämmen versteckt. Dabei sei er abgerutscht und habe sich das Schienbein aufgescheuert.

Eine Kollegin nahm sofort Kontakt mit der Kinderpsychologin auf, die gerade dabei war, Lisa zu befragen. Zwei Stunden später rief sie zurück und erklärte, es gebe keinerlei Anhaltspunkte dafür, dass Lisa sexuell missbraucht worden sei. Im Gegenteil, Lisa liebe ihren Papa über alles, mehr sogar als ihre Mama. Jetzt empfand ich fast so etwas wie Mitleid mit Peter L. Ich glaubte ihm. Es wäre nicht der erste Fall, bei dem gemeine Unterstellungen, schwere Provokationen oder demütigende Äußerungen eine tief greifende Bewusstseinsstörung auslösten.

Dass Peter L. seine Tochter sexuell missbraucht haben könnte, daran hatte ich auch ohne sachverständige Einschätzung keinen Augenblick geglaubt. Insgesamt schienen seine Einlassungen schlüssig zu sein. Eine spontane Tat bedingt immer einen spontanen Auslöser. In diesem Fall eine ungeheuerliche Drohung.

Am Nachmittag lag das schriftliche Geständnis protokolliert vor. Der Staatsanwalt beantragte Haftbefehl wegen Totschlags im Affekt, und der Ermittlungsrichter erließ ihn so. Damit, so dachte ich, sei der Fall wohl weitgehend geklärt. Blieb lediglich die Feinarbeit. Die Abgründe, die sich noch auftun sollten, führten mir deutlich vor Augen, dass man sich gerade als Ermittler nicht nur auf seine Menschenkenntnis verlassen durfte.

Peter L. schien tatsächlich erleichtert zu sein. Als der Tross von Kolleginnen und Kollegen mit ihm zu dem Waldstück im Perlacher Forst ausrückte, machte er einen relativ gelösten Eindruck. Vielleicht lag es auch daran, dass er erfahren hatte, wo sich Lisa aufhielt und dass es ihr gut ging. Ich hörte sogar, wie er einmal kurz auflachte. Insgesamt war ich zufrieden mit dem Gang der Ermittlungen. Dass das Geständnis von Peter L. auf seinen Wahrheitsgehalt hin überprüft werden musste, stufte ich eher als

Routine ein. Selbstverständlich in dem Wissen, dass uns wenige Täter die reine Wahrheit servierten. Von den meisten ist nur eine sehr subjektive Wahrheit zu erwarten. Jeder Beschuldigte hat das Recht, seine Sicht der Dinge vorzubringen. Insofern liegen Beschönigungen, Relativierungen, Rechtfertigungen und Schuldzuweisungen in der Natur der Sache. Es ist Aufgabe der Ermittler, die Wahrheit von der Lüge zu trennen.

Während das Ermittlerteam unterwegs war, wurde die Telefonnummer einer Anschlussinhaberin ermittelt, die Peter L. am Tattag um 16.46 Uhr angerufen hatte, während er beim Joggen war. Bei der Dame handelte es sich um seine Geliebte. Seit über einem Jahr bestand diese außereheliche Beziehung – die erste Abweichung von den Angaben unseres Beschuldigten. Es handelte sich um eine Arbeitskollegin, Juristin wie Peter L. Sie reagierte kühl und abweisend, als sie erfuhr, dass ihr Geliebter sich in Haft befand, weil er seine Ehefrau umgebracht hatte. Da ihr kein Zeugnisverweigerungsrecht zustand, musste sie aussagen.

»Da wäre er vom Regen in die Traufe gekommen«, sagte der Vernehmungsbeamte hinterher, und fügte hinzu: »Die ist ja kalt wie ein Fisch.«

Langsam, aber sicher begann ich an meiner Menschenkenntnis zu zweifeln. Konnte ich mich derart getäuscht haben? Obwohl ich mir hinsichtlich der Echtheit seines emotionalen Zusammenbruchs sicher war, blieben Fragen. War die Geliebte in Wahrheit der Grund, warum er seine Ehe beenden wollte? Wusste seine Frau bereits, dass er eine Geliebte hatte?

Sie wusste es. Inzwischen waren auch mehrere Arbeitskolleginnen von Christine L. vernommen worden, sodass sich das sogenannte Opferbild allmählich vervollständigte. Die Abteilungsleiterin war tatsächlich eher gefürchtet als beliebt gewesen. Sie galt als karrieresüchtig, kalt und ehrgeizig. Insofern entsprach Peter L.s Aussage der Wahrheit. Mit einigen Kolleginnen allerdings hatte Christine L. doch engeren, fast schon freundschaftlichen Kontakt gepflegt. Diese kannten auch die Eheprobleme ihrer Chefin. Sie wusste von der Beziehung ihres Mannes zu einer wesentlich jüngeren Frau. Christine L. litt darunter, aber wohl mehr aus verletztem Stolz. Einer Mitarbeiterin gegenüber war bei einem Glas Wein nach der Arbeit eine Andeutung gefallen, die zu dem passen konnte, was sie Peter L. angedroht haben soll. Sinngemäß äußerte sie damals, Mittel und Wege zu kennen, um ihm ganz gehörig die Suppe zu versalzen. Falls er glauben sollte, er könne ihr Lisa entfremden und mit seiner jungen Schlampe eine Ersatzmutter schaffen, würde er sich täuschen. Konkreter sei sie jedoch nicht geworden. Wieder einmal wurde mir klar, dass Gehässigkeiten, Bösartigkeiten und andere negative Eigenschaften absolut nichts mit dem sozialen Status und der Bildung zu tun haben.

Die Angehörigen jenes fahrenden Volkes, die sich Stunden vor der Tat beim Anwesen der Familie aufgehalten hatten, erwiesen sich übrigens als äußerst kooperativ. Die Leute bestätigten, zur angegebenen Zeit bei der Frau gewesen zu sein, man habe ihr drei Mobiltelefone abgekauft, zu einem fairen Preis, wie sie immer wieder betonten. Sie seien keine Betrüger und hätten auch nichts gestohlen, rechneten indes damit, dass man ihnen Derartiges unterstellen würde. Als sie hörten, dass es um Mord ging, brach die Hölle los. Einige weinten, andere warfen sich auf die Knie und schworen, nichts verbrochen zu haben. Als sie endlich begriffen, dass sie nicht unter Verdacht standen, sondern als Zeugen benötigt wurden, schlug die Stimmung schnell ins Gegenteil um. Sie freuten sich unbändig, boten Essen und Trinken an und küssten sogar einigen Ermittlern die Hand. So erleichtert können nur Menschen sein, die überall dort, wo sie auftauchen, unter einer Art Generalverdacht stehen.

Im Wald fanden die Ermittler unter einem Baumstamm eine Plastiktüte, in der sich all das befand, was Peter L. versteckt hatte. Neben einigen Schmuckstücken, einem Bündel Geld, circa 1 500 Euro, und den ausgeschalteten Handys des Opfers auch der Tathammer, dessen Stiel zerbrochen war. Doch der akribische Erkennungsdienstbeamte entdeckte noch etwas: einen zweiten Hammer. Irritiert fragte er den neben ihm stehenden Peter L., ob er etwa zwei Hämmer benutzt habe, denn auf beiden seien Blutantragungen erkennbar. Peter L. antwortete kleinlaut:

»Das weiß ich nicht mehr, es kann schon sein, dass ich auch einen weiteren Hammer benutzt habe.«

Es war der nächste Schlag, der meinen Glauben an eine Affekttat ins Wanken brachte. Wie später die Obduktion der Leiche im Institut für Rechtsmedizin in München ergab, durchschlug bereits der erste Hieb mit dem 1 000 Gramm schweren Hammer, der die Frau direkt von vorne traf, die Schädeldecke. Christine L. fiel in Rückenlage zu Boden, war mit hoher Wahrscheinlichkeit aber noch nicht tot. Die Rechtsmediziner konnten nicht mehr exakt feststellen, wie viele Schläge es insgesamt waren. Jedenfalls weit über zwanzig. Offensichtlich ging es Peter L. nicht nur darum, seine Frau zu töten, er wollte sie vernichten. Als der Hammerstiel brach, holte er sich aus dem Werkzeugkasten einen zweiten Hammer und schlug so lange auf den Schädel seiner Frau ein, bis der Kopf als solcher nicht mehr zu erkennen war.

Aber das war's immer noch nicht, denn am nächsten Tag folgten weitere Erkenntnisse, die eine Affekttat zunehmend infrage stellten. Bei einer nochmaligen, genauen Durchsuchung des Hauses und des Dienstfahrzeugs von Peter L. traten sie zutage. Was sich im Mülleimer in der Küche fand, eröffnete endgültig völlig neue Perspektiven. Ein Tütchen, in dem sich ein Büschel menschlicher Haare befand, dunkel und mit männlicher DNA, wie sich später herausstellte. Woher kamen die? Was hatte es damit auf sich? Des Rätsels Lösung brachte ein verschlossener Aktenkoffer, der bei einer Durchsuchung des Kofferraums von Peter L.s Fahrzeug gefunden wurde. Gefragt, wo der Schlüssel dafür sei, reagierte der Verdächtige auffällig. Zum ersten Mal ließ er seine Unterwürfigkeit fallen und versuchte aufzutrumpfen. In diesem Koffer würden sich streng geheime dienstliche Unterlagen befinden und er rate uns dringend, die Finger davon zu lassen. Wir würden enorme Schwierigkeiten bekommen, sollten wir es wagen, den Inhalt zu sichten. Der Staatsanwalt wagte es dennoch und ordnete die Öffnung an. Damit war ich endgültig widerlegt mit meiner Annahme einer Affekttat.

In dem Koffer fand sich ein Notizblock mit handschriftlichen Aufzeichnungen von Peter L., wie ein Schriftsachverständiger später feststellte. Es war eine Art Checkliste, wie sie Piloten benutzen oder wie sie auch bei Ermittlern Verwendung finden, um sicherzustellen, dass man wichtige Maßnahmen nicht übersieht. Die Aufzeichnungen bezogen sich zweifelsfrei auf die Tat. Welchen Sinn sollten sonst Anweisungen haben wie: »Haare verstreuen«, »Hausschuhe entsorgen«, »Hammer wegwerfen«, »Handys ausschalten«, »Kleider entsorgen«, »Einbruch vortäuschen« und so weiter. Dass diese Notizen auf einen akribisch geplanten Mord nicht nur hindeuteten, sondern einen klaren Beweis darstellten, war selbst den Anwälten klar. Dass es jedoch noch eine ganz andere, äußerst seltene Konstellation geben könnte, daran dachte niemand.

Peter L. hatte den Mord an seiner Frau offensichtlich von langer Hand geplant. Aber warum dann so viele Fehler? War es wirklich Teil seines Planes, seine Frau zu einem Zeitpunkt zu töten, als sich seine geliebte Lisa mit ihrer Freundin im Haus aufhielt? Gehörte er zur Kategorie planender Täter, die während der Tatausführung aus purem Hass plötzlich in eine Art Blutrausch verfielen und damit das Bild einer Affekttat provozierten? Oder wurde er von irgendwelchen Ereignissen überrumpelt und vorzeitig zu jener Tat gezwungen, die er als perfekten Mord geplant hatte?

Die Verteidiger waren dieser Ansicht, wie sie in ihren Plädoyers zum Ausdruck brachten. Sie räumten ein, dass Peter L. die Tat zwar geplant haben dürfte, dann aber derart provoziert wurde, dass er seinen ursprünglichen Plan aufgab. Deshalb sei es kein Mord gewesen, sondern Totschlag. Dafür sprächen auch die fahrlässigen Fehler, die sich einschlichen – Fehler, die er als versierter Jurist und Spezialist für schwierige Verhandlungen nie gemacht hätte, außer bei einer Affekttat. Dazu zähle nicht nur, dass er blindlings zuschlug, sondern auch sein dilettantisches Nachtatverhalten, das die Ermittler überhaupt erst auf seine Spur brachte. So habe er die mitgebrachten Haare nach der Tat versteckt, anstatt sie auf der Leiche zu verstreuen, und mit blutigen Händen den Stecker des Bügeleisens herausgezogen. Und in seiner Erregung die Tür offen gelassen. Von seinem Handy habe er die Geliebte angerufen und sich für die Verletzung des Schienbeins eine denkbar schlechte Ausrede einfallen lassen.

Dass ihr Mandant den Mord an seiner Frau geplant habe, sei strafrechtlich nicht relevant, da das Beschaffen der Haare – die er übrigens aus Südamerika mitgebracht hatte – eine straflose Vorbereitungshandlung gewesen sei und sich noch nicht im Bereich des Versuchsstadiums befunden habe. Das dürfe ihm nicht zu seinem Nachteil ausgelegt werden. Ausgeführt worden sei die Tat nach schlimmer Provokation durch das Opfer und somit im Affekt geschehen. Die Anwälte beantragten die Verurteilung zu einer zeitlichen Freiheitsstrafe wegen Totschlags.

Peter L. wurde wegen Mordes zu lebenslanger Haft verurteilt. Das Schwurgericht sah es als erwiesen an, dass er seine Ehefrau ermordete, weil er für die jüngere Geliebte frei sein wollte. Die Ankündigung seiner Ehefrau, ihm durch Unterstellung des sexuellen Missbrauchs das Umgangsrecht mit der Tochter zu entziehen, war nach Überzeugung des Gerichts eine reine Schutzbehauptung. Er habe aus krasser Eigensucht gehandelt – und dies sei als niedriger Beweggrund zu werten. Zusätzlich müsse sein

Handeln als heimtückisch und grausam bewertet werden, womit drei Mordmerkmale erfüllt und die besondere Schwere der Schuld festzustellen seien. Eine Freilassung nach 15 Jahren war somit ausgeschlossen.

Wir Ermittler sind es gewöhnt, dass unsere Arbeit tendenziell kritisch gewertet wird. In diesem Fall erhielten wir hingegen ein Lob. Sagte doch der Vorsitzende Richter, der Angeklagte sei zwar im Hinblick auf »schwierige Verhandlungen« ausgebildet, aber dem Vernehmungs- und Ermittlungsgeschick der Münchner Mordkommission dennoch nicht gewachsen gewesen. Ich gebe zu, wir waren damals stolz auf diese anerkennenden Worte.

Jeder kann zum Mörder werden:
Der Baggerführer

Was die junge Frau sah, als sie ihren Kinderwagen auf dem Gehweg in einer ruhigen Straße im Münchner Westen entlangschob und zur Baustelle auf der anderen Straßenseite blickte, ließ sie augenblicklich erstarren. Mit offenem Mund und weit aufgerissenen Augen beobachtete sie, was sich in etwa 20 Metern Entfernung vor ihr abspielte, ohne es wirklich realisieren zu können. Die Schaufel eines mächtigen Baggers schwebte etwa drei Meter über einer Grube, was normalerweise nicht ungewöhnlich ist. Dass aber ein Mann zwischen den gewaltigen Zähnen eingeklemmt war und dort herumzappelte, war keine Sinnestäuschung. Zumal die Augenzeugin laute Schreie vernahm, ohne sagen zu können, ob diese von der Person kamen, die in der Schaufel des Baggers hing. Sie verstummten jedenfalls, als diese sich öffnete und der Körper nach unten stürzte. Wie tief die Grube war, die ihn verschluckte, vermochte die Frau nicht zu erkennen. Doch kaum war der Mann verschwunden, wurde auch schon die Greifschaufel ausgeklinkt und fiel ungebremst nach unten, wobei es gar nicht anders sein konnte, als dass sie den dort liegenden Menschen regelrecht zerquetschte. Keine zehn Sekunden später wurde sie wieder in die Höhe gezogen, und hielt erneut den Mann mit ihren riesigen Zähnen fest, der jetzt allerdings völlig leblos wirkte, wie an den erschlafften Extremitäten unschwer zu erkennen war. Die junge Frau schlug eine Hand vor den Mund, mit der anderen hielt sie sich am Kinderwagen fest, in dem ihr Baby friedlich schlief. Sie war unfähig, ihren Blick abzuwenden oder zu schreien. Zumal das Horrorszenario noch nicht beendet war. Die Baggerschaufel öffnete sich erneut und gab den Körper frei, der nun abermals in die Tiefe fiel. Woraufhin sich die Schaufel sofort schloss und dem Körper zum zweiten Mal folgte. Es bedurfte keinerlei Fantasie, um zu wissen, dass der dort unten liegende Mensch nunmehr regelrecht ins Erdreich gestampft worden war. Dann folgte der Höhepunkt: Die Schaufel, noch immer geschlossen und diesmal ohne den Mann zwischen den Zähnen, kam wieder hoch, schwenkte seitlich zu einem großen Kieshaufen, nahm eine ganze Schippe davon auf, schwenkte zurück über die Grube und entleerte den Inhalt in die Tiefe.

Mein Gott, er schüttet ihn zu, schoss es der jungen Frau durch den Kopf. Wobei sie mit »er« den Mann im Bagger meinte.

Der aber stieg, nachdem er das schwere Gerät ausgeschaltet hatte, langsam und bedächtig aus dem Führerhaus und sperrte dieses pflichtbewusst zu. Dann nahm er seine Aktentasche, aus der eine Thermosflasche herausschaute, ging zu einem Fahrrad in unmittelbarer Nähe, spannte den Gepäckträger, klemmte die Aktentasche ein und radelte ruhig und ohne Hast davon. Dabei warf er keinen Blick mehr in die Grube, in der er gerade seinen Polier beerdigt hatte.

Die fünf polnischen Arbeiter, die mit offenen Mündern hinter ihm herschauten, waren nicht weniger geschockt als die junge Mutter auf der gegenüberliegenden Straßenseite. Der Unterschied bestand allerdings darin, dass die Frau plötzlich laut aufschrie, heulend in ein Geschäft rannte und die Polizei anrufen ließ. Als diese eintraf, musste zunächst einmal die psychologische Betreuung der Augenzeugin organisiert werden, was das Kriseninterventionsteam (KIT) übernahm.

Als die Beamten der Mordkommission ihre Arbeit aufnahmen, stellte sich heraus, dass die polnischen Bauarbeiter just zum Zeitpunkt des Vorfalls allesamt gerade weggeschaut haben mussten oder mit anderen Dingen beschäftigt waren, obwohl der Polier anfänglich lauthals geschrien hatte. Zuerst kam von jedem Einzelnen der Satz: »Ich nix gesehen.«, dann folgte der zweite Satz: »Ich nix wissen.«

Die Aufklärung des Falles verhinderte das nicht. Sobald die unter einem halben Kubikmeter Kies begrabene, kaum noch identifizierbare Leiche des Poliers geborgen war, stellte sich logischerweise die Frage nach dem Verbleib des Baggerführers. Auch ohne Mithilfe der Arbeiter war kaum zu übersehen, was mit dem Körper passiert war.

Beim Baggerführer handelte es sich um den völlig unbescholtenen 52-jährigen Hubert G., einen gebürtigen Münchner, der mit seiner Frau und zwei erwachsenen Kindern, die beide studierten, in einem kleinen Einfamilienhäuschen mit großem Garten in München-Waldperlach lebte. Wegen seiner Hilfsbereitschaft und Freundlichkeit war er allseits beliebt. Hubert G. saß auf seiner Terrasse, trank Kaffee und wartete bereits auf die Polizei. Er wirkte gefasst und äußerlich völlig ruhig. Er stand nicht unter Alkoholeinfluss, auch nicht unter Schock, und legte sofort ein Geständnis ab. Nur seine Frau weinte.

Bei dem Toten handelte es sich um Herbert R. Beliebt war der ständig polternde, rechthaberische und ruppige Polier bei keinem der vielen Bauarbeiter gewesen, die wir vernahmen. Besonders die Polen hatten ihn gefürchtet. Er sei ein Schinder gewesen, lautete die einhellige Meinung, ein Choleriker und Eiferer, der schon beim geringsten Anlass aus der Haut fuhr. Nur bei seinen Vorgesetzten galt der 51-jährige Mann aus der bayerischen Provinz als fleißig, zuverlässig, loyal und durchsetzungsfähig. Dass er über Jahre hinweg den bestimmt nicht weniger fleißigen und zuverlässigen, aber wesentlich ruhigeren Baggerfahrer gemobbt und ständig schikaniert hatte, wussten die Firmenchefs allerdings nicht.

Auslöser für die Tat war übrigens die Beschädigung eines Kabels im Erdreich, von dessen Existenz der Baggerführer nichts wissen konnte und das der Polier schlichtweg übersehen hatte. Was diesen aber nicht hinderte, einen Tobsuchtsanfall zu bekommen und Hubert G. aufs Übelste zu beschimpfen. Als er am Rande der Grube hin und her rannte, wild gestikulierte und brüllte, konnte es der Baggerführer nicht mehr ertragen und stampfte ihn ein. Ein für alle Mal.

Hubert G., zur Tatzeit voll zurechnungsfähig, bekam sechs Jahre Freiheitsstrafe wegen Totschlags. Das Mordmotiv der Heimtücke wurde nicht unterstellt, weil der tobende Polier nicht arglos gewesen sein könne. Wehrlos allerdings schon …

Der Todesengel

Dass es in der 150 Quadratmeter großen Wohnung ihres Nachbarn Dr. Roland von W. nicht mit rechten Dingen zuging, davon war Maria Z. endgültig überzeugt, als die Altenpflegerin dort vor einigen Monaten einzog.

Bis zum Auftauchen dieser Schwester Therese, wie sich die korpulente Pflegerin nannte, hatten die 78-jährige Maria Z. und der 84 Jahre alte Dr. von W. drei- bis viermal wöchentlich gemeinsam die Nachmittage verbracht, Kaffee getrunken, Schach gespielt, klassische Musik gehört oder sich unterhalten. Beide waren seit mehr als zehn Jahren verwitwet, wodurch sich der Kontakt intensivierte. Sie verstanden sich blendend, halfen sich gegenseitig aus ihrer Einsamkeit, blieben aber stets beim förmlichen »Sie«.

Roland von W. war viel in der Welt herumgekommen und verfügte deshalb über einen unerschöpflichen Fundus an vielseitigen, interessanten Erlebnissen und Begegnungen, die er auch spannend wiederzugeben verstand. Er war der geborene Erzähler und Maria Z. die geborene Zuhörerin, obwohl das für Lehrerinnen nicht gerade typisch ist. Deutsch, Englisch und Geschichte waren ihre Fächer, die sie an einem Münchner Gymnasium 40 Jahre lang unterrichtet hatte. Beide waren ohne Angehörige. Sie war kinderlos geblieben, er hatte in Indien den einzigen Sohn infolge einer schweren Infektionskrankheit verloren. Ein Verlust, den seine Frau und er nie ganz überwanden. Sowohl die ehemalige Lehrerin als auch der adelige Diplomat, ein Freiherr mit Wurzeln im preußischen Bildungsbürgertum, fühlten sich emotional noch immer stark mit ihren verstorbenen Ehepartnern verbunden. Sie konnten oder wollten eine engere Bindung zu einem anderen Menschen nicht mehr eingehen, selbst nach so vielen Jahren nicht. So begnügten sie sich damit, gute Nachbarn mit weitgehend gleichen Interessen zu sein.

In praktischen Dingen jedoch, und was alltägliche Verrichtungen wie Einkaufen und anderes mehr betraf, war Dr. von W. auf Hilfe angewiesen. Was nicht verwunderte, musste er sich doch nie um derart profane Angelegenheiten sorgen Zu früheren Zeiten erledigte das entweder das Hauspersonal oder seine Ehefrau, die eine eigene Steuerkanzlei betrieb, bevor sie für einige Jahre nach Indien und anschließend nach Australien gingen. Die Kanzlei übergab seine Frau an ihre engste Freundin Marianne und deren Ehemann

Dr. Peter K., einem Steueranwalt, und sie befand sich damit in besten Händen. Noch bis vor Kurzem hatte sich das Ehepaar um die finanziellen Angelegenheiten Dr. von W.s gekümmert. Dieser hatte sich nie mit Vermögensangelegenheiten beschäftigt, obwohl er wohlhabend, wenngleich nicht ausgesprochen reich war. Allein die Eigentumswohnung besaß einen geschätzten Wert von etwa 800 000 Euro. Wie Maria Z. wusste, hegte ihr Nachbar eine tiefe Abneigung gegen Banken und war nicht einmal in der Lage, eine Überweisung zu tätigen.

Bis vor einem Jahr hatte sich Dr. von W. von einem privaten Pflegedienst auf eigene Kosten versorgen lassen, da er an Arthrose in den Kniegelenken litt und deshalb oft starke Schmerzen beim Gehen verspürte. Darüber hinaus musste sein Bluthochdruck behandelt werden, aber ansonsten war er für seine 84 Jahre erstaunlich gesund.

Dann jedoch kam Schwester Therese und übernahm sukzessive das Zepter in der Nachbarwohnung. Von Anfang an misstraute Maria Z., die trotz ihres Alters körperlich und geistig topfit war, dieser Person. Ihr Argwohn wurde immer größer, zumal die allgegenwärtige Pflegerin jeden Kontakt zwischen ihr und ihrem Nachbarn unterband. Angeblich, weil er zu krank und zu schwach sei, um Besuch empfangen zu können, was Maria Z. für eine dreiste Lüge hielt. Weder enge Freunde noch sie als Nachbarin wurden vorgelassen, da Dr. von W., wie

Schwester Therese auf wiederholte Nachfrage erklärte, keine Besuche mehr wünsche und überdies inzwischen bettlägerig sei.

Vor drei Wochen hatte Maria Z. all ihren Mut zusammengenommen und die Pflegerin im Treppenhaus zur Rede gestellt. Zum einen, so fragte sie forsch, würde sie gerne wissen, warum Dr. von W.s Telefonnummer geändert und offensichtlich in eine Geheimnummer umgewandelt wurde, und zum anderen habe sie mitbekommen, dass das Schloss in der Wohnungstür ausgewechselt worden sei. Somit könne sie Herrn Dr. von W. ja den alten Wohnungsschlüssel, den sie noch für Notfälle aufbewahrte, zurückgeben. Allerdings wolle sie das persönlich tun. Sie bestehe deshalb darauf, ihren Nachbarn aufsuchen zu dürfen, notfalls würde sie sich an die Behörden wenden. Schwester Therese erklärte lapidar, sie habe die Telefonnummer ändern lassen, damit Dr. von W. nicht ständig durch Anrufe belästigt und in seiner Ruhe gestört werde. Das Türschloss sei auf seinen ausdrücklichen Wunsch hin ausgetauscht worden, da er sich mit seinen engsten Freunden und bisherigen Vermögensverwaltern, dem Ehepaar K., zerstritten habe und diesen nicht mehr traue. Sie wolle sich da aber nicht einmischen. Von wegen, dachte Maria Z. und bestand trotz der schlagfertig vorgetragenen Begründungen darauf, ihren Nachbarn persönlich zu sprechen. Daraufhin erhielt sie einen Besuchstermin für zwei Tage später. Dr. von W. befolge einen streng geregelten Tagesablauf, und deshalb seien spontane Besuche nicht möglich, erklärte Therese O. schnippisch und ließ die Nachbarin stehen. Deren Misstrauen wuchs dadurch nur noch mehr. Warum durfte sie Dr. von W. nicht gleich besuchen? Was hatte die Schwester zu verbergen? Was wollte sie vertuschen?

Als Maria Z. Roland von W. im Bett liegen sah, erschrak sie. Das war nicht der Mann, den sie kannte, sondern ein körperliches Wrack. Ihr einst so vitaler Nachbar wirkte wie im Delirium, und das Einzige, was er sagte, waren lobende Worte für die liebe, gute Schwester Therese. Sie sei ein Engel, stammelte er mühevoll, sie würde sich so rührend um ihn sorgen und kümmern. Der »Engel« indessen stand während des maximal zehn Minuten dauernden Besuchs neben dem Bett und hielt ununterbrochen und keine Minute weichend die stark abgemagerte Hand des Patienten. Therese O. bot Maria Z. weder einen Stuhl noch ein Getränk an. Damit signalisierte sie, dass es sich nur um eine kurze Stippvisite handeln konnte. Eine Farce, dachte sich Maria Z. und wollte wissen, was Herrn von W. eigentlich fehlte, er sei doch bis vor Kurzem noch ganz gesund gewesen. Die Pflegerin erwähnte etwas vom ständig entgleisenden Blutdruck, von starken Schmerzen, häufigem Durchfall und einem kontinuierlichen Nachlassen der Kräfte. Eine konkrete Krankheit nannte sie nicht. Was sie aber sagte, klang professionell. Wobei sie die Erklärung für ihr profundes medizinisches Wissen gleich angeberisch mitlieferte. Ihr verstorbener Mann sei Arzt gewesen, und sie habe viele Jahre dessen Praxis geführt. Ja, dachte sich Maria Z., das kann ich mir gut vorstellen, dass du die Praxis geführt hast und nicht dein Mann. Selbstverständlich, so fuhr die Pflegerin fort, sei sie examinierte Krankenschwester und habe lange Zeit als OP-Schwester gearbeitet, und natürlich sei sie überdies examinierte Altenpflegerin, habe jahrelang einen eigenen Pflegedienst betrieben, bis ihr die Belastung zu groß wurde. Auch der Verdienst habe in keinem Verhältnis zur Arbeit gestanden, sodass sie es vorziehe, eine Privatpflege zu übernehmen. Sie verfüge jedenfalls über ein fundierteres medizinisches Wissen als so mancher Arzt, behauptete sie. Da Dr. von W. furchtbare Angst davor habe, als Pflegefall in ein Heim abgeschoben zu werden, sei sie auf sein Angebot hin bei ihm eingezogen, um ihn rund um die Uhr zu betreuen.

»Komisch, diesbezüglich hat er sich mir gegenüber nie konkret geäußert«, sagte Maria Z. »Er hat zwar gehofft, bis zu seinem Tod in seiner Wohnung bleiben zu können und nie in ein Heim zu müssen, aber diese Hoffnung hat ja wohl jeder alte Mensch, oder?«

Therese O. erwiderte, Dr. von W. dürfte schon seine Gründe gehabt haben, warum er ihr dieses Angebot unterbreitete. Damit brach sie das Gespräch ab.

Maria Z. blieb nichts anderes übrig, als sich von ihrem Nachbarn zu verabschieden, wobei sie sich nicht sicher war, ob der ihren Besuch überhaupt registriert hatte. Als sie ihm stumm die knochige Hand drückte, ahnte sie nicht nur, dass hier irgendetwas nicht stimmte – sie spürte es förmlich. Auch wenn die Wohnung blitzsauber wirkte und das Bett frisch bezogen war. Na ja, dachte Maria Z., deshalb hat es wohl zwei Tage gedauert, bis ich ihn besuchen durfte. Wer weiß, wie es hier sonst aussieht.

Dann aber fiel ihr doch noch etwas auf. Es hatte zwar nichts mit dem Zustand des Patienten direkt zu tun, doch es verstärkte ihren Argwohn. Als sie zur Wohnungstür geleitet wurde, bemerkte sie, dass eine wertvolle indische Vase fehlte, die all die Jahre auf einer antiken Anrichte im Flur gestanden hatte. Die nicht weniger wertvolle Skulptur einer indischen Göttin war ebenfalls verschwunden. Beide Kunstwerke hatte Dr. von W. besonders geliebt, und der Wert eines jeden belief sich auf mindestens 20 000 Euro.

Maria Z. sagte kein Wort und fragte auch nicht nach dem Verbleib dieser Wertsachen. Sie ging in ihre Wohnung zurück, fest entschlossen, etwas zu unternehmen. Diese feiste, resolute Altenpflegerin wirkte auf sie alles andere als liebevoll, einfühlsam und geduldig. Du bist keine Heilige, sondern eine Scheinheilige, du bist eiskalt, berechnend und gefährlich, sagte die resolute Lehrerin zu sich selbst. Dabei war ihr bewusst, dass ihre rein gefühlsmäßige Einschätzung und ihr tiefes Misstrauen nicht ausreichten, um amtliche Nachforschungen in Gang zu setzen. Jetzt aber hatte sie endlich etwas Objektives in der Hand, nämlich das Fehlen dieser wertvollen Gegenstände. Sie brauchte einfach nur den Verdacht zu äußern, die Sachen könnten gestohlen oder unterschlagen worden sein. Zusammen mit der offensichtlichen Verwirrtheit Dr. von W.s müsste es ausreichen, den Verdacht in Richtung einer Straftat zu lenken. Die Möglichkeit, die Gegenstände könnten nur umgeräumt worden sein und jetzt vielleicht woanders stehen, verdrängte die ehemalige Lehrerin. Sollte das wirklich der Fall sein, hatte sie sich eben geirrt.

Der Zweck heiligt die Mittel, dachte sich Maria Z. und rief einen befreundeten Anwalt an. Der erklärte ihr, dass ihr Verdacht sehr vage und die Gefahr einer Gegenanzeige wegen falscher Verdächtigung nicht gänzlich ausgeschlossen sei – schließlich hätte sie ja einfach nach dem Verbleib fragen können. Andererseits sei es natürlich nicht strafbar, einer Behörde einen Verdacht mitzuteilen, solange man nicht falsche Tatsachen behauptete. Sollten tatsächlich wertvolle Gegenstände fehlen, so der Anwalt, läge sogar ein besonders schwerer Fall des Diebstahls vor, da die Hilflosigkeit des Eigentümers ausgenützt würde. Trotzdem reiche es seiner Meinung nach nicht aus, die Staatsanwaltschaft einzuschalten, er würde deshalb zunächst dem Vormundschaftsgericht schriftlich Meldung erstatten. Ob und inwieweit diese daraufhin Maßnahmen einleite, obliege der Entscheidung der Behörde.

Das Ersuchen zeigte raschen Erfolg: Bereits eine Woche später erschien eine Mitarbeiterin der Betreuungsbehörde bei Dr. von W. und verlangte von der völlig überraschten Therese O. »freiwilligen« Einlass, den zu verweigern diese nicht wagte. Seit dem Besuch dieser aufdringlichen Nachbarin ahnte sie, dass Unheil drohen könnte. Also hatte sie ihren Patienten täglich frisch gebettet und dafür gesorgt, dass er einen zwar hilflosen, aber doch bestens gepflegten Eindruck machte. Ihre »Antennen« waren jedenfalls ausgefahren, sie war sensibilisiert, äußerst misstrauisch und vorsichtig.

Die Betreuerin begutachtete Dr. von W. und versuchte ein Gespräch mit ihm zu beginnen, was jedoch aufgrund seines verwirrten Zustands nicht gelang. Der Patient wirkte völlig apathisch. Die fachkundigen Erläuterungen der Pflegerin und die Tatsache, dass nachweislich eine lückenlose ärztliche Versorgung erfolgte, sowie das äußerst freundliche, kompetente Auftreten der eloquenten Schwester Therese beeindruckten die Amtsperson. Andererseits hatte sie einen offensichtlich verwirrten Mann in deutlich reduziertem Ernährungszustand vor sich, dessen Leben ausschließlich in den Händen dieser Altenpflegerin lag. Die Besucherin stellte pflichtgemäß einige Fragen zu den wirtschaftlichen und vermögensrechtlichen Verhältnissen des Patienten, deren Beantwortung ihr nicht gefiel. Dass Therese O. hier wohnte und über eine Kontovollmacht verfügte, kam der Mitarbeiterin der Betreuungsbehörde doch recht ungewöhnlich vor, auch wenn Schwester Therese auf die Frage nach der Nachlassregelung angab, ihres Wissens existiere ein notarielles Testament, dessen Inhalt sie aber nicht kenne. Ihr Unbehagen veranlasste die Dame vom Amt dazu, kurz und knapp die Einsetzung eines amtlichen Pflegers anzukündigen, der möglicherweise auch die Vormundschaft übernehmen würde, sollte sich der Verwirrtheitszustand durch eine ärztliche Untersuchung bestätigen.

»Das kann ziemlich rasch gehen«, sagte sie zum Abschied.

Als Maria Z. am folgenden Nachmittag neugierig durch den Türspion ins Treppenhaus schaute, erschrak sie, als sie den Blechsarg sah, den zwei dunkelgrau uniformierte Leichenträger aus der Wohnung ihres Nachbarn hievten. Mein Gott, dachte sie, jetzt hat Schwester Therese es tatsächlich geschafft. Sie hat ihn umgebracht.

Maria Z. war ratlos. Der »Pflegeengel« führte wie immer das Kommando. Hinter Schwester Therese stand ein jüngerer Mann im Flur, von dem die Lehrerin wusste, dass es jener Arzt war, der den langjährigen Hausarzt Dr. H. abgelöst hatte. Warum wollte die Pflegerin den Arzt wechseln? Dr. H. hatte

Maria Z., die ihn seit vielen Jahren kannte, nach seiner Ablösung resigniert erzählt, Schwester Therese habe ihm mitgeteilt, künftig auf seine Dienste und überholten medizinischen Kenntnisse zu verzichten und lieber kompetentere, jüngere Hilfe in Anspruch zu nehmen. Mit dieser »kompetenteren« medizinischen Hilfe sprach sie soeben im Befehlston, und das willfährige, unterwürfige, gehorsame Nicken des jungen Arztes wirkte geradezu peinlich.

Maria Z. überlegte, was sie tun konnte. Sie wusste, dass man Dr. von W. auf seinen ausdrücklichen Wunsch hin einäschern würde. Sämtliche Spuren und Beweismittel wären damit vernichtet. Es war also Eile geboten. Sie nahm allen Mut zusammen und rief die Notrufnummer 110 an.

Maria Z. erklärte dem Beamten in der Einsatzzentrale, es handle sich um einen Todesfall, bei dem es ihrer Meinung nach nicht mit rechten Dingen zugegangen sei. Ohne lange Erklärungen abgeben zu müssen, wurde sie unverzüglich weiterverbunden zum zuständigen Kommissariat für Todesermittlungen. Der dortige Beamte verlangte von Maria Z. ebenfalls keine ausführliche Begründung ihres Verdachts, die kurze Schilderung der Hintergründe genügte. Alles Weitere sei jetzt seine Aufgabe, erklärte er der Anruferin und fügte beruhigend hinzu, es sei keine Denunziation, wenn man den Behörden einen Verdacht dieser Art mitteile.

Der Beamte legte einen Vorgang »Ungeklärtes Ableben« an und leitete ihn unverzüglich an einen

Sachbearbeiter weiter. Dieser wiederum eruierte innerhalb weniger Minuten, welches Bestattungsinstitut die Leiche abgeholt hatte. Er erklärte den Leichnam für beschlagnahmt, und noch bevor dieser im Krematorium eintraf, war der Leichenwagen umdirigiert worden zum Institut für Rechtsmedizin. Davon aber erfuhr Therese O. nichts. Sie ging davon aus, der Leichnam befinde sich bereits im Krematorium, und ahnte nicht, dass zwei Todesermittler gerade dabei waren, den toten Dr. von W. ganz genau in Augenschein zu nehmen.

Sollten die beiden Spezialisten auch nur die geringsten Auffälligkeiten feststellen, würden sie bei der Staatsanwaltschaft eine Obduktion beantragen. Nur dadurch konnte Aufschluss über die Todesursache gewonnen werden, und demzufolge auch darüber, ob Dr. von W. eines natürlichen oder unnatürlichen Todes gestorben war.

Am Körper des toten Diplomaten ließen sich keine Verletzungen feststellen, die auf äußere Gewalteinwirkung durch stumpfe oder scharfe Gegenstände hingedeutet hätten. Er war also definitiv nicht erstochen, erschlagen, erschossen, erwürgt oder erdrosselt worden. Blieben noch zwei Varianten: Er könnte vergiftet oder erstickt worden sein. Beides ist rein äußerlich nur schwer erkennbar. Was Vergiftungen betrifft, so verwendet heutzutage kaum noch jemand das einst so beliebte und geruchsintensive Zyankali oder E 605. Was den Erstickungstod anbelangt, so kommt dieser leider öfter vor, als man gemeinhin annimmt. Das hängt wohl auch damit zusammen, dass die durch Fremdeinwirkung entstandenen Spuren nur schwer als solche zu erkennen sind. Sie können unter Umständen auch beispielsweise bei Herzinfarkten oder Schlaganfällen entstehen. Es bedarf also umfassender Kenntnisse, um diese Unterschiede zu entdecken und zu beurteilen. Über solche verfügen Spezialisten wie Rechtsmediziner oder speziell ausgebildete Ärzte. Auch erfahrene Todesermittler sind in der Lage, Anzeichen zu erkennen, die auf ein mögliches Fremdverschulden hindeuten. In allen diesen Fällen ist dann eine Obduktion zwingend erforderlich.

Dr. von W.s Todesbescheinigung, ausgestellt von dem neuen, jungen Hausarzt, bestätigte einen »natürlichen Tod« und als Todesursache »multiples Organversagen«. Letzteres ist in etwa so aussagekräftig wie die Feststellung, ein »innerkörperlicher Vorgang« sei die Ursache gewesen.

Bekleidet war der Tote mit einem Schlafanzug. Bevor eine junge, attraktive Rechtsmedizinerin hinzukam – die es nicht nur in Krimis gibt –, entkleideten die Beamten den Leichnam, maßen und wogen ihn. Dabei stellten sie fest, dass der 1,84 Meter große Mann gerade noch 54 Kilogramm wog, also völlig abgemagert war. Was bei alten Menschen nicht selten ist und deshalb für sich allein betrachtet noch keinen Hinweis auf ein Fremdverschulden oder einen Hungertod gab. Des Weiteren schien der Mann entweder inkontinent gewesen zu sein, oder man hatte ihm einen Katheter zum Ablauf des Urins gesetzt, weil er in den letzten Monaten bettlägerig war. Der Auffangbeutel war noch am rechten unteren Schienbein befestigt und halb voll, was aber keinen Rückschluss auf den Todeszeitpunkt zuließ. Warum er nicht entfernt worden war, bevor man die Leiche abtransportierte, erschien eigenartig. Normalerweise erledigten Leichenbeschauer so etwas.

Das Obduktionsteam im Institut für Rechtsmedizin trat noch am selben Nachmittag zusammen, nachdem am Leichnam des Mannes Merkmale festgestellt worden waren, die Hinweise auf einen Erstickungstod sein konnten.

Die Obduktion, an der Ermittler der Mordkommission teilnahmen, bestätigte den reduzierten Ernährungszustand. Darüber hinaus wurden zahlreiche Punktblutungen in den Augenlidern, den Augenbindehäuten sowie in beiden Wangenregionen und an der Zunge diagnostiziert. Die Anzahl und die Anordnung der venösen Stauungen, zum Teil gruppiert, zum Teil einzeln, ließ die Mediziner zu dem Ergebnis gelangen, dass mit hoher Wahrscheinlichkeit von einem mit weicher Bedeckung verursachten Erstickungstod auszugehen sei. Andere mögliche Ursachen wie stumpfe Gewalteinwirkung gegen den Hals, Brustkorbkompressionen, Kopftieflage und anderes wurden als äußerst unwahrscheinlich eingestuft, vorbehaltlich der feingeweblichen Untersuchungen, die in Auftrag gegeben wurden. Diese können näheren Aufschluss über die Art und Weise sowie die Intensität der Einwirkungen auf das Gewebe geben. Außerdem sollte ein toxikologisches Gutachten erstellt werden, um einen Vergiftungstod ausschließen oder bestätigen zu können. Allerdings dauern solche Untersuchungen einige Wochen. Ein vorläufiges Ergebnis also, das nicht ausreichte, um die Pflegerin als Beschuldigte zu vernehmen oder gar festzunehmen.

Die Staatsanwaltschaft leitete noch kein Verfahren wegen Verdachts eines Tötungsdelikts ein, auch wenn die Mordkommission die Ermittlungen übernahm. »Wir brauchen mehr konkrete Hinweise«, meinte der Staatsanwalt in der anschließenden Besprechung.

Wenn der Verdacht besteht, dass ein Mensch vorsätzlich getötet wurde, stellen sich immer dieselben Fragen: Wer, wann, wo, was, wie, womit und warum? So jedenfalls lauten die »sieben goldenen W« der Kriminalistik, die jeder Polizist schon im ersten Ausbildungssemester lernt und die ihn sein ganzes Berufsleben lang begleiten. In diesem Fall gab es noch auf keines dieser »W« eine sichere Antwort.

Therese O. wurde noch am Abend durch die Mordkommission als Zeugin vernommen. Konfrontiert mit dem vorläufigen Obduktionsergebnis und zu wahrheitsgemäßen Angaben ermahnt, reagierte sie, wie es ihrem Naturell entsprach. Die Rechtsmediziner hätten doch keine Ahnung, wehrte sie sich. Es sei geradezu lächerlich, einen gewaltsamen Erstickungstod zu diagnostizieren. Punktförmige Blutaustritte könnten durch viele Ursachen entstehen, beim Wickeln eines Patienten genauso wie beim angestrengten Pressen infolge eines harten Stuhlgangs; von Herzinfarkt, Schlaganfall oder natürlichem Ersticken, beispielsweise durch Verlegung der Luftröhre, gar nicht zu reden. Schwester Therese kannte sich gut aus.

Dr. von W. habe außerdem an Diabetes, Bluthochdruck und schwerer Arthrose und damit einhergehenden Schmerzen gelitten. Sie habe alles getan, um ihm ein menschenwürdiges Leben zu ermöglichen, und sei sogar in seine Wohnung eingezogen. Dafür würden ihr jetzt solche unsinnigen Dinge unterstellt. Es sei mit ihm in letzter Zeit abwärts gegangen, und sowohl der neu hinzugezogene Hausarzt als auch sie hätten gewusst, dass es nicht mehr allzu lange dauern konnte, bis der Tod einträte, ohne dass jemand vorherzusagen vermochte, wann das sein würde. Gestern Abend habe sie ihn normal zu Bett gebracht, heute Morgen sei er tot gewesen. Das passiere nicht selten bei alten Menschen. Sie habe sofort den Hausarzt verständigt, der einen natürlichen Tod bestätigte, dann einen Bestattungsdienst beauftragt und die Einäscherung veranlasst, so wie es dem Wunsch Dr. von W.s entsprach.

80

Den Ermittlern, die Therese O. vernahmen, war klar, dass von dieser Frau kein Geständnis zu erwarten war. Nie würde sie ein Fehlverhalten einräumen und schon gar keine schwere Schuld. Therese O. wurde von den Beamten in die Kategorie der rational handelnden Täter eingestuft und damit in eine Reihe gestellt mit Mördern, brutalen Totschlägern und anderen gefühlsarmen Tätern. Sie wirkte extrem berechnend und kaltherzig. Aber war das eine realistische Einschätzung? Immerhin hatte sie ihr ganzes Leben lang kranken Menschen geholfen. Und warum sollte sie einen sterbenden Menschen töten, den sie fast ein Jahr lang aufopfernd gepflegt hatte?

Einen ersten Schuldnachweis erbrachte das Obduktionsergebnis allein für sich genommen nicht. Also galt es, Antworten auf viele offene Fragen zu finden. Wer war diese Frau? Hatte sie gezielt nach einem Opfer gesucht? Wenn ja, warum? Wie konnte sie dessen Vertrauen gewinnen? Warum isolierte sie Dr. von W. von seinem Umfeld? Wann fasste sie den Entschluss, ihn zu töten? Was war der Auslöser, die Ursache? Wie und womit ermordete sie ihn?

Bei Tötungsdelikten werden sowohl Täter- als auch Opferbilder erstellt. Es galt also, das Umfeld von Schwester Therese ebenso zu durchleuchten wie das des toten Dr. Roland von W. Zwei Schwerpunkte wurden hierbei gesetzt: wirtschaftliche, finanzielle Verhältnisse einerseits, medizinisch-gesundheitliche Aspekte andererseits.

Therese war mit dem Allgemeinmediziner Dr. Wilhelm O. verheiratet gewesen, der eine gut gehende Praxis in München-Pasing betrieb und vor acht Jahren überraschend an einem Herzinfarkt verstarb. Die von ihm bereits eingeleitete Scheidung erübrigte sich damit, wie eine ältere ehemalige Mitarbeiterin von ihm noch wusste. Angeblich hatte der Arzt die übermäßige Konsumsucht seiner Frau nicht mehr ertragen, außerdem soll sie regelmäßig um hohe Summen gespielt haben. Dr. Wilhelm O. war eingeäschert worden, und die Umstände seines Todes ließen sich somit leider nicht mehr klären.

Die Ehe war kinderlos geblieben, und Therese O. verkaufte die Praxis zu einem mehr als günstigen Preis an den jungen Dr. L., der – wohl aus Dankbarkeit – zu ihrem willfährigen Werkzeug wurde. Den Verkaufserlös brachte die spielsüchtige Witwe in den Spielbanken Bayerns durch.

Nachdem Therese O. alles verspielt hatte, arbeitete sie tatsächlich zwei Jahre als OP-Schwester in einem großen Klinikum, schaffte aber nicht den erhofften Karrieresprung. Den angestrebten Posten einer Pflegedienstleiterin bekam sie nicht. Daraufhin kündigte sie. Da sie unfähig war, sich unterzuordnen, und generell mit Vorgesetzten Probleme hatte, machte sie sich mit einem Altenpflegedienst selbstständig, wobei zu ihren Kunden auch Dr. von W. gehörte. Er brauchte nur einmal täglich Hilfe, vorwiegend im Haushalt. Die medizinische Betreuung war durch seinen langjährigen Hausarzt Dr. H. gewährleistet.

Therese O. musste Schulden machen, um die für ihren Pflegedienst notwendigen Investitionen aufbringen zu können. Allein der Gründungskredit betrug 100 000 Euro. Da es aber an einem tragfähigen unternehmerischen Konzept fehlte und sie immer wieder Geld für ihre Spielsucht abzweigte, ließ sich das finanzielle Fiasko nicht abwenden. Die Verbindlichkeiten waren auf 250 000 Euro angewachsen – sie stand kurz vor dem Offenbarungseid.

Gut ein Jahr zuvor hatte sie erstmals die Betreuung Dr. von W.s übernommen, der vorher von wechselnden Mitarbeiterinnen versorgt worden war. Das markierte einen Wendepunkt in ihrem Leben.

Therese O. sah den alten Mann, sah die große, teure Eigentumswohnung mit ihren Wertgegenständen und erfuhr, dass Dr. von W. keine Verwandten mehr hatte. Sie entschloss sich daher, ab sofort persönlich die Betreuung dieses Patienten zu übernehmen, der in praktischen Dingen hilflos, gutgläubig und vertrauensselig zu sein schien.

Vor dem Amtsgericht München gab sie eine eidesstattliche Versicherung ab und konnte dadurch drohende Zwangsvollstreckungsmaßnahmen verhindern. Dass sie die erbrachten Pflegedienstleistungen nicht mehr über die Pflegekassen abrechnete, sondern ihren Patienten privat und an der Steuer vorbei in Rechnung stellte, verschwieg sie. Dann begann sie ihr teuflisches Werk …

Bis zum Auftauchen von Schwester Therese waren die 70-jährige Marianne und ihr 74 Jahre alter Ehemann Dr. Peter K. engste Vertraute des Dr. von W. Jahrzehntelang verwalteten sie sein Vermögen zuverlässig und korrekt, weshalb er sie auch als seine Alleinerben einsetzte.

Therese O. gelang es – vermutlich durch eine Art Gehirnwäsche –, das vollständige Vertrauen ihres einzigen Patienten zu erwerben. »Alte Menschen geraten gegenüber denjenigen, von denen sie Hilfe und Zuwendung brauchen und erfahren, ganz schnell in ein Abhängigkeitsverhältnis und werden ihnen unter Umständen sogar hörig«, drückte es eine Psychologin später aus.

Auch die Isolierung vom Umfeld gelingt in den meisten Fällen, in dem Misstrauen und Zwietracht gesät werden. Wie auch hier: Therese O. redete ihrem Patienten wohl sukzessive ein, Marianne und Peter K. hätten es nur auf sein Vermögen abgesehen und würden versuchen, ihn in ein Altenheim abzuschieben und entmündigen zu lassen. Zufälligerweise war kurz zuvor eine völlig korrekte Umbuchung von 90 000 Euro von einem Konto auf ein anderes getätigt worden, von der Therese O., die es geschafft hatte, nach wenigen Wochen eine Kontovollmacht zu erhalten, Kenntnis erlangte. Sie unterstellte dem Ehepaar betrügerische Absichten und erreichte damit, dass Dr. von W. sämtliche Vollmachten der Freunde aufhob. Nun war Therese O. Alleinherrscherin über die Geldmittel ihres Patienten, die sich auf etwa 200000 Euro beliefen. Schließlich gelang ihr das Unfassbare: Dr. Roland von W. änderte sein Testament und setzte seine liebe Pflegerin Therese als Alleinerbin ein.

Das Ehepaar K. war ausgeschaltet. Marianne und Peter K. nahmen es kampflos hin, fühlten sich tief gekränkt und zogen sich zurück, da sie mit ihrem »alten, bösartig gewordenen Freund« nichts mehr zu tun haben wollten. Dass er unter fremdem Einfluss stand, ahnten sie zwar, dass er aber nicht mehr Herr seiner Sinne war, hätten sie allenfalls erkannt, wenn sie auf einem Besuch bestanden hätten. Therese O. jedenfalls wähnte sich am Ziel: Sie war Alleinerbin, besaß eine Vollmacht für alle Konten und konnte mit ihrem perfiden Plan beginnen, musste nur noch die neugierige, hartnäckige Nachbarin fernhalten. Das allerdings erwies sich als schwierig.

In den nächsten sechs Monaten plünderte sie die Konten ihres Patienten, ohne ihren Schuldenstand jedoch wesentlich zu verringern. Mit dem erschlichenen Geld fuhr sie allabendlich, nachdem sie ihren Patienten mit Rohypnol in den Schlaf versetzt hatte, in die Spielbank nach Bad Wiessee oder Garmisch-Partenkirchen.

Nach acht Monaten war der Kontostand auf wenige tausend Euro geschrumpft, sodass die Gefahr bestand, ihre kriminellen Machenschaften könnten auffliegen, sollten die laufenden Kosten nicht mehr bedient werden können. Therese O. begann Wertgegenstände zu verkaufen, insbesondere den

Schmuck der verstorbenen Ehefrau. Gleichzeitig forderte ihre Bank die Zurückzahlung des Kredits, auch das Finanzamt drohte Zwangsvollstreckungsmaßnahmen an. Doch jetzt war nichts mehr da, nur noch die wertvolle Wohnung. Mit dem Tod des alten Mannes wäre sie von ihren finanziellen Sorgen befreit. Es musste nur noch der Erbfall eintreten – und zwar bald.

Zunächst befahl Therese O. dem jungen Arzt, Dr. von W. Tramal zu verschreiben, da er angeblich an starken Schmerzen litt, ausgelöst durch schwere Arthrose. Der junge Doktor wagte nicht nachzufragen. Schließlich war Schwester Therese über jeden Verdacht erhaben, was ihre pflegerische Erfahrung und ihre medizinischen Kenntnisse betraf. Außerdem verdankte er ihr seine Praxis, wenngleich er sie nicht voll nutzen konnte. Da er nur wenige Patienten hatte, war er vorwiegend in Altenheimen unterwegs und arbeitete hauptsächlich für Pflegedienste.

Aber Tramal reichte Schwester Therese nicht. Sie steigerte die »Behandlung« ihres Pflegebefohlenen und verabreichte ihm ohne Rücksprache mit dem Arzt Mittel, die den bereits sehr hohen Blutdruck abwechselnd weiter hochschnellen und dann wieder absinken ließen. Medikamente wie Catapresan, Lopirin oder Nitrendipin verordnete sie ihm eigenmächtig. Schließlich gab sie noch vor, Tramal sei gegen die starken Schmerzen nicht mehr ausreichend, und verabreichte ihrem Patienten extrem starke, opiathaltige Schmerzmedikamente wie Dilaudid-Ampullen und Durogesic-100-Pflaster – stärkste Schmerzmittel, die unter das strenge Betäubungsmittelgesetz fallen.

Die Apothekerin, von der Therese O. die Medikamente bezog, sah keinen Anlass, die ordnungsgemäß ausgestellten ärztlichen Rezepte infrage zu stellen. Sie machte sich allerdings sehr wohl Gedanken darüber, wozu die stets freundlich und kompetent wirkende Altenpflegerin diese Unmengen an starken Arzneimitteln benötigte. Dass Therese O. nur einen einzigen Patienten zu versorgen hatte und dass sie die starken Schmerzmittel zudem überdosiert verabreichte, war der Apothekerin freilich nicht bekannt. Hätte sie es gewusst, wäre ihr einiges klar gewesen, denn dahinter konnte nur eine einzige Absicht stecken: die rasche Herbeiführung des Todes.

Es ging jedoch noch weiter. Um neben den starken Schmerzen angebliche Unruhezustände und Depressionen behandeln zu können, verabreichte Therese O. dem arg- und wehrlosen Dr. von W. nicht nur Rohypnol, ein starkes Schlafmittel, sondern auch Antidepressiva wie Insidon. Der Mann wurde zunehmend verwirrter und gleichzeitig immer schwächer. Er wollte nur noch schlafen, die klaren Momente reduzierten sich. Es trat also genau das ein, was die Pflegerin beabsichtigt hatte und womit sie die Isolation des kranken Dr. von W., der ihr bedingungslos vertraute, als notwendig begründen konnte. So musste selbst die neugierige, misstrauische Nachbarin unverrichteter Dinge wieder gehen. Dass Maria Z. allerdings die Einschaltung des Vormundschaftsgerichts initiierte, konnte Therese O. nicht ahnen. Als die Behördenmitarbeiterin auf der Bildfläche erschien, geriet Therese O. in Panik. Ein amtlicher Pfleger würde die finanziellen Machenschaften aufdecken und sicher ihre Erbeinsetzung widerrufen. Außerdem musste sie befürchten, dass die falsche Hypertonie-Therapie und die medizinisch nicht indizierte Schmerzbehandlung mit Opiaten als Tötungsversuch erkannt werden könnten. Therese O. durfte nicht mehr länger warten, sie musste den Tod ihres Patienten auf andere Weise herbeiführen.

Eine Woche später war es dann so weit. Obwohl sie Dr. von W. in den letzten drei Wochen mehr als 25 Ampullen Dilaudid und mehrere Membranpflaster Durogesic verabreicht hatte, wollte dieser zähe Mensch einfach nicht sterben. Sie musste ihn also auf anderem Wege töten.

Am Abend zitierte Therese O. den jungen Hausarzt zu sich. Sie wusste zwar, dass er ihr glauben würde, konnte jedoch nicht sicher sein, ob er sie wirklich bei ihrem Vorhaben zu unterstützen bereit war. Sie erzählte ihm zunächst, dass sie als Alleinerbin eingesetzt worden sei, weil Ehepaar K. Dr. von W. gehörig betrogen habe. Da sie fürchte, mit Vorwürfen und Verdächtigungen überhäuft zu werden, wünsche sie seine fachkundige ärztliche

Begleitung während des Sterbevorgangs ihres Patienten. Dr. von W. befinde sich ihrer Einschätzung nach im finalen Stadium, und man müsse mit seinem baldigen Tod rechnen. Eine kurative Behandlung sei nicht mehr möglich, es gehe jetzt nur noch darum, den bereits begonnenen Sterbeprozess möglichst schmerzfrei zu gestalten. Dass er im Sterben liege, zeige auch der Blutdruck, der systolisch auf 85 mm Hg gesunken war. Dr. von W. war demnach fast bewusstlos. Dann schickte der »Pflegeengel« den naiven Jungarzt nach Hause, nahm anschließend eine Decke, faltete diese auf die Größe zweier DIN-A4-Blätter, trat an das Bett des Dr. Roland von W. und drückte ihm diese so lange auf die Atemöffnungen, bis er tot war – nach rechtsmedizinischer Untersuchung mindestens drei Minuten lang, vermutlich aber länger. In manchen Fällen kann es bis zu zehn Minuten dauern, bis alles Leben aus einem Erstickenden entwichen ist. Am anderen Morgen rief Therese O. den jungen Arzt zur Leichenschau.

Mehrere Monate gingen ins Land, die Machenschaften der Therese O. waren nahezu vollständig aufgedeckt, alle Winkelzüge, Unterschlagungen und Intrigen geklärt; es fehlte nur noch ein abschließendes rechtsmedizinisches Gutachten. Dieses lieferte schließlich die junge Rechtsmedizinerin Dr. Elsbeth R., die schon die erste Leichenschau durchgeführt hatte. Das Gutachten, das unter Einbeziehung der feingeweblichen Untersuchungen und der toxikologischen Ergebnisse erstellt worden war, wurde später vom Gericht als beeindruckend und überzeugend gewertet. Das Ergebnis räumte jeden Zweifel aus: Dr. Roland von W. war gewaltsam erstickt worden. Die Staatsanwaltschaft beantragte Haftbefehl wegen Mordes gegen Therese O., der zuständige Ermittlungsrichter erließ ihn antragsgemäß, und die zuständigen Sachbearbeiter der Mordkommission München vollzogen ihn. Therese O. wurde in einer kleinen Wohnung, die sie zwischenzeitlich gemietet hatte, angetroffen und festgenommen. Jetzt fehlte nur noch ihr Geständnis.

Geständnisse müssen von Reue und Einsicht getragen sein, wenn sie eine strafmildernde Wirkung haben sollen. Bei Mord, bei dem bekanntlich lebenslange Freiheitsstrafe vorgeschrieben ist, kann zusätzlich eine besondere Schwere der Schuld festgestellt werden, die – zumindest in Bayern – eine Entlassung auf Bewährung nach 15 Jahren ausschließt.

Voraussetzung dafür, dass Straftäter, insbesondere Mörderinnen und Mörder, ihre Schuld gestehen, ist eine gewisse Vertrauensbasis zwischen ihnen und den vernehmenden Beamten. Bei Therese O., das war schon bei ihrer ersten Befragung als Zeugin deutlich geworden, durften das keine allzu jungen Ermittler sein, die sie allenfalls hätte auflaufen lassen. Es musste jemand sein, der sich zumindest altersmäßig mit ihr auf Augenhöhe befand. In diesem Fall wurde ich gebeten, »es zu versuchen«.

Therese O. saß mir gegenüber und hielt die Arme vor ihrer Brust verschränkt; ein deutliches Zeichen von Abwehr. Mir war klar, dass ich eine rational denkende und handelnde Täterin vor mir hatte, einen der wenigen Menschen, die zu solchen Taten überhaupt fähig waren. Hier spielten keine Emotionen wie Eifersucht, Liebeskummer, Hass oder Wut eine Rolle, sondern kaltes Kalkül, Habgier und zielstrebiges Handeln. Dies zu erkennen war wichtig, um die richtige Vernehmungsvariante wählen zu können. Denn auch von den Vernehmungsbeamten war rationales, emotionsloses und besonnenes Vorgehen gefordert.

»Frau O., Sie haben den Haftbefehl gelesen, möchten Sie sich dazu äußern?«

»Nein, zu diesem Unsinn äußere ich mich nicht. Alles erstunken und erlogen. Ich werde nur mit meinem Anwalt reden.«

»Sie möchten auch nicht erklären, warum das alles erstunken und erlogen ist? Wollen Sie sich denn nicht rechtfertigen oder verteidigen? Sie haben ein Recht dazu.«

»Das ist doch lächerlich, was da behauptet wird. Ich habe Herrn von W. nicht umgebracht.«

»Aber dass Sie sein Vermögen ganz schön dezimiert haben, das dürfte wohl zweifelsfrei bewiesen sein, oder?«

»Ich habe nur genommen, was er mir gegeben hat.«

»Im Zustand der Zurechnungsfähigkeit?«

»Können Sie das Gegenteil beweisen?«

»Nicht so richtig. Genauso wenig wie wir übrigens wissen, was wirklich zum Erstickungstod von Herrn Dr. von W. geführt hat. Fest steht nur, dass er erstickt wurde. Das Gutachten liegt vor, Sie können es lesen, und Sie dürften es auch verstehen bei Ihren Kenntnissen. Darüber müssen wir eigentlich nicht mehr streiten, oder?«

»Das Gutachten kann und will ich nicht anzweifeln, dazu reichen meine Kenntnisse nicht aus. Ich kann nur sagen, dass ich Dr. von W. nicht erstickt habe und schon gar nicht aus Habgier, wie es in diesem Pamphlet namens Haftbefehl steht.«

»Wenn ich ehrlich bin, kann ich mir das auch nicht so richtig vorstellen. Es ist für mich schwer nachvollziehbar, warum jemand ein ganzes Jahr lang einen Menschen aufopfernd pflegen sollte, um ihn dann umzubringen. Zumal Sie jemand sind, der sein ganzes Leben der Hilfe anderer Menschen verschrieben hat. Falls es also andere Umstände gibt, die den Tod Dr. von W.s erklären können und die nichts mit Mord zu tun haben, so wären Sie um Himmels willen gut beraten, darüber zu reden. Wer nicht spricht, kann sich nicht verteidigen, Frau O.«

Man merkte, dass sie über diese eindringlichen Worte nachdachte. Zum ersten Mal wirkte sie etwas offener und nahm schließlich sogar die verschränkten Arme herunter. Also setzte ich nach.

»Ich rate jetzt einfach mal ins Blaue hinein. Herr Dr. von W. war alt, sehr krank und dürfte nicht mehr lange zu leben gehabt haben. Ich weiß auch, dass jeder Mensch Angst vor dem Sterben hat, vor allem wenn es qualvoll zu werden droht. Und weil ich Sie nicht für eine eiskalte Mörderin halte und annehme, dass Ihnen Dr. von W. voll vertraut hat, frage ich Sie jetzt mal direkt: Haben Sie mit Dr. von W. über das Thema Sterbehilfe gesprochen?«

Es folgte eine Pause. Therese O. dachte nach. Ich erkannte, dass ich ihr ein Stichwort gegeben hatte und dass sie dieses dankbar aufnahm.

»Natürlich haben wir darüber gesprochen. Das ist doch ganz normal bei alten Menschen. Die haben schließlich Angst und wollen Hilfe.«

»Frau O., gerade weil es so ist – ich war übrigens einige Jahre Todesermittler –, weil ich mir nicht vorstellen kann, dass Sie eine berechnende Mörderin sind, frage ich Sie noch einmal: Haben Sie Dr. von W. vielleicht versprochen, ihm beim Sterben zu helfen, wenn es so weit ist?«

Sie zögerte etwas, nickte dann leicht mit dem Kopf. Gleichzeitig tat sie jedoch so, als ob sie Angst habe, dies auch zuzugeben oder zu bestätigen. Ich hatte ihr eine goldene Brücke gebaut, jetzt kam es darauf an, ob sie diese überschreiten würde.

»Ja, selbstverständlich habe ich ihm immer wieder versprechen müssen, ihn nicht im Stich zu lassen und in seiner letzten Stunde bei ihm zu sein. Aber das wird einem ja alles negativ ausgelegt.«

»Wie meinen Sie das genau? Was könnte Ihnen negativ ausgelegt werden? Ihr Versprechen, bei ihm zu sein, wenn es so weit ist?«

»Ja, natürlich war ich bei ihm.«

»Er ist also nicht morgens tot im Bett aufgefunden worden, wie Sie ursprünglich sagten? Ist er in Ihren Armen gestorben?«

Therese O. schluckte heftig, bevor sie antwortete: »Ja, ich war bis zur letzten Sekunde bei ihm.«

Ich versuchte, meine folgende Frage möglichst einfühlsam zu stellen: »Frau O., haben Sie etwas getan, was den Befund der Rechtsmedizin erklären könnte, ohne dass es als Mord bezeichnet werden müsste?«

Nun erläuterte ich ihr den Unterschied zwischen Mord und Totschlag, erklärte ihr jedoch zugleich, aktive Sterbehilfe sei nicht erlaubt und könne als Totschlag gewertet werden. Ich zitierte den Paragrafen 216 Strafgesetzbuch, wonach eine Tötung auf Verlangen dann in Betracht kommt, wenn es der ausdrückliche, ernsthafte Wunsch des Getöteten ist. Wobei ich ausdrücklich betone, dass ich sie mit dieser Darstellung der unterschiedlichen Sichtweisen nicht absichtlich auf eine falsche Fährte locken wollte. Trotz der bisherigen Erkenntnisse und trotz des Haftbefehls hielt ich es noch immer für möglich, dass eine Art Sterbehilfe vorgelegen haben konnte. Zumal mir viele der Hintergründe nicht im Detail bekannt waren und erst später ans Licht kamen.

Therese O. saugte meine Worte förmlich in sich hinein. Sie dachte nach, und ich ließ ihr Zeit. Dann war es so weit.

»Ja, ich habe ihm geholfen …«

Therese O. begann heftig zu schlucken, trank vom Wasser, schnäuzte sich und wollte sichtlich den Eindruck erwecken, als sei sie eine Märtyrerin, eine unschuldig Angeklagte, die als böse hingestellt wird, obwohl sie Gutes getan hat.

»Frau O., haben Sie vielleicht Angst, es könnte das, was geschehen ist, falsch ausgelegt werden? Falls ja, darf ich noch anfügen, dass Sie sicher sein dürfen, dass die Gerichte zu differenzieren wissen. Niemand will Ihnen etwas unterstellen. Wir sind nur an der Wahrheit interessiert. Das kann ich Ihnen versprechen.«

Therese O. hielt den Kopf gesenkt. Nach einer Pause, die mir unendlich lange vorkam, sagte sie leise und langsam: »Ja, ich habe ihm ein Kissen auf das Gesicht gelegt und es dann festgehalten, bis er erlöst war.«

Stille im Raum. Niemand sagte etwas. Sie sollte Zeit haben, nachzudenken um sich ihrer Aussage bewusst zu werden. Erst nach einigen Minuten fuhr ich fort und stellte behutsam die nächste Frage.

»Frau O., möchten Sie uns sagen, wie lange es gedauert hat, bis Sie sicher sein konnten, dass Dr. von W. gestorben war?«

»Höchstens 30 Sekunden.«

»Was war das denn für ein Kissen, gibt es das noch?«

»Ein Kopfkissen, ich habe es danach in die Waschmaschine gesteckt.«

»Können Sie uns sagen, wie fest Sie zugedrückt haben, es vielleicht mal demonstrieren? Das wäre natürlich wichtig.«

»Nicht besonders fest. Er war ja nur noch ganz schwach, fast schon tot. Er befand sich im finalen Stadium, eigentlich schon in der Agonie.«

Sie legte ihre Hand auf meinen Unterarm und drückte zu. Es war nur ein sanfter Druck spürbar, ganz leicht und kurz, der niemals ausreichte, einen Menschen zu ersticken. Da wir uns aber in der Phase der Öffnung befanden, unterließ ich es, ihr irgendwelche Vorhaltungen zu machen. Sie sollte Gelegenheit bekommen, ihre eigene subjektive Wahrheit vorzutragen.

»Warum haben Sie das getan?«

»Aus Mitleid. Ich konnte es nicht mehr mit ansehen. Er hatte doch so starke Schmerzen. Und ich fühlte mich auch an mein Versprechen gebunden, ihm beim Sterben zu helfen. Er hat mich angefleht, ihn zu erlösen. Ich weiß, das war nicht gesetzmäßig, aber ich bin keine Mörderin.«

Ihre Aussage wurde wörtlich protokolliert, die Vernehmung noch etwa eine halbe Stunde fortgesetzt. Dann kam ihr Anwalt zur Dienststelle. Er nahm den neuen Sachverhalt zur Kenntnis, schaute jedoch sehr misstrauisch, um nicht zu sagen böse, und bestand darauf, mit seiner Mandantin sofort alleine sprechen zu dürfen, was ihm selbstverständlich ermöglicht wurde. Allerdings war das schriftliche Geständnis zu diesem Zeitpunkt schon von ihr unterzeichnet worden.

Etwa eine Stunde später warf mir der Anwalt vor, ich hätte seine Mandantin »über den Tisch gezogen«. Ich entgegnete ihm, was die Aussage seiner Mandantin betreffe, so gelte noch immer die freie Willensentscheidung der Beschuldigten. Frau O. sei eine selbstbewusste, intelligente Frau, die selbst entscheiden könne, ob und was sie aussagt.

Als Therese O. vor dem Ermittlungsrichter saß, der ihr den Haftbefehl eröffnete, wurde sie gefragt, ob sie ihre Angaben, die sie vor der Polizei gemacht hatte, aufrechterhalten wolle. Daraufhin ergriff ihr Anwalt das Wort und brachte erregt vor, diese Aussage würde für null und nichtig erklärt, da seine Mandantin vom Vernehmungsbeamten getäuscht worden sei. Der habe ihr die Sache mit der Sterbehilfe in den Mund gelegt, seine Mandantin habe diesen rettenden Strohhalm ergriffen, um den im Haftbefehl formulierten Mordvorwurf entkräften zu können. Es sei nur die Angst vor einer Verurteilung wegen Mordes gewesen, weshalb sie dieses »Angebot« auf mildere Tatbestände annahm und etwas gestand, was gar nicht stattgefunden habe.

Zur gegebenen Zeit werde »man« sich zu den Vorwürfen äußern.

Der Ermittlungsrichter sah das anders. Er wertete das Geständnis der Beschuldigten als rechtlich korrekt und wies darauf hin, dass Therese O. die vorsätzliche Tötung eines Menschen gestanden hatte. Darüber hinaus lägen jetzt schon gesicherte Erkenntnisse hinsichtlich des Mordmotivs der Habgier vor. Einzelheiten zu klären sei Aufgabe des erkennenden Gerichts. Deshalb bleibe der Haftbefehl bestehen.

Die Verhandlung vor dem Schwurgericht gestaltete sich schwierig, da Therese O. die Aussage zur Sache verweigerte. Was wir bislang nicht wussten und was erst durch detaillierte ärztliche Gutachten festgestellt wurde: Dr. Roland von W. war gar nicht krank. Er hätte damals nicht sterben müssen und lag auch definitiv nicht im Sterben, als er zu Tode kam. Und er konnte zu keinem Zeitpunkt so starke Schmerzen gehabt haben, dass er all diese hochdosierten Medikamente benötigt hätte, die ihm verabreicht wurden. Seine geistige Verwirrung war auf diese Medikamente zurückzuführen, die geeignet waren, ihn langsam, aber sicher umzubringen. Wäre er in andere Hände gekommen, hätte er wieder gesund werden und noch Jahre leben-können.

Die mutige Lehrerin sagte vor Gericht furchtlos aus und trug viel zur Wahrheitsfindung bei. Sie erfreut sich übrigens noch heute bester Gesundheit. Das Ehepaar K. wurde rehabilitiert, verkaufte die Wohnung des Dr. von W. und spendete das Geld einer Krebsstiftung. Das Bargeld freilich war verloren.

Der Fall löste in der Bevölkerung großes Entsetzen aus und warf die Frage auf, wie ein Mensch, der von Berufs wegen anderen Menschen beisteht und hilft, eine solche Kaltblütigkeit und Herzlosigkeit entwickeln kann. Wie kommt es, dass Menschen, die einerseits einen Helferberuf wie Arzt, Kranken- oder Altenpfleger, Sanitäter, Feuerwehrmann oder auch Polizist ergreifen, andererseits so schlechte Charaktereigenschaften haben können? Bilden sich diese erst im Laufe der Zeit aus oder sind sie einem Menschen in die Wiege gelegt? Fragen, auf die ich bis heute keine befriedigende Antwort gefunden habe. Vieles sprach zumindest in dem vorliegenden Fall dafür, dass Therese O. schon immer besonders gefühlsarm war, obwohl sie offiziell als Pflegeengel galt – tatsächlich aber eher als Todesengel zu bezeichnen war.

Therese O. hatte über Monate hinweg eiskalt und entschlossen die Ermordung eines Menschen betrieben – und dabei ihr Opfer gepflegt, ihm täglich in die Augen gesehen und dessen uneingeschränktes Vertrauen genossen. Trotzdem konnte sie über einen langen Zeitraum hinweg in dem

Bewusstsein leben, dass sie es alsbald töten würde, ohne sich auch nur das Geringste anmerken zu lassen. Ursprünglich war die sukzessive Vergiftung mittels Medikamenten geplant. Als aber der Zeitplan aus den Fugen geriet, entschloss sie sich, die Sache zu beschleunigen und das Finale einzuleiten. Sie vollendete schließlich ihre Mordplanung durch eine der brutalsten und grausamsten Tötungsarten, die es aus meiner Sicht überhaupt gibt: Das Ersticken, die gewaltsame Unterbrechung der Luftzufuhr, ein relativ langer Todeskampf, bei dem die Opfer bewusst wahrnehmen, was ihnen gerade angetan wird und von wem. Die Gesichter der Mörder sind das Letzte, was sie sehen.

Über diesen Kriminalfall habe ich lange nachgedacht, weil ich selten größere kriminelle Energie und Kaltblütigkeit erlebte als hier bei Therese O., der Helferin, der Pflegerin, der Heilenden – mehr als bei den meisten Berufsverbrechern. Das Böse kann eben auch dort zu Hause sein, wo man es am allerwenigsten vermutet.

Beim Schlussplädoyer wies der Anwalt darauf hin, dass das Geständnis seiner Mandantin nicht verwertbar, weil sowohl objektiv als auch subjektiv falsch sei. Im Laufe der Hauptverhandlung sei doch nachgewiesen worden, dass nicht ein Kissen, sondern eine Decke todesursächlich war. Es habe sich auch nicht um Sterbehilfe gehandelt, sondern um einen Unfall beim Wickeln des Dr. von W., der versehentlich mit dem Gesicht in die Decke gedrückt worden sei, die als Unterlage gedient habe. Die Selbstbezichtigung der Sterbehilfe sei seiner Mandantin durch den hinreichend für seine Vernehmungstricks bekannten Kriminalbeamten Wilfling entlockt worden.

Im Zeugenstand konfrontierte mich der Anwalt mit dem Vorwurf, ich hätte seiner Mandantin eine Verurteilung wegen Mordes als Alternative zu einer Verurteilung »nur« wegen Sterbehilfe suggeriert. Ich antwortete Folgendes:

»Ihre Mandantin hat die vorsätzliche, also die bewusste und gewollte Tötung eines Menschen gestanden. Nicht mehr und nicht weniger. Was die Art der Durchführung betrifft, hat sie gelogen, da haben Sie recht. Was das Motiv betrifft, hat sie auch gelogen, das steht fest. Aber gerade deswegen ist das Geständnis echt. Weil es nämlich auf dem beruht, worauf alle echten Geständnisse beruhen: der subjektiven Wahrheit der Täter. Jeder Mensch, der sich schuldig gemacht hat und aus irgendwelchen Gründen gezwungen oder bereit ist, sich auch schuldig zu bekennen, wird nur seine Sicht der Dinge wiedergeben. Jeder Täter versucht, Schuld zu relativieren oder auf andere abzuwälzen, das wahre Motiv zu verschleiern, Dinge zu beschönigen oder die Brutalität seines Handelns abzumildern. Dieses ›Herunterfahren‹ ist sogar ein sicherer Hinweis dafür, dass ein Geständnis echt ist. Das müssten Sie als Jurist eigentlich wissen. Also hat Ihre Mandantin aus der harten Decke ein weiches Kissen gemacht, aus dem mindestens dreiminütigen brutalen Aufpressen ein Drauflegen und ein leichtes, ganz kurzes Drücken, und das Motiv wandelte sie von Habgier in Mitleid um. Glauben Sie allen Ernstes, Ihre Mandantin würde jemals zugeben, minutenlang und mit aller Gewalt zugedrückt zu haben? Oder statt aus Mitleid aus purer Habgier gehandelt zu haben? Falls Sie es noch nicht realisiert haben: Solches Aussageverhalten ist nur bei Selbstbezichtigung aus den verschiedensten Gründen oder bei Trittbrettfahrern üblich. Oder bei psychisch kranken Menschen.«

Therese O. wurde zu lebenslanger Haft verurteilt, wobei die besondere Schwere der Schuld festgestellt wurde. In seiner Urteilsbegründung sagte der Richter: »Selten erlebt man so hohe kriminelle Energie und Kaltblütigkeit wie in diesem Fall.« Das »falsche« Geständnis floss übrigens in das Urteil mit ein.

Trotz dieses gerechten Urteils verspürte ich keine Genugtuung, als ich das Gerichtsgebäude verließ. Zu sehr hatte mir der Fall vor Augen geführt, welch hohe Dunkelziffer es in diesem Bereich gab. Wie viele solcher oder ähnlicher Fälle, in denen alte Menschen auf unnatürliche Weise zu Tode kom-

men, mag es wirklich hierzulande geben, überlegte ich. Dabei musste ich an eine Studie denken,
die davon ausgeht, dass es mehrere Hundert jährlich sind.

Jeder kann zum Mörder werden:
Der Mathematiker

Ihr Glück schien vollkommen, als Heinz G., ein 45 Jahre alter Mathematiker und Ingenieur bei einer großen Baufirma in München, und seine 31-jährige zweite Ehefrau Susanne, ebenfalls Mathematikerin in derselben Firma, Eltern von eineiigen männlichen Zwillingen wurden. Als Susanne nach der sechsmonatigen Babypause wieder in die Firma zurückkehrte, organisierten sie und ihr Mann die Aufgabenverteilung im Haushalt und die Betreuung der Zwillinge neu. Abwechselnd standen sie zur Nachtzeit auf, um die Babys zu versorgen, wenn sie schrien.

Alles schien bestens geregelt, obwohl der Vater nicht so recht glücklich war mit der Lösung. Seiner Meinung nach wurde viel Zeit dadurch vergeudet, dass die Zwillinge zu völlig unterschiedlichen Zeiten essen, schreien und in die Windeln machen würden. Als Mathematiker errechnete er, dass man bis zu 45 Prozent der aufgewendeten Zeit sparen würde, wenn die Buben gleichzeitig gefüttert und gewickelt werden könnten. Er kam zu dem Ergebnis, das sei möglich und nur eine Frage der Erziehung. Schließlich könne man ja auch Hunden beibringen, immer zur selben Zeit Futter zu verlangen.

Also machte er sich an sein Erziehungsprogramm und begann damit, die Zwillinge, ob sie wollten oder nicht, ob sie schliefen oder nicht, synchron zu versorgen. Wenn einer aufwachte und schrie, weckte er den anderen gleich mit und versorgte beide. Dadurch sollten sie an bestimmte Zeiten gewöhnt werden.

Doch es funktionierte nicht. Die Zwillinge ließen sich nicht gleichschalten, und das Nervenkostüm des Mathematikers wurde immer dünner. Seiner Frau gaukelte er vor, er habe alles im Griff. In Wirklichkeit aber stieg seine Wut permanent, während seine Reizschwelle sank. Er war zusehends genervt, weil sich kein Erfolg seiner Koordinationsmethoden abzeichnete.

Die Zwillinge spielten bei seinem Plan einfach nicht mit. Wenn einer schrie und dann gefüttert und in die Wiege zurückgelegt wurde, während der andere noch schlief, fing dieser kurze Zeit später ebenfalls zu schreien an und hörte nicht mehr auf, bis er versorgt wurde. Der Versuch, ihn so lange schreien zu lassen, bis er von selbst aufhörte und sich beim nächsten Mal seinem Bruder anschloss, scheiterte regelmäßig. Als es wieder einmal so weit war, als wieder einmal eines der Babys zeitversetzt schrie, wurde der Vater wütend. Er packte das schreiende Kind, hob es aus seiner Wiege und schüttelte es so heftig, dass es starb.

Bei der Obduktion des toten Kindes wurden neben diesem Schütteltrauma mit Hirnverletzung diverse blaue Flecken und leichte Unterblutungen älteren Datums festgestellt. Diese deuteten darauf hin, dass das Kind schon seit längerer Zeit »abgerichtet« beziehungsweise körperlich misshandelt worden war. Fragt sich nur, wie die Mutter diesen Wahnsinn übersehen konnte. Stattdessen philosophierte sie bei ihrer Vernehmung und sagte schließlich bedeutungsschwanger: »Ich hatte zwei Kinder. Jetzt ist eines tot, also habe ich nur noch eines.«

Ich antwortete: »Ja, richtig gerechnet.«

Der Mathematiker wurde wegen Totschlags zu fünf Jahren Freiheitsstrafe verurteilt. Dem Gericht zufolge handelte er mit bedingtem Vorsatz, da jeder einigermaßen informierte und aufgeklärte Mensch inzwischen weiß, dass es tödlich, zumindest aber mit Spätfolgen verbunden ist, wenn man Babys und Kleinkinder schüttelt.

Der Gutmütige

Manfred G. war ein Mensch, der gegenseitiges Vertrauen als festen Bestandteil einer Beziehung betrachtete. Dieses Vertrauen jedoch verwandelte sich in Misstrauen, als sich seine Frau Karin zunehmend zu verändern begann. Sie wurde immer streitsüchtiger, unzufriedener, und sie hatten schon seit Monaten kaum noch Sex. Falls sie es überhaupt einmal akzeptierte, dass er mit ihr schlief, war das jedes Mal ein Akt reiner Pflichterfüllung. Sie ließ es einfach über sich ergehen, kein Kuss, keine Zärtlichkeit, kein liebevolles Wort. Seine schöne, einst temperamentvolle Karin wirkte seit einigen Monaten, als sei sie innerlich tot. Sie, die vorher leidenschaftlich und von enormer erotischer Ausstrahlung gewesen war.

Manfred spürte ganz deutlich, dass ihre Liebe zu ihm erkaltet war. Es tat ihm sehr weh, doch er ließ sich nichts anmerken. Was sich als Fehler erwies. Er hätte mit Karin darüber reden sollen, aber das entsprach nicht seiner Art. Sie dominierte, er ordnete sich unter. Das war immer so gewesen, und es hatte ihm nichts ausgemacht. Manfred G. war jemand, der das Schlechte eher verdrängte, an das Gute im Menschen glaubte und Visionen von einer besseren Welt anhing. Ein anständiger, gutmütiger, hilfsbereiter Mensch, zudem noch tiefgläubig. Er ging sonntags zum Gottesdienst, engagierte sich im Pfarrgemeinderat und beteiligte sich an zahlreichen Hilfsaktionen. Alle, die ihn kannten, mochten ihn – und auch seine Frau Karin, die ihn bei vielen Veranstaltungen begleitete.

In den letzten Wochen aber wurde Manfred zusehends deprimierter. Er ahnte Unheil. Seine Frau ging angeblich mit irgendwelchen früheren Schulfreundinnen vermehrt alleine aus, ohne ihm mitzuteilen, wohin. Meist kam sie gegen 2.00 Uhr oder 3.00 Uhr morgens zurück. Manfred wunderte sich, in welchen Lokalen sie wohl mit ihrem Damenstammtisch verkehren mochte, dem sie neuerdings angehörte und von dem ihm nur Agnes bekannt war, Karins beste Freundin.

Manfred G., ein 45-jähriger Programmierer, und seine Frau waren seit 13 Jahren verheiratet. Da er sie gut zu kennen glaubte, vermutete er hinter ihrem Verhalten einen anderen Grund als nur belanglose Treffen mit Freundinnen, auf die sie früher überdies keinen Wert gelegt hatte. Stets häuslich kümmerte sie sich neben ihrem Beruf als Sekretärin in einer kirchlichen Einrichtung rührend um den einzigen, gerade 13 Jahre alten Sohn. Auch wenn sie – kurz nachdem sie sich kennengelernt hatten –

schwanger wurde, heirateten sie nicht deshalb. Es war eine reine Liebesheirat gewesen.

Manfred G. hegte jetzt den Verdacht, dass ihn seine Frau betrügen könnte. Zwar hoffte er inständig, dass es nicht so wäre, aber sein Verstand sagte ihm etwas anderes. Folglich wollte er sich Gewissheit verschaffen und beschloss sie zu beobachten, wenn sie wieder einmal ausging. Da sie ausschließlich öffentliche Verkehrsmittel benutzte, schien das kein Problem zu sein.

Alles war genau geplant. An besagtem Abend würde er gar nicht erst nach Hause gehen, Karin anrufen und ihr sagen, er müsse Überstunden machen. Was sie kaum davon abhielt, auszugehen, denn ihr Sohn Manuel war weitgehend selbstständig und gewohnt, alleine zu Hause zu bleiben.

Zur Tarnung hatte Manfred sich verkleidet. Er trug eine dunkle Perücke, und seine Nickelbrille – aufgrund der hohen Dioptrienzahl mit dicken Gläsern – ersetzte er durch eine Brille mit schwarzem Gestell. Wenn er genügend Abstand wahrte, würde sie ihn keinesfalls erkennen.

Vor dem Haus wartete er, bis sie herauskam. Sie war perfekt zurechtgemacht, wie immer, wenn sie ausging. Um 19.30 Uhr fuhr sie mit der Straßenbahn stadteinwärts bis zum Wettersteinplatz und stieg dort in die U-Bahn Richtung Innenstadt um. Es war ein Kinderspiel, ihr zu folgen. Am Sendlinger Tor stieg sie aus, verließ den U-Bahnhof, ging zu Fuß die Sonnenstraße entlang, bog in die Schwanthalerstraße ein, ging diese einige hundert Meter in Richtung Theresienwiese und verschwand schließlich in einem Hauseingang. Bei dem Anwesen handelte es sich um eine Pension der unteren Kategorie. Die Tatsache, dass sich seine Ehefrau in ein Stundenhotel begab, versetzte Manfred verständlicherweise einen Stich ins Herz. Am liebsten hätte er laut geschrien oder wäre ihr nachgerannt, um sie zur Rede zu stellen. Er zwang sich jedoch, ruhig zu bleiben.

Mit klopfendem Herzen begab er sich auf die andere Straßenseite, von der er die gesamte Fensterfront der Pension gut überblicken konnte. Nur wenige Fenster waren erleuchtet. Es dauerte keine fünf Minuten, als er beobachtete, wie in einem Zimmer im ersten Stock das Licht anging, seine Frau ans Fenster trat und die Vorhänge zuzog. Obwohl er keine weitere Person sehen konnte, war er sich sicher, dass sie dort ihren Liebhaber treffen würde. Alles andere ergab keinen Sinn. Sein Herz schlug bis zum Hals. Verzweiflung stieg in ihm auf, und er hätte am liebsten laut losgeheult. Aber dann dachte er an seinen Sohn Manuel, den er über alles liebte und der keinesfalls Schaden nehmen sollte durch das, was sich da abzeichnete. Tatenlos zusehen wollte und konnte er allerdings auch nicht. Er würde Karin zur Rede stellen.

An der Rezeption stand ein Mann hinter dem Tresen und ein Gast davor, der entweder ein- oder auschecken wollte. Der Portier blickte nur kurz auf und sah ihn an, um sich dann wieder in einer fremden Sprache mit dem Kunden zu unterhalten. Manfred G. ging an ihm vorbei Richtung Treppe und gelangte ungehindert in den ersten Stock. Er wusste, dass er den Gang nach rechts hinuntergehen musste, denn die Lage des Zimmers hatte er sich eingeprägt – seiner Schätzung nach war es das vorletzte hinten links. Er lauschte an der Tür und hörte drinnen die Stimme seiner Frau. Auch wenn er nicht verstand, was sie sagte, gab es keinen Zweifel, dass sie sich in dem Raum befand. Jetzt war es vorbei mit seiner Beherrschung.

Er hämmerte mit beiden Fäusten gegen die Tür und schrie: »Mach sofort auf, Karin! Bitte mach auf!« Es klang weinerlich, fast flehend.

Eigenartigerweise dauerte es nicht einmal 30 Sekunden, bis sich die Tür öffnete. Vor ihm stand ein großer Mann, schätzungsweise zehn Jahre älter als er, alles andere als gut aussehend, eher hässlich. Der Unbekannte war fast einen Kopf größer als er. Sein dünnes, strähniges, weitgehend ergrautes, im Stirnbereich sehr lichtes Haar trug er nackenlang, was nicht zu seinem Alter passte. Obwohl es Winter war, hatte er das Hemd bis zum Bauchansatz aufgeknöpft, sodass die grauen Brusthaare auf seiner braun gebrannten Haut sichtbar waren, ebenso die protzige Goldkette. Der sieht wie ein Zuhälter aus, dachte Manfred einen kurzen Moment. Die Vorstellung, dass seine Karin mit diesem Typen Sex gehabt haben könnte, machte ihn schier wahnsinnig.

Eifersucht ergriff ihn, vermischt mit tiefer Verzweiflung. Vorbei war es mit seiner ansonsten so ausgeprägten Toleranz. Am liebsten hätte er den Mann vor sich angeschrien, geschlagen – oder sogar umgebracht. Es war nur ein kurzer Moment der Aggression, der schnell in Resignation umschlug. Seine schlimmsten Befürchtungen hatten sich bewahrheitet. Der Fremde schlüpfte in ein grellrotes Jackett und ging wortlos an ihm vorbei. Manfred G. stellte sich dem Nebenbuhler nicht in den Weg, der ihn kurz verächtlich musterte, sondern betrat das Zimmer, in dem seine Frau auf dem Bett saß – mit nichts bekleidet als schwarzer Reizwäsche. So hatte er sie seit Jahren nicht mehr gesehen.

Falls er geglaubt haben sollte, Karin würde schuldbewusst um Verzeihung bitten, vielleicht in Tränen ausbrechen und sich zu rechtfertigen versuchen, sah er sich getäuscht. Sie griff zu einer Zigarettenschachtel auf dem Nachtkästchen, auf dem noch zwei Gläser mit Sekt oder Champagner standen, nahm eine Zigarette heraus und zündete sie betont langsam an. Er wusste, dass sie früher einmal geraucht hatte, doch seit mindestens zehn Jahren nicht mehr. Dass sie es jetzt wieder tat, war für ihn ein weiteres Indiz, wie sehr sie sich von ihm und dem gemeinsamen Leben entfernt hatte.

Manfred G. setzte sich in den Sessel gleich neben dem Bett. Er verspürte Übelkeit. Das Zimmer war klein, die Möbel einfach, aber es schien wenigstens sauber zu sein. Das Bett war noch unbenutzt, und es sah nicht danach aus, als hätten sie sich bereits darin vergnügt. Dazu war wohl die Zeit zu knapp gewesen.

»Karin, bitte sag mir, wie lange das schon geht«, begann er das Gespräch und versuchte verzweifelt, die Fassung zu bewahren.

Sie zuckte mit den Schultern und antwortete nicht. Dabei wirkte sie nach wie vor nicht schuldbewusst, eher gleichgültig, als ob es ihn gar nichts anginge, wie lange sie schon ein Verhältnis mit dem anderen Mann hatte. Dann stellte er jene Fragen, die wohl alle betrogenen Ehemänner in einer solchen Situation stellen. Wer der Mann sei, woher und wie lange sie ihn schon kenne, was er hätte, was er, Manfred, nicht habe, warum sie ihm das antue, ob sie nicht an ihren Sohn dächte und ob sie sich nicht schäme, in einem solchen Ambiente zu verkehren. Manfred sprach mit vibrierender Stimme, Tränen standen ihm in den Augen.

Es folgte eine Pause, schließlich ergriff Karin G. das Wort. Sie würde diesen Mann lieben, sagte sie unverblümt, langsam, bedächtig und knallhart. Und ihn nicht mehr. Er sei ihr einfach zu langweilig. Eigentlich könne sie sich zwar nicht beklagen, aber das Leben an seiner Seite sei immer eintöniger geworden. Sie fühle sich noch nicht so alt, um jeden Abend nur vor der Glotze zu hocken, sie wolle etwas erleben. Sie erzählte ihm, dass sie den Mann in einem Tanzlokal kennengelernt habe, und die Beziehung zu ihm nicht aufgeben werde. Karin wollte sich scheiden lassen. Mit ihrem neuen Freund sei schon alles besprochen. Sie würde mit ihrem Sohn zu ihm ziehen.

Manfred. G. wurde wütend. Niemand durfte ihm jemals seinen Jungen wegnehmen! Zunächst warf er Karin vor, es gehörten immer zwei dazu, wenn es um die gemeinsame Lebensgestaltung ging. Falls sie sich wirklich so fürs Tanzen interessierte, dann hätte sie das doch nur sagen müssen, und er wäre mit ihr in einen Kurs gegangen, um es ebenfalls zu lernen. Aber mit ihm habe es ihr offenbar keinen Spaß gemacht. Sie wollte außerdem in kein Theater, in kein Konzert und schon gar nicht zu Sportveranstaltungen. Sport sei ihr ohnehin ein Graus gewesen. Deshalb würde die Langeweile in ihrem Leben auch auf ihr eigenes Konto gehen. Manfred G. steigerte sich immer mehr hinein, am Ende brüllte er sogar. Er habe sich den »Arsch aufgerissen«, um ihr und dem Sohn ein angenehmes Leben zu ermöglichen, zum Dank würde sie ihn jetzt mit einem Zuhälter betrügen. Sie benehme sich nicht nur wie eine Hure, sie sei auch eine.

»Du dreckige Nutte!«, schrie er sie an. »Wie konntest du mir das antun? Hast du denn nicht an Manuel gedacht? Und wenn du glaubst, dass du ihn mitnehmen kannst, dann irrst du dich. Huren kriegen kein Sorgerecht.«

Er war außer sich. Sie aber zeigte sich in keiner Weise beeindruckt. Sie schien sogar noch ruhiger geworden zu sein und wirkte eiskalt. Jetzt spielte sie ihren letzten Trumpf aus und sagte jenen Satz, der sie das Leben kosten sollte.

»Was willst du eigentlich, Manuel ist doch gar nicht von dir. Du bist nicht sein Vater, kapiert?« Abrupt drehte sie sich um und wandte ihm den Rücken zu.

Manfred G. ergriff ein Obstmesser, das auf dem kleinen Tischchen lag, und rammte es ihr mit aller Kraft in den Rücken. Er zog die circa zehn Zentimeter lange, schmale Klinge sofort wieder heraus und dachte im selben Moment: Mein Gott, was habe ich bloß getan? Da sah er auch schon das Blut aus der Wunde sickern. Karin schnaufte kurz, röchelte und starb. Der Stich hatte die Lunge perforiert und ließ sie wie einen Luftballon zusammenfallen, aus dem die Luft entweicht. Karin G. war innerhalb von zwei Minuten tot.

Manfred, zutiefst erschrocken über sich selbst, konnte nicht glauben, was er soeben getan hatte. Er sprang auf, drehte seine Frau auf den Rücken, beugte sich über sie, rüttelte sie, beatmete sie von Mund zu Mund und erkannte plötzlich, dass sie tot war. Panik erfasste ihn. Er sah sein Leben wie in einem Film an sich vorüberziehen. Man würde ihn einsperren, alles wäre ruiniert. Was würde dann aus Manuel werden? Außer seinen betagten Eltern hatten sie keine engen Verwandten. Niemand würde sich des Jungen annehmen, wenn er im Gefängnis saß. Er konnte beim besten Willen nicht glauben, dass er nicht Manuels Vater sein sollte. Bestimmt hatte Karin nur gelogen, um ihn zu kränken.

Er entschloss sich zu fliehen. Unbemerkt konnte er das Hotel verlassen. Es war kurz vor 21.00 Uhr. Der Mann von der Rezeption war nicht am Tresen. Das Messer hatte er mitgenommen und warf es auf dem Weg zur U-Bahn in einen Gully. Unbehelligt fuhr er nach Hause. Manuel schlief bereits. Er setzte sich in die Küche und begann bitterlich zu weinen.

Die Leiche wurde erst am nächsten Abend entdeckt. Da das Zimmer, obwohl es bis spätestens 12.00 Uhr geräumt sein sollte, nicht benötigt worden war, wurde es erst abends, also ziemlich exakt 24 Stunden nach der Tat, gereinigt. Das Zimmermädchen, eine Asylantin, arbeitete nur stundenweise hier und kam erst abends nach ihrer regulären Beschäftigung. Als die junge Irakerin das Zimmer betrat und die tote Frau auf dem blutdurchtränkten Bett sah, rannte sie Hals über Kopf nach unten, informierte den Portier und verließ fluchtartig das Haus. Sie wollte keinesfalls mit der Polizei zu tun haben. Wir machten sie später ausfindig, vernahmen sie und wollten darüber hinaus nichts von ihr wissen.

Das Bild, das sich uns bot, deutete auf einen sogenannten Prostituiertenmord hin: ein Stundenhotel, Bahnhofsgegend, eine schöne Frau in Reizwäsche, ein einziger Messerstich. Keine Beziehungstat, wie es aussah, denn dabei entladen sich gewöhnlich Hass und Zorn, und Täter oder Täterinnen geraten nicht selten in eine Art Blutrausch, massakrieren ihre Opfer regelrecht. Wobei es immer Ausnahmen gibt, doch nichts deutete darauf hin, dass dieser Fall eine solche darstellte. Zumal bekannt war, dass das Hotel vorwiegend von Prostituierten aus der Bahnhofsgegend frequentiert wurde. Andererseits sind Prostituiertenmorde seit Anfang der 1990er-Jahre äußerst selten geworden. Vermutlich deshalb, weil sich das Gewerbe weg von der Straße in gut kontrollierte Etablissements verlagert hat.

Die hinzugezogene Rechtsmedizinerin stellte nur einen einzigen Messerstich neben dem rechten Schulterblatt fest. Da die Frau bei Entdeckung der Tat aber auf dem Rücken lag, musste sie sich nach dem Angriff selbst gedreht haben oder umgedreht worden sein. Weil Stiche in den Rücken darauf hindeuten, dass das Opfer arg- und wehrlos gewesen sein könnte, stand das Mordmerkmal der Heimtücke im Raum.

Ein Raubmord schien auszuscheiden. Was wiederum gegen einen Prostituiertenmord sprach, denn bei diesen geht es meist um Geld. Sei es, dass die Täter nicht bezahlen wollen, was gefordert wird, oder dass sie es von Haus aus auf das Geld der Frauen abgesehen haben. Die Handtasche dieses Opfers war hingegen noch da und in ihr die Geldbörse mit mehreren hundert Euro Bargeld. Außerdem fand sich der Personalausweis, was uns die Arbeit sehr erleichterte. Nimmt doch die Identifizierung eines

Opfers immer viel kostbare Zeit in Anspruch. Die Tote hieß Karin G., war 42 Jahre alt und wohnte in München-Harlaching. Sie hatte keinerlei Vorstrafen und war – entgegen unserer Vermutung – als Prostituierte nicht registriert. Solche Überraschungen verdeutlichen immer wieder, dass es stets Ausnahmen von der Regel gibt. Niemals sollte man sich auf Klischees oder Vorurteile verlassen wie beispielsweise auf die Annahme, in einem Haus wie diesem würden ausschließlich Prostituierte verkehren.

So nützlich das sogenannte Bauchgefühl auch sein mag, allein auf Intuition darf man niemals bauen. Die richtige Mischung aus rationaler Überlegung und (Bauch-)Gefühl macht es aus. Da alle Menschen, und ganz besonders Mörder, von Emotionen gesteuert werden, kann die rein verstandesmäßige, streng analytische Herangehensweise ebenso in die Irre führen wie das ausschließliche Vertrauen auf die eigene Intuition. Der Verstand ist dazu da, die Gefühle in der Spur zu halten, und die Gefühle dienen dazu, Verhaltensweisen begreifbar zu machen, die man durch kritische Analyse allein nicht nachvollziehen kann, weil Menschen in der Lage sind, völlig irrational und unlogisch zu handeln.

Die unverzügliche Befragung des Portiers brachte etwas Licht ins Dunkel. Der Mann aus dem ehemaligen Jugoslawien musste mithilfe eines Dolmetschers vernommen werden, und ich fragte mich, wie er diesen Job eigentlich bewältigen konnte, wenn er kaum Deutsch sprach. Die Pension befand sich in

Privatbesitz, wobei der Inhaber weder hier wohnte noch arbeitete. Eigentlich ließ er sich nur zum Kassieren sehen. Es gab keinen Service, keine Küche, nur Automaten auf den Fluren, aus denen man Getränke oder kleinere Snacks ziehen konnte. Der Portier hätte ein Gästebuch führen und die Meldescheine kontrollieren müssen. Natürlich fanden sich keine solchen, da viele Gäste im Voraus bezahlten. Auch unser Opfer, das dem Mann bekannt war, hatte sofort bezahlt. Die Frau sei ein Stammgast gewesen, habe aber nicht wie eine Hure gewirkt und sei auch immer mit demselben Mann zusammen gewesen. Weshalb der Portier davon ausging, dass sie oder er verheiratet sein mussten und sich hier nur zum Schäferstündchen trafen. »Professionelle« kämen nicht immer mit demselben Freier und auch nicht regelmäßig einmal in der Woche. Es seien übrigens viele Verheiratete unter seinen Kunden, fast mehr als Prostituierte. Die ließen sich das was kosten, immerhin 90 Euro pro Nacht. Stundenweise Anmietung werde nicht angeboten, egal wie lange man das Zimmer nutzte. Allerdings, so räumte er ein, gebe es einige Stammkundinnen, die nur die Hälfte zahlen müssten. Dafür blieben sie meist nur eine oder höchstens zwei Stunden, und da sie immer dieselben Zimmer belegten, müsste auch nicht jedes Mal die Bettwäsche gewechselt werden.

Manche Kunden gingen also nach zwei Stunden wieder, viele kamen tagsüber, nur wenige blieben die ganze Nacht. Diese Frau, berichtete er, verließ mit ihrem Liebhaber das Haus meist schon vor Mitternacht und fuhr gemeinsam mit ihm in seinem großen BMW weg.

Gestern Abend, so erinnerte sich der Portier, sei zuerst der Mann gekommen und etwa eine halbe Stunde später die Frau. Sie schien gewusst zu haben, in welchem Zimmer sich ihr Liebhaber befand, denn sie grüßte kurz und ging sofort zur Treppe. Er kenne weder den Namen der Frau noch den ihres Liebhabers. Auch das Autokennzeichen habe er sich nicht gemerkt oder notiert. Es sei aber ein Münchner Kennzeichen gewesen. Ob er den Mann wiedererkennen würde? Selbstverständlich, meinte er. Schließlich handle es sich um eine sehr markante Person, immer sehr auffallend gekleidet, groß und kräftig. Wie ein ehemaliger Boxer habe er auf ihn gewirkt, entsprechend schief sei auch seine riesige Nase.

Auf die Frage, wer sich sonst noch zur fraglichen Zeit im Hotel aufhielt, wir bräuchten eine komplette Gästeliste, zuckte er hilflos mit den Schultern. Gestern sei es relativ ruhig gewesen, allenfalls 20 Zimmer waren belegt. Alle Gäste mussten an der Rezeption vorbei, wie wir erfuhren, denn es gab keinen anderen Ein- oder Ausgang. Erinnern könne er sich nur an einen Mann, der allerdings zielstrebig zur Treppe ging. Er sei davon ausgegangen, dass dieser schon am Nachmittag bei seinem Kollegen eingecheckt hatte. Der Mann sei ihm deshalb in Erinnerung geblieben, weil er ihn kurz vorher, als er zum Dienst kam, draußen auf der gegenüberliegenden Straßenseite gesehen habe. Aufgefallen sei er ihm deshalb, weil er eine komische Brille mit ungewöhnlich dicken Gläsern trug. Wiedererkennen würde er ihn allerdings nicht, dazu habe er ihn nicht gut genug gesehen.

Wir mussten also den unbekannten Liebhaber finden. Schließlich dürfte er derjenige gewesen sein, der zuletzt mit der Frau zusammen war. So wurde der Portier für den nächsten Morgen ins Polizeipräsidium vorgeladen, um dort eine Lichtbildsuchung durchführen zu lassen, das heißt, er sollte uns aus der sogenannten Verbrecherkartei den Mann heraussuchen. Falls er dort verzeichnet war. Was wiederum voraussetzte, dass er schon einmal straffällig geworden und deshalb erkennungsdienstlich behandelt worden war. Zunächst aber mussten wir die Familie des Opfers aufsuchen. Hatte doch die Frau laut Einwohnermeldedatei einen Ehemann und einen Sohn, mit denen sie im gutbürgerlichen Ortsteil Harlaching wohnte.

Es war bereits 23.00 Uhr, als wir an dem gepflegten Wohnblock eintrafen. Wir läuteten insgesamt dreimal, bis endlich die zaghafte Stimme eines Mannes aus der Sprechanlage zu hören war: »Ja, wer ist denn da?«

»Die Kriminalpolizei«, antwortete ich. »Wir müssten Sie dringend sprechen, Herr G.«, fügte ich hinzu.

Der Türöffner summte, wir fuhren mit dem Aufzug in den vierten Stock. Dort stand ein Mann in der geöffneten Wohnungstür, der so weiß war wie die Wand im Treppenhaus. Ein Mittvierziger, sehr schlank, stark gerötete Augen, in einem Schlafanzug. Er wirkte, als wüsste er bereits, was passiert war. Nein, dachte ich, der wirkt nicht nur so, der weiß Bescheid. Als ich seine Brille sah, fiel es mir wie Schuppen von den Augen. Dies war keine Brille, sondern fast schon ein Fernglas. Und was war dem Portier aufgefallen? Ein Mann mit dicken Brillengläsern hatte das Hotel beobachtet und war dann nach oben gegangen. Als Herr G. uns hereinbat, schaute ich meinen Kollegen an und wusste, dass er dasselbe dachte wie ich: Wir haben den Täter vor uns.

Normalerweise beginnt man sehr vorsichtig und behutsam bei der Überbringung von Todesnachrichten. Jeder Polizist kennt diese unangenehmste und belastendste aller Aufgaben. In diesem Fall informierte ich den Mann vor mir absichtlich ganz direkt.

»Ihre Frau wurde tot aufgefunden. In einem Hotel. Ermordet«, sagte ich leise, aber eindringlich und schaute ihm dabei direkt in die Augen.

Er blickte mich an und nickte stumm.

»Das waren Sie, Herr G., oder?«, fragte ich ihn.

Er schaute mir seinerseits ins Gesicht, antwortete nicht, widersprach allerdings auch nicht.

»Sie sind doch kein eiskalter Mörder, Herr G.«, fuhr ich fort.

Er begann hemmungslos zu weinen. »Ja, ich war's«, gab er mit leiser Stimme zu und weinte sogleich noch heftiger, es schüttelte ihn regelrecht. Dadurch wachte der Junge auf und kam verschlafen und verstört ins Wohnzimmer. Mein Kollege nahm ihn zur Seite, ging mit ihm in die Küche und redete dort behutsam auf ihn ein. Kurz darauf hörte man auch Manuel weinen. Der Vater flehte mich an, ihn zu seinem Sohn zu lassen, was ich ihm versprach, sobald sich der Bub etwas beruhigt hätte. Dann erklärte ich ihm, ihn zunächst pflichtgemäß über seine Rechte belehren zu müssen. Ich wüsste, dass das in diesem Moment merkwürdig klinge, aber so seien nun einmal die Vorschriften. Dann könne er selbstverständlich seinen Sohn sprechen. Ich informierte ihn also über sein Recht, die Aussage verweigern und einen Anwalt verständigen zu können. Er schüttelte den Kopf und signalisierte, dass er reden wolle, einen Anwalt brauche er nicht. Um wirklich sicher zu gehen, dass wir tatsächlich Karin G.s Mörder gefunden hatten, stellte ich ihm noch zwei Fragen.

»Wie haben Sie Ihre Frau getötet?«

»Mit einem Messer, das dort lag«, antwortete er leise.

»Und wie oft haben Sie zugestochen und wohin?«

»Nur ein einziges Mal, ich habe ihr nur ein einziges Mal in den Rücken gestochen. Mein Gott, das wollte ich doch nicht.«

Damit wusste ich endgültig, dass er die Wahrheit sagte.

Es war eine herzzerreißende Szene, als er sich von seinem Sohn verabschiedete. Der Junge hatte die Nachricht vom Tod seiner Mutter und die Tatsache, dass sie vom Vater getötet worden war, relativ gefasst aufgenommen. Es war klar, dass der arme kleine Kerl das Schlimmste noch vor sich hatte, und es würde sicher nicht spurlos an ihm vorübergehen. Wir ließen deshalb einen Kollegen kommen, dessen Ehefrau Kinderpsychologin war und der ihn mit zu sich und seinen drei Kindern nach Hause nahm. Eine bessere Betreuung hätte er nicht bekommen können, bis das Jugendamt eine Entscheidung getroffen haben würde.

Auf dem Weg zur Dienststelle zeigte uns der Festgenommene den Gully, in den er das Messer geworfen hatte. Noch in der Nacht ließen wir es durch die Feuerwehr bergen. Was ihn betraf, so wollte er sich diese ungeheure Last in allen Einzelheiten von der Seele reden – es sollte die ganze Nacht dauern. Es war sein Recht zu reden und unsere Pflicht, zuzuhören und zu protokollieren.

Obwohl die Tat geklärt war, stand noch die Vernehmung des Liebhabers aus. Unser Portier suchte ihn tatsächlich aus der Verbrecherkartei heraus. Es war ein amtsbekannter Gigolo, vielfach vorbestraft wegen zahlreicher Delikte, verwurzelt in der Rotlichtszene, nunmehr Mitinhaber einer Diskothek für »über 30-Jährige«. Dort, in einem Lokal im Süden Münchens, wird romantische Schlagermusik gespielt. Hauptsächlich Frauen mittleren Alters versuchen dort, sich ihre Einsamkeit zu vertreiben und vielleicht doch noch einen unverheirateten Mann zu finden, der nicht nur Sex will. Wie sich jedoch eine schöne, intelligente und gepflegte Frau wie Karin G. in einen derart schmierigen Typen verlieben konnte und warum sie sich so herzlos gegenüber ihrem Mann zeigte, konnte ich damals nicht verstehen und verstehe es noch heute nicht.

Manfred. G. wurde wegen Totschlags zu sechs Jahren Freiheitsstrafe verurteilt. Das Gericht ging davon aus, dass der Mann nicht aus Eifersucht – ein Mordmerkmal – handelte, sondern im Affekt. Das bedeutet, dass im Augenblick der Tat eine tief greifende Bewusstseinsstörung vorlag. Ausgelöst durch die Bemerkung seiner Frau, er sei nicht der Vater seines Sohnes, sah er sich sozusagen zur Tat gedrängt. Da ein massiver Streit vorausgegangen war, erkannte das Gericht, sei seine Frau auch nicht arglos gewesen, als sie ihm den Rücken zuwandte, habe vielmehr damit rechnen müssen, dass die Sache eskalieren könnte. Das Mordmerkmal der Heimtücke wurde aus diesem Grund als nicht erfüllt angesehen.

Manuel kam in ein Heim, in dem er sich wohlfühlte und trotz der Probleme prächtig entwickelte. Ich besuchte ihn dort einige Male, und es freute mich besonders, dass er Kontakt zu seinem Vater hielt. Manfred G. war tatsächlich nicht sein biologischer Vater, was aber seinen Jungen in keiner Weise interessierte. Für ihn sei er sein Papa und werde es immer bleiben, sagte er. Er freue sich, wenn er endlich freikäme und sie zusammenleben könnten. Was nach wenigen Jahren auch tatsächlich der Fall war. Wer der Vater von Manuel war, kam nie heraus. Dieses Geheimnis nahm die untreue Karin mit ins Grab.

Jede kann zur Mörderin werden:
Die Geliebte

Martina K. war 43 Jahre alt, geschieden und kinderlos. Sie arbeitete in der Personalabteilung eines großen Konzerns und verdiente sehr gut, hatte also keine finanziellen Sorgen. Sie lebte in einem Einfamilienhaus in einer Kleinstadt in der Nähe von Iserlohn. Sie entstammte einem gutbürgerlichen Elternhaus, konnte auf eine schöne Kindheit und Jugend zurückblicken, war intelligent, gebildet und vielseitig interessiert. Sie galt als humorvoll, großzügig, tolerant und lebenslustig. Noch nie war sie mit dem Gesetz in Konflikt geraten, mit Ausnahme einiger Strafzettel wegen Falschparkens.

An einem schönen Herbsttag im Sommer 2007 fuhr sie mit dem Zug nach München, um ihren langjährigen Geliebten umzubringen. Sie wollte ihn erschießen. Die dafür notwendige Pistole samt Munition entwendete sie dem Schützenverein, dem sie einige Monate vorher eigens beigetreten war, um das Schießen zu erlernen. Sie hatte sich ein täuschend echt aussehendes Imitat besorgt, das sie heimlich gegen die echte Waffe, die sich in einem Panzerschrank befand, austauschte. Niemand bemerkte die Manipulation.

Am Tattag wartete sie morgens gegen 6.30 Uhr im Untergeschoss einer Wohnanlage in Deisenhofen mit geladener Waffe auf ihren Exgeliebten. Sie kannte die Örtlichkeiten genauestens und wusste auch, dass er pünktlich um 7.30 Uhr zu seiner Tiefgaragenbox gehen würde. Damit er die Gittertür nicht öffnen konnte, verstopfte sie das Schloss mit Zahnstochern. Die Fahrzeugboxen sind entlang einer unterirdisch verlaufenden Straße angeordnet, die auch für den allgemeinen Verkehr freigegeben ist. Auf diese Weise verläuft der gesamte Fahrzeugverkehr in dieser Wohnanlage im Untergrund, sodass an der Oberfläche himmlische Ruhe herrscht.

Pünktlich wie immer tauchte Jörg B. auf. Als er vergeblich versuchte, die Tür zu seinem Abstellplatz aufzuschließen, trat sie hinter einer Säule hervor und näherte sich ihm bis auf einen halben Meter. Mit entschlossen klingender Stimme rief sie ihn an: »Jetzt begleiche ich mein Konto bei dir. Ich bringe erst dich um und dann mich.«

Jörg B. fuhr herum. Was er sah, vermochte er nicht sofort einzuordnen. Martina hatte eine Pistole im Anschlag und zielte auf ihn. Aber warum trug sie große gelbe Kopfhörer? Im ersten Moment schoss es Jörg B. durch den Kopf, sie könnte vielleicht kalte Ohren haben. Durch ihre fünfjährige Beziehung wusste er, dass sie in dieser Hinsicht sehr empfindlich war. Tatsächlich jedoch handelte es sich um einen Gehörschutz, den Martina auch auf dem Schießstand zu tragen pflegte. Angesichts der Waffe in ihrer Hand wusste er sofort, was sie plante und was sie bereits in Briefen, E-Mails und SMS angedeutet hatte: Sie wollte sich rächen, sie wollte ihn töten.

Panisch und in einer Art Reflex stürzte er sich auf sie, packte ihre Arme und versuchte, ihr die Schusswaffe zu entreißen. Es gelang ihm nicht. Sie wehrte sich energisch. Obwohl sie kleiner und schwächer war, entwickelte Martina enorme Kräfte. Schließlich brachte er sie zum Stolpern, und beide stürzten zu Boden, er auf sie. Dann krachte ein Schuss. Genau in diesem Moment näherte sich zufälligerweise eine Polizeistreife, die wegen der häufigen Autodiebstähle regelmäßig hier patrouillierte. Die Beamten sahen die beiden am Boden kämpfenden Personen und reagierten sofort. Sie warfen sich dazwischen. Ein Polizist umklammerte Jörg B. von hinten und zog ihn hoch, der andere versuchte der Frau die Schusswaffe zu entwinden, die sie noch immer in der rechten Hand hielt. Es gelang ihnen schließlich, die Situation unter Kontrolle zu bringen. Minuten später traf auch Verstärkung ein, die die Beamten zuvor durch Notruf angefordert hatten. Erst jetzt bemerkte man, dass Martina K. an der linken Hand blutete. Sie hatte sich selbst durch den linken Ringfinger geschossen, an dem sie bis vor Kurzem einen Ring getragen hatte, den ihr Jörg B.

einst geschenkt und den sie ihm dann zurückgeschickt hatte. Ihr Exgeliebter war unverletzt geblieben.

Martina hatte den 47-jährigen Jörg B. als Kollegen in der Niederlassung ihres Konzerns in der Nähe von Düsseldorf kennengelernt. Am Abend besuchten sie gemeinsam mit Kolleginnen und Kollegen ein Schützenfest und prosteten sich lustig zu. Bei einem Toilettengang fielen sie hinter dem Festzelt übereinander her und küssten sich leidenschaftlich, obwohl sie beide verheiratet waren. Martina begleitete Jörg in sein Hotelzimmer, wo sie hemmungslosen Sex ohne alle Tabus hatten. Sie verliebte sich unsterblich in ihn und ließ sich sechs Monate später von ihrem Mann scheiden, um für ihn frei zu sein.

Fünf Jahre dauerte die Fernbeziehung. Dann trennte sich auch Jörg B. von seiner Frau, die mit beiden Kindern nach Skandinavien zurückging. Martina schöpfte Hoffnung und war zu einem sofortigen Umzug nach München bereit, wo sie ohnehin unzählige Male in den letzten Jahren die Wochenenden verbracht hatte. Dann aber kam es zu jener Schlüsselszene, die man wohl als Auslöser der Katastrophe bezeichnen muss. Jörg B. dachte gar nicht daran, mit Martina eine gemeinsame Zukunft zu planen, weil es bereits eine neue Geliebte gab. Kühl erklärte er die Beziehung zu Martina für beendet, und sie entschloss sich irgendwann, ihn zu töten. Wobei ihre Mordgedanken erst langsam Gestalt annahmen, wie einigen schriftlichen Mitteilungen zu entnehmen ist:

Glaubst du ernsthaft, du könntest in deiner schönen Wohnung, die ich auch noch eingerichtet habe, glücklich und zufrieden mit meiner Nachfolgerin leben? Ich habe versucht, dir eine Chance zu geben! Jetzt gebe ich dir keine mehr, denn du hast mir auch nicht den Hauch einer Chance gelassen. Täusch dich nicht, dich wollte ich nie mehr zurück, denn du bist und bleibst für mich ein mieses Dreckschwein, gefühlskalt und egoistisch. Bei dir sind die Gefühle unterhalb der Gürtellinie verortet, sonst nirgendwo. Ich werde dir alles nehmen, was du mir genommen hast, und noch viel mehr.

An eine Freundin schrieb sie:

Mein Lebenszweck besteht nur noch darin, mich an diesem Mistkerl zu rächen. Ich habe mich noch nie so ausgenutzt gefühlt. Ich wurde noch nie so gedemütigt. Ich habe mir das sehr, sehr lange überlegt, aber ich kann an nichts anderes mehr denken.

Martina K. plante die Ermordung ihres Exgeliebten akribisch. Daran änderte auch die Tatsache nichts, dass der Versuch fehlschlug. Die Staatsanwaltschaft sah die Mordmerkmale der Heimtücke und der niedrigen Beweggründe (Eifersucht, Rache) verwirklicht und beantragte eine Verurteilung wegen versuchten Mordes, zumal auch der psychiatrische Gutachter zu dem Ergebnis kam, dass Martina K. zum Zeitpunkt der Tat voll schuldfähig war.

Das Schwurgericht verurteilte sie wegen versuchten Totschlags zu sechs Jahren Freiheitsstrafe. Anders als die Staatsanwaltschaft sah das Gericht das Mordmerkmal der Heimtücke nicht als erfüllt an, weil Jörg B. aufgrund der Drohbriefe nicht arg- und wehrlos gewesen sei. Martina K. habe nicht aus einem niedrigen Beweggrund heraus gehandelt, weil sie eine tiefe Kränkung erleiden musste, die ihre Persönlichkeit destabilisierte, auch wenn es sich nicht um eine schwere seelische Störung im eigentlichen Sinn handelte. Trotzdem wollte das Gericht ihre Beweggründe nicht als auf »sittlich tiefster Stufe stehend« bewerten.

»Jurisprudenz ist Auslegungssache«, lehrte uns ein Rechtsprofessor beim Studium. »Es ist keine exakte Wissenschaft wie Mathematik oder Physik«, meinte er fast entschuldigend. Recht hatte er …

KANN WIRKLICH JEDER MENSCH ZUM MÖRDER WERDEN?

Keine Frage wurde mir auf meiner Lesereise mit meinem Buch *Abgründe* öfter gestellt als die, ob ich wirklich glaube, jeder Mensch könne zum Mörder werden. Dabei dürften sich die meisten Zuhörer – genau wie ich selbst – in Wahrheit gefragt haben: »Kann auch ich zum Mörder werden?« Ich habe stets darauf hingewiesen, dass man genauso gut fragen könnte, ob jeder Mensch an Krebs erkranken kann. Der Vergleich hinkt zwar – schließlich wird niemand freiwillig krank –, aber Parallelen gibt es trotzdem. Beide Übel stecken in uns, und beide können (müssen aber nicht) ausbrechen: Krebs durch äußere Einflüsse (siehe Tschernobyl oder Fukushima), ungesunde Lebensweise oder genetische Veranlagung, der Wille zu töten durch die Entartung von Habgier, Neid, Hass oder durch andere menschliche Defizite. Da sich Natur- und Geisteswissenschaften bezüglich der Frage, ob uns das Böse schon in die Wiege gelegt oder anerzogen ist, teils heftig widersprechen, scheint es am aufschlussreichsten, sich schlicht und einfach an der Realität zu orientieren. Wohl wissend indes, dass auch

Erfahrungswerte nicht der Weisheit letzter Schluss sind, da es doch immer Ausnahmen von der Regel gibt. Das gilt ganz besonders für Mord und Totschlag. Nirgends sonst findet man so viele irrationale Handlungsweisen. Nichts kann so ratlos machen, nichts so wenig nachvollziehbar, so erschreckend und entsetzlich sein. Weil es nämlich nichts gibt auf dieser Welt, das komplizierter und unberechenbarer ist als die menschliche Psyche.

Die meisten der etwa 700 bis 800 Menschen in Deutschland, die das nächste Jahr nicht mehr erleben, weil sie vorher umgebracht wurden, werden nicht durch Kriminelle getötet, sondern durch Menschen, von denen sie geglaubt haben, dass von ihnen keine Gefahr ausgeht. Bei den Tatorten wird es sich vorwiegend um die eigenen vier Wände handeln, die – rein statistisch – als der gefährlichste Ort der Welt gelten. Jedenfalls werden nirgendwo mehr Menschen getötet als in vertrauter Umgebung; ausgerechnet dort also, wo man sich am geborgensten und sichersten fühlt.

Nicht vernachlässigen darf man auch die versuchten Tötungsdelikte an nahezu 2000 weiteren Personen, die schwer verletzt und deshalb für den Rest ihres Lebens traumatisiert und/oder gezeichnet sein werden. Und noch ein weiterer Aspekt kommt hinzu: Mörder vernichten nicht nur ihre Opfer; sie zerstören immer auch Familien – die des Opfers und die eigene. Ich kenne keinen Mörder, der bedacht hat, dass er auch die Seinen zu Opfern macht.

Mord ist die bewusste und gewollte Auslöschung menschlichen Lebens durch fremde Hand. Und zwar aus

Motiven heraus, die in unserem Kulturkreis als verwerflich und verachtenswert gelten und damit als das Böseste des Bösen. Vergleiche mit Unfällen, Krankheiten, Suchtverhalten oder dem freiwilligen Ausscheiden aus dem Leben, die tausendfach mehr Menschenleben fordern, verbieten sich ebenso wie der Verweis auf die vielen gefährlichen Regionen dieser Erde, in denen wesentlich mehr Menschen ermordet werden als bei uns im sicheren Deutschland. Jeder Mord ist einer zu viel. Das sollte man sich schon aus Mitgefühl für die Hinterbliebenen bewusst machen, deren Trauer durch die Sinnlosigkeit der Tat noch verstärkt wird. Die bewundernswerte Haltung mancher Angehöriger, die keinen Hass empfinden und Mördern sogar vergeben, stellt die Ausnahme dar. Die meisten Betroffenen vermögen es nicht zu verzeihen. Sie wollen Sühne, um ihre Trauer aufarbeiten zu können. Das kann man bei fast allen Mordprozessen miterleben, und das haben wir auch zu respektieren. Angehörige fordern in der Regel die höchstmögliche Bestrafung.

In Deutschland leben wir – ebenso wie unsere Nachbarn in Österreich oder der Schweiz – auf einer Insel der Glückseligen, was die Mordrate betrifft. Nur in Griechenland und Zypern ereignen sich noch weniger vorsätzliche Tötungsdelikte. Am anderen Ende der Skala innerhalb Europas findet man die baltischen Staaten mit zehnfach höheren Mordraten. Und wenn man über die europäischen Grenzen hinausschaut, wird es noch bedrückender. Hätten wir Verhältnisse wie beispielsweise in Mexiko, Kolumbien, Südafrika oder anderen vergleichbaren Ländern, würden wir in Deutschland jährlich unvorstellbare 30 000 bis 50 000 Mordopfer zu beklagen haben.

Unter »Mordrate« versteht man die Zahl der vollendeten Tötungsdelikte pro 100 000 Einwohner. Durchschnittlich sind das bei uns etwa 1, 2 Fälle, europaweit sind es 2, 8 und weltweit 7, 1. Demnach werden nicht weniger als 500 000 Menschen pro Jahr auf diesem Planeten vorsätzlich getötet. Wobei Kriege oder kriegsähnliche Konflikte nicht einbezogen sind. Interessant ist auch, dass die vielen Tötungsdelikte in den weniger entwickelten Ländern vorwiegend der organisierten Drogen- und Bandenkriminalität geschuldet sind, während in Ländern wie dem unsrigen die sogenannten Beziehungstaten dominieren. Letztere finden ihren Nährboden weniger in den gesellschaftlichen, politischen und sozialen Verhältnissen, sondern gründen für gewöhnlich auf individuellen Befindlichkeiten aller Couleur. Im Gegensatz zur allgemeinen Kriminalität hat sich die Zahl der Tötungsdelikte in den letzten 15 Jahren bundesweit nahezu halbiert. Worauf diese erfreuliche Entwicklung zurückzuführen sein könnte, versuche ich im Kapitel »Weniger Morde – bessere Menschen?« zu erläutern. So viel aber vorweg: Ob die Menschen »besser« geworden sind, sei dahingestellt.

Die meisten Morde in Deutschland haben mit Kriminalität im herkömmlichen Sinne eigentlich nichts zu tun. Das mag sich merkwürdig anhören, ist aber so. Weil ausgerechnet das schwerste aller Verbrechen im zwischenmenschlichen oder gar intimen Bereich angesiedelt ist und in der Mehrzahl von Leuten begangen wird, die nicht unter Gewalterfahrungen in der Kindheit, einem finanziell schwachen Umfeld oder sonstigen negativen Einflüssen leiden mussten. Die Brandherde liegen also dort, wo besondere Nähe herrscht, wo Befindlichkeiten aufeinanderprallen und wo sich Begehrlichkeiten entwickeln können.

Bei jedem schrecklichen Verbrechen, das von bislang unbescholtenen Menschen begangen wurde, stellen sich Ermittler, Juristen und Psychologen die gleichen Fragen, die sich auch die Öffentlichkeit immer wieder von Neuem stellt: Wie ist es möglich, dass bei geistig gesunden Menschen ohne erkennbare kriminelle Energie und ohne negative Vita der Wille zu töten übermächtiger werden kann als das Gewissen, das uns doch moralische Schranken setzen soll? Was muss passieren, damit in einem bislang unauffälligen, angepassten, friedlichen Menschen Mordgedanken aufkeimen? Welche Ereignisse oder Lebenslagen können Emotionen wie Habgier, Eifersucht, Hass oder Zorn derart entgleisen lassen?

Bei vielen Beziehungstaten bin ich auf eine Kraft gestoßen, die im Gesetz nicht explizit genannt ist und die mir vorher auch nicht als potenziell gefährlich bewusst war, weil sie nicht als verwerflich oder verachtenswert gilt. Und doch ist sie vielfach Auslöser für schlimmste Verbrechen. Sie ist stärker als die Vernunft und stärker als alle anderen Emotionen. Es ist die Angst. Aber nicht die Angst um das eigene Leben oder die Gesundheit, sondern die Angst vor Verlust: in erster Linie vor dem Verlust materieller Werte, aber auch des sozialen Status, von Macht und Einfluss oder von Ehre, Ansehen, Karriere, Liebe, Geborgenheit oder Sicherheit. Angst hat viele Gesichter. Bei Verlust- oder Existenzangst gehen Menschen bisweilen im wahrsten Sinne des Wortes »über Leichen«. Wer davon befallen wird und keinen Ausweg findet, kann gefährlich werden. Es gilt, das bisher Erreichte unter allen Umständen zu erhalten beziehungsweise zu verteidigen, weil das eigene Streben nach Glück und Sicherheit über allem anderen steht, sogar über dem Recht auf Leben desjenigen, der als Bedrohung empfunden wird. Das kann der böse, seit Jahren nervende Nachbar ebenso sein wie die zickige Erbtante, die ihr Testament zu ändern gedenkt, oder die alte Oma, die trotz ihres hohen Alters einfach nicht sterben will, obwohl einen selbst die Hypotheken drücken. Oder die Nebenbuhlerin, die sich an den Ehemann heranmacht. Oder die Frau, die den Geliebten erpresst. Oder jemand, der schwer gedemütigt wurde und auf Rache sinnt, oder, oder, oder …

Fast wöchentlich liest man von Familientragödien, weil Männer – ja, es sind tatsächlich meist Männer – ihre Frauen und Kinder getötet haben: Sie konnten oder wollten nicht akzeptieren, verlassen worden zu sein. Es ist die klassische Verlustangst. Ein Psychiater formulierte es einmal anlässlich eines solch tragischen Geschehens ironisch: »Ist die Idylle bedroht, sieht Papi schnell rot.« Eine gefährliche Mischung aus Angst, Wut und Verzweiflung, die – findet sich kein Ventil oder gibt es keine Hilfe – zur Explosion führen kann.

Als ich im Februar 2009 in Pension ging, glaubte ich, ich hätte alles erdenklich Schreckliche gesehen und es könne mich nichts mehr erschüttern. Ein Irrtum, wie sich herausstellte. Im März 2011 wurde die Münchner Mordkommission mit einem Verbrechen konfrontiert, das wohl als eines der unfassbarsten und schockierendsten in die Kriminalgeschichte unseres Landes eingehen wird. In Krailling bei München wurden zwei acht und elf Jahre alte Mädchen in der elterlichen Wohnung, in der sie sich zur Nachtzeit alleine aufhielten, derart grausam ermordet, dass die Menschen im ganzen Land wie gelähmt waren. Beide hatte man mit einem Messer erstochen, mit einem Seil stranguliert und mit einer Hantelstange erschlagen – als ob der Mörder unter Zeitdruck stand und sichergehen wollte, dass die Kinder wirklich tot waren. Sogar erfahrene Rechtsmediziner und Ermittler rangen um Fassung, als sie die Leichen sahen. Niemand konnte glauben, dass ein zurechnungsfähiger Mensch zu einer solchen Tat fähig sein könnte.

Knapp zwei Wochen später wurde der 50-jährige Onkel der Mädchen verhaftet, ein fürsorglicher vierfacher Familienvater, nicht vorbestraft und als Postbote arbeitend. Also kein Sexual- oder Triebtäter, kein Serienkiller, kein Gewohnheits- oder Gewaltverbrecher und kein psychisch kranker, abartig veranlagter Mensch, sondern einer, der in ländlicher Idylle mitten unter uns lebte, angepasst, anerkannt, geachtet und von den Seinen geliebt. Kein Wunder, dass sich die fassungslose Öffentlichkeit fragte, wie so etwas möglich sein konnte. Was hatte diesen Mann dazu getrieben, ein so unvorstellbares Verbrechen zu begehen, für das es nicht einmal ansatzweise eine wie auch immer geartete Erklärung geschweige denn Rechtfertigung gab?

Zwischenzeitlich weiß man mehr, denn die Staatsanwaltschaft hat in ihrer Anklageschrift ein Motiv formuliert. Durch die Tötung der Mädchen und der Mutter, die in jener Nacht arbeitete und nur zufällig verschont blieb, habe der mutmaßliche Mörder einen Erbstreit zugunsten seiner übrigens völlig ahnungslosen Ehefrau entscheiden wollen. Deren Schwester nämlich, die Mutter der Mädchen, blockierte den Verkauf einer kleinen Wohnung, die den Geschwistern zu gleichen Teilen gehörte. Durch den Erlös habe er wohl den finanziellen Ruin und die Versteigerung seines neu erbauten Hauses abwenden wollen. Vordergründig ist das Tatmotiv also Habgier, ausgelöst durch Verlust- beziehungsweise Existenzangst, gepaart mit Wut, Hass, Verzweiflung oder Ausweglosigkeit.

»Wenn zwei das Gleiche tun, ist es noch lange nicht dasselbe«, lautet ein bekanntes Sprichwort. Auf Mord und Totschlag übertragen ist nicht die Tat als solches gemeint und auch nicht das juristisch festgestellte Motiv, sondern der jeweilige individuelle Hintergrund und die Ausgangslage. Nur wenn man diese kennt, kann man eine abschließende moralische Bewertung vornehmen. In meinem Buch *Abgründe* habe ich im Kapitel »Habgier« beispielsweise die unglaublich kaltblütige Tat eines Polizisten beschrieben, der in einer Nacht zwei Menschen bei lebendigem Leibe enthauptete, um sich um 140 000 Euro zu bereichern. Das Gericht verurteilte ihn wegen Mordes zu lebenslanger Haft. Motiv: Habgier.

Vergleicht man nun dieses Verbrechen mit dem des mutmaßlichen Mädchenmörders, kommt man rein juristisch zum gleichen Ergebnis: hier wie da Habgier. Erst wenn man das Motiv hinter dem Motiv betrachtet, erkennt man den Unterschied, denn allein darin offenbart sich der jeweilige individuelle Charakter eines Verbrechens.

Der Polizist tötete zwei erwachsene Menschen, die im Augenblick ihrer Enthauptung betäubt waren und somit keinen qualvollen Tod erleiden mussten. Deshalb kam – juristisch gesehen – das Mordmerkmal der Grausamkeit nicht zum Tragen, auch wenn das schwer nachvollziehbar scheint. Was allerdings sein Motiv betraf, also seine innere Antriebskraft, so stand diese auf der tiefsten sittlichen Stufe, die man sich denken kann. Er selbst befand sich in keiner finanziellen Notlage, sondern hatte sogar ein ansehnliches kleines Vermögen angespart, das er jedoch unter allen Umständen mehren wollte – und zwar durch Geld, das seine Exfreundin von einer alten Tante geerbt hatte und von dem niemand außer ihm etwas wusste. Dieses exklusive Wissen war es, das den Mordplan in ihm aufkeimen und reifen ließ und die latent vorhandene Habgier in pure Raffsucht umwandelte.

Auch beim Mädchenmörder, so die Staatsanwaltschaft, sei es um eine Erbschaft gegangen. Sollte sich das bestätigen, waren die Zusammenhänge trotzdem ganz andere. Seine Tathandlung war zwar ungleich brutaler als die des Polizisten, und was das Mordmerkmal der Grausamkeit betrifft, kenne ich bundesweit keinen Fall, der mit diesem vergleichbar wäre, doch vermutlich handelte es sich nicht um pure Raffsucht wie beim Polizisten, sondern die Angst vor dem Verlust des neu erbauten Hauses dürfte im Vordergrund gestanden haben. Die gesamte Existenz der Familie und wohl auch seine gesellschaftliche Reputation wäre dahin gewesen. Rettung versprach er sich wahrscheinlich durch den Verkauf jener Eigentumswohnung, die zur Hälfte seiner Frau gehörte. Weil die Mutter der Mädchen sich vermutlich weigerte, dem Verkauf zuzustimmen, musste sie sterben. Und damit das Erbe nicht auf deren Töchter übertragen werden konnte, musste er auch diese töten.

Es waren also ein Polizist und ein Postbote, die zwei der erschütterndsten, brutalsten Verbrechen der Nachkriegszeit in der Bundesrepublik Deutschland begingen. Wobei niemand aus deren Umfeld einem von ihnen so etwas zugetraut hätte. »Der ist doch gar nicht fähig, jemandem wehzutun«, sagte eine Zeugin, die zu den Charaktereigenschaften eines dieser beiden befragt wurde. Sogar der größte und bedeutendste deutsche Denker und Dichter, nämlich Johann Wolfgang von Goethe, soll von sich selbst gesagt haben: »Es gibt kein Verbrechen, zu dem ich nicht fähig wäre.«

Hat Goethe hier nicht etwas übertrieben? War er nicht etwas zu selbstkritisch oder zu oberflächlich in seiner Betrachtungsweise? Für mich würde ich jedenfalls ausschließen wollen, jemals zum Raub- oder Sexualmörder werden zu können, unter keinen denkbaren Umständen. Eigentlich habe ich mir überhaupt nie vorzustellen vermocht, jemals in eine Lage zu geraten, in der ich Mordgelüste entwickeln könnte. Andererseits stellte ich mir oft die Frage, was wohl aus mir geworden wäre, hätte ich nicht hier im friedlichen, wohlhabenden Deutschland gelebt, sondern in einer der vielen Regionen dieser Welt, in denen Mord und Totschlag zum Alltag gehören und vielfach aus dem täglichen Kampf ums Überleben resultieren.

Heute, nach 42 Jahren Polizeiarbeit, nach 22 Jahren Mordkommission, nach der Bearbeitung / Aufklärung von 361 vollendeten und etwa 850 versuchten Tötungsdelikten, verstehe ich, was Goethe gemeint hat. Weil ich es Hunderte Male in der Praxis miterlebte. Es muss wohl doch so sein, dass jeder Mensch die Fähigkeit in sich trägt, zum Verbrecher zu werden. Ob diese je zur Entfaltung kommt, steht auf einem ganz anderen Blatt. Ähnlich sah es wohl der nicht weniger bedeutende Philosoph Immanuel Kant, der konstatierte, wir Menschen hätten zwar den Hang zum Bösen, unterlägen aber keinem Zwang, Böses auch tun zu müssen, da wir mit einem freien Willen ausgestattet seien. Manche Geisteswissenschaftler halten das Böse lediglich für einen Mythos. Denn böse sei nur, was wir als böse ansehen oder als böse empfinden. Und das könne erheblich differieren und von kulturellen, traditionellen und religiösen Einflüssen abhängig sein. Eine Sichtweise, der ich aufgrund meiner Erfahrungen nur voll beipflichten kann.

Allerdings benötigt man als Mordermittler weder tiefgründige noch hochtrabende Definitionen des Bösen, noch helfen philosophische Weisheiten weiter. Man hat keine andere Wahl, als sich ausschließlich an der Realität zu orientieren. Das lässt einen im Laufe der Zeit zwangsläufig zum Pragmatiker werden. Und als solcher greift man auf seinen gesunden Menschenverstand zurück. Worauf auch sonst? Das wiederum setzt voraus, eigene Emotionen unter Kontrolle zu halten: ein langwieriger Lernprozess. Wenn man professionell arbeiten muss, bleibt für Visionen, Wunschträume oder schöne Theorien leider nur wenig Raum. Wobei der gesunde Menschenverstand besonders effektiv ist, wenn er durch ein breites Erfahrungsspektrum gespeist wird. Insofern halte ich es nicht für vermessen oder falsch, vorwiegend in der Praxis nach Antworten zu suchen. Zum Beispiel auf jene Frage, die sich am häufigsten aufgedrängt hat und die am häufigsten aufgeworfen wurde: »Was war es wirklich, das diesen oder jenen unbescholtenen Menschen zum Mörder werden ließ?« Eine Frage, die sich übrigens nicht stellt, wenn man es mit Schwerkriminellen zu tun hat.

Wenn jemand ermordet wurde, lautet die erste Frage: »Wer hat das getan?« Die zweite Frage bezieht sich auf das Motiv: »Warum hat er / sie das getan?« Die dritte Frage richtet sich auf Hintergrund und Ursache: »Wodurch wurde das Motiv ausgelöst beziehungsweise aktiviert?«. In den meisten Fällen findet man die Täter erst, wenn man das Motiv kennt, und das wiederum verbirgt sich häufig hinter dem, was man als Ursprung der

Tragödie bezeichnen könnte – wobei die Reihenfolge variabel ist.

Bei allen Beziehungstaten gibt es, ohne Ausnahme, ein auslösendes Ereignis. Meist ist es leicht zu entdecken, weil es sich dabei um rein objektive Geschehnisse handelt, die sich im Leben des Täters oder des Opfers zugetragen haben. Das können ebenso negativ besetzte Vorkommnisse wie Streit, Zwietracht, Drohung oder Erpressung sein wie ein Lottogewinn, eine beträchtliche Erbschaft oder eine heimliche Liebe. Mordgedanken entstehen und entwickeln sich bei geistig gesunden Menschen immer auf realem Nährboden und sind im Grunde genommen nichts anderes als ein Unheil, das sich mehr oder weniger lange zusammenbraut, immer bedrohlicher wird und sich schließlich mit aller Wucht entlädt. Juristen bezeichnen solche Vorgänge als »Zuspitzung der Ereignisse im zeitnahen Vorfeld der Tat«.

Ich bin oft gefragt worden, ob es Mörder gegeben hat, die ich verstehen konnte oder die mir gar sympathisch waren. Ja, es gab sie. Mord ist nicht gleich Mord und Mörder(in) ist nicht gleich Mörder(in). Manchmal empfinden wir es sogar als mutig, wenn Menschen andere Menschen töten. Erinnert sei an Marianne Bachmeier, die 1981 den mutmaßlichen Mörder ihrer Tochter Anna im Gerichtssaal des Landgerichts Lübeck erschoss und damit nicht nur ein Leben auslöschte, sondern auch die Nation spaltete. Ein Großteil der Öffentlichkeit hatte Verständnis für die Frau, viele hielten deren Handlungsweise sogar für gerechtfertigt. Objektiv betrachtet handelte es sich um einen geplanten und kaltblütigen Mord. Dennoch wurde sie »nur« wegen Totschlags zu sechs Jahren Gefängnis verurteilt, weil man ihr eine tief greifende Bewusstseinsstörung zubilligte; aufgestaute Emotionen, die schließlich zur Explosion beziehungsweise zum Affekt geführt haben (sollen). Viele Bürger empfanden diese Strafe als ausreichend, manche sogar als zu hoch. Moralische Bewertungen beruhen eben vielfach auf rein emotionaler Grundlage. Deshalb habe ich mich auch nie darüber gewundert, wenn mir viele Mütter ganz offen eingestanden, sie würden den Mörder ihres Kindes »ohne mit der Wimper zu zucken« umbringen können. Dabei handelte es sich ausnahmslos um friedfertige, gebildete Frauen aus allen gesellschaftlichen Schichten. Selbst als ich ihnen zu bedenken gab, dass es leichter gesagt als getan sei, einen Menschen zu töten, und dass es keine Rechtfertigung für eine solche Tat gebe, egal vor welchem Hintergrund, war keine von ihnen willens umzudenken. Alle waren der Meinung, die Tötung des Mörders würde ihnen helfen, einen solchen Verlust zu ertragen und zu verarbeiten.

Mord ist immer böse. Das war zu allen Zeiten und in allen Kulturen so, und das wird auch immer so bleiben. Unterschiedlich ist nur die Sichtweise, wer was, wo und wann für verwerflich, verachtenswert und damit für böse hielt oder hält. Das kann von Zeitalter zu Zeitalter, von Kultur zu Kultur und von Land zu Land verschieden sein. Was wir als Mord definieren, muss anderswo weder juristisch noch moralisch als verwerfliche Tötung eingestuft werden. Man denke nur an das Steinigen von Ehebrecherinnen, das bei uns als barbarische Hinrichtung pures Entsetzen auslöst, während es in manchen Ländern als gottgewollte, gerechte Bestrafung gilt.

Noch heute erinnere ich mich in allen Einzelheiten an die blutige rituelle Ermordung einer 16-jährigen türkischen Schülerin in München durch ihren 30-jährigen Freund in der Wohnung seiner Mutter. Nachdem er das Mädchen durch mehr als 40 Messerstiche hingerichtet hatte, drapierte er das Tatmesser auf einem Blumenstock und umrahmte es mit der Halskette des Opfers: eine Art Altar, der als Zeichen des Sieges über das Böse gedacht war, wie er später vor einem türkischen Gericht erklärte. Nach den Ermittlungen der Münchner Mordkommission handelte es sich bei dem als »böse« bezeichneten Verhalten um die Weigerung des Mädchens, ihm ohne Benachrichtigung und Erlaubnis ihrer Eltern augenblicklich in die Türkei zu folgen, wohin er als gesuchter Drogendealer flüchten wollte. Da sie ihm nicht gehorchte und angeblich sogar mit der PKK sympathisierte, musste sie in seinen Augen mit dem Tod bestraft werden. Tatsächlich kam das türkische Gericht zu dem Ergebnis, es sei nicht besonders verurteilenswert, eine Frau zu töten, die ungehorsam war und auch noch mit den Kurden sympathisierte. Wobei Letzteres zweifelsohne frei erfunden war, da sich das Mädchen definitiv nie für politische Themen begeistert, geschweige denn engagiert hatte. Leider interessierte sich die türkische Gerichtsbarkeit nicht für unsere detaillierten, aufschlussreichen Ermittlungen, obwohl deren Einbringen mehrfach angeboten und von den Angehörigen des Mordopfers immer wieder vergeblich gefordert worden war. Das Gericht verurteilte den Mörder wegen eines »minderschweren Falles des Totschlags« zu vier Jahren Freiheitsstrafe. Abgesessen hat er davon keinen einzigen Tag, weil er zum Strafantritt unauffindbar war und auch niemand nach ihm suchte – zum Leidwesen der Familie des Mädchens, die an dieser tiefen Ungerechtigkeit zerbrach. Der Vater nahm sich nach zweijährigem vergeblichem Kampf um Gerechtigkeit das Leben.

Mehrere Mörder der Kategorie »bislang unbescholten« haben sehr anschaulich geschildert, wie sich der innere Prozess hin zur »Mörderwerdung« vollzogen habe. Am Anfang standen tatsächlich jene bereits erwähnten objektiven Ereignisse, die als Auslöser der Tragödien bezeichnet werden können. Die dadurch aufkeimenden bösen Gedanken, die man anfangs hundertmal zu verwerfen oder zu verdrängen versucht, würden sich immer tiefer ins Gehirn einfressen. Schließlich seien sie so allgegenwärtig, dass sich der Entschluss zur Tatausführung unter genauer Abwägung des Risikos, das sich gedanklich und planerisch gegen null reduzieren müsse, immer mehr verfestige. Denn die Angst vor Entdeckung und Strafe sei ebenso dominant wie der immer stärker werdende Wille nach Umsetzung. Man werde regelrecht zum Getriebenen. Wenn man sicher sei, alles bedacht zu haben, um nicht überführt werden zu können, beherrsche der konkrete Tatplan am Ende Tag und Nacht das gesamte Denken und Fühlen. Bis es unerträglich werde und man es hinter sich bringen wolle. Und zwar möglichst bald. Erst danach komme die Angst.

Jeder kann zum Mörder werden:
Der Freund

Wach auf, Jürgen, diese Schweine, die bumsen ...«, rief Joanna G. aufgeregt und rüttelte den Besucher im Gästezimmer heftig.

Jürgen Z., ein 35-jähriger Architekt aus Schwaben, fuhr hoch und war sofort hellwach, obwohl er bloß eine Stunde geschlafen hatte.

»Was ist?«, fragte er mit krächzender Stimme, während ihn Joanna am Arm hochzog und hinüber zum Wohnzimmer zerrte. Der Raum lag in schummrigem Halbdunkel. Das Licht genügte jedoch, um zu erkennen, was sich dort auf der Couch abspielte. Jürgens 30-jährige Ehefrau Sabine lag auf dem Rücken, ihr Dirndl war hochgeschoben und ihr Unterleib entblößt. Auf ihr lag mit nacktem Gesäß sein bester Freund und Gastgeber, der 34 Jahre alte Heinrich G., und war schwer beschäftigt. Sabine hatte ihre Beine um ihn herumgeschlungen, während er die unter ihm liegende Besucherin leidenschaftlich küsste.

»Du Drecksau!«, schrie Jürgen, stürzte sich auf

den Nebenbuhler, umklammerte seinen Hals und begann ihn zu würgen. Sabine fing an zu kreischen, der auf ihr liegende Heinrich versuchte sich zu wehren. Joanna stand dicht hinter ihnen, schäumend vor Hass und Wut: »Bring ihn um! Bring ihn um!«, feuerte sie Jürgen an, der offensichtlich bemüht war, ihren Wunsch zu erfüllen, es aber nicht schaffte, obwohl er gegen den liegenden Heinrich im Vorteil war.

Dann folgte das, was diese Tat so ungewöhnlich macht. Joanna ergriff eine schwere Statue, die auf einer Anrichte stand, reichte sie Jürgen und sagte: »Da, nimm das hier ...« Und das tat Jürgen auch. Er richtete sich blitzschnell auf, packte die schwere Bronzefigur, holte aus und schlug mit aller Kraft zu. Der massive Sockel traf wohl genau mit einer Kante den Hinterkopf des noch immer auf Sabine herumzappelnden Heinrich und ließ seinen Schädel aufplatzen wie eine Melone. Er brach tot über seiner Sexpartnerin zusammen, die sich mühsam unter ihm hervorquälte und nur noch schrie. Ihr Gesicht war voller Blut und Gehirnmasse. Es war das Ende eines lustigen Abends auf dem Münchner Oktoberfest, zu dem der in München lebende Stardesigner seinen besten Freund Jürgen und dessen Frau Sabine eingeladen hatte.

Es war viel Bier geflossen an jenem Abend – nur Joanna trank wegen ihrer Schwangerschaft keinen Tropfen Alkohol, während die anderen kräftig zulangten und zu Hause noch weiterfeierten. Bis sich der Gast aus Schwaben schließlich ins Gästezimmer zurückzog, weil er genug hatte und hundemüde war. Auch Joanna ging zu Bett. Nur Heinrich und Sabine blieben auf und wollten noch ein Gläschen Rotwein trinken. Dabei mussten sie sich wohl nähergekommen sein, bis sie sich dann ganz nah waren. Weil aber Joanna nicht einschlafen konnte, stand sie eine Stunde später wieder auf und ging ins Wohnzimmer, um nach den beiden zu sehen. Was sie sah, sollte das Leben dieser vier wohlsituierten, kultivierten und ehrbaren Personen für immer verändern.

Als die Polizei kam, war Jürgen Z. bereits geflohen. Er konnte erst vier Monate später in Italien festgenommen werden. Sein Vater, Fabrikbesitzer und Multimillionär, hatte dafür gesorgt, dass er dort luxuriös untertauchen konnte – bis ihn die Zielfahndung aufstöberte.

Wie würden Sie reagieren, wenn Sie Ihre Frau mit dem besten Freund beim Geschlechtsverkehr erwischen und zudem betrunken sind?«, begann der Verteidiger sein Plädoyer vor dem Münchner Schwurgericht, wo sich Jürgen und Joanna, inzwischen Mutter eines Mädchens, verantworten mussten. Er wegen Totschlags und sie wegen Anstiftung und Beihilfe. Den Grad seiner Alkoholisierung konnte man nur noch anhand der Aussagen über den Alkoholkonsum an diesem Abend errechnen, zu dem auch die inzwischen in Scheidung lebende Ehefrau Angaben machte. Auf ihr Zeugnisverweigerungsrecht verzichtete sie offensichtlich deshalb, weil sie sonst weder ihren lieben Jürgen noch ihre ehemalige Freundin Joanna hätte entlasten können, obwohl sie beide mit ihrer ursprünglichen Aussage anfangs massiv belastete. Joanna sei es gewesen, die ihrem Mann die Statue gereicht und ihn aufgefordert habe, Heinrich umzubringen, gab sie vor der Polizei und dem Ermittlungsrichter zu Protokoll. Das sei eine falsche Aussage gewesen, korrigierte sie sich nunmehr vor dem Schwurgericht. Sie habe sich wohl geirrt und in ihrer Aufregung vieles falsch verstanden. »Wer's glaubt, wird selig«, kommentierte einer der Ermittler diesen Rückzieher – er war davon überzeugt, dass der millionenschwere Vater des Angeklagten im Hintergrund längst die Fäden gezogen hatte.

Jürgen Z. wurde wegen Totschlags zu vier Jahren Freiheitsstrafe verurteilt. Infolge seiner Alkoholisierung und der starken Provokation habe eine tief greifende Bewusstseinsstörung (Affekttat) vorgelegen. Joanna wurde freigesprochen. Warum sie nicht selbst sofort eingriff oder wenigstens lauthals schrie, als sie ihren Ehemann in flagranti erwischte – wie es wohl die meisten in einer solchen Situation getan hätten –, sondern ihren Gast weckte, konnte nicht geklärt werden. Merkwürdig bleibt es allerdings.

Das Miststück

Sie saß auf der Lehne der massiven Holzbank und rauchte ihren Joint. Er stand unbewegt hinter ihr. Jetzt, dachte er, zog den Radmutterschlüssel aus dem Ärmel seines Parkas, holte weit aus und schlug mit aller Kraft auf den Hinterkopf des Mädchens. Mit einem kurzen Aufschrei stürzte es rücklings von der Bank und begann zu wimmern. Er kniete sich über den zierlichen Teenager, nahm den Radmutterschlüssel quer in beide Hände und drückte ihn – das Gewicht seines Oberkörpers einsetzend – so lange nach unten, bis Augen und Zunge des Mädchens hervorquollen und sein Mund weit offen blieb. Erst als es nicht mehr röchelte und völlig erschlafft war, lockerte er den Druck.

Um sicherzugehen, dass es auch wirklich tot war, legte er den Radmutterschlüssel zur Seite, griff in die Außentasche seines Parkas und zog ein Teppichmesser heraus. Damit schnitt er dem Mädchen von links nach rechts den Hals durch. Ohne es sofort zu spüren, verletzte er dabei auch seine linke Hand leicht, mit der er den Hals des Opfers gehalten hatte. Um sich nicht allzu sehr mit Blut zu besudeln, sprang er auf, packte die Tote an den Beinen und zog sie in das Unterholz, das nur etwa zehn Meter entfernt begann. Unter einer kräftigen Fichte legte er sie ab und lief im Schein des hellen Mondlichts zu seinem Fahrzeug, das etwa 200 Meter weiter auf einem Parkplatz stand, um aus dem Kofferraum eine Flasche Spiritus zu holen. Nach wenigen Minuten war er zurück. Das Mädchen lag unverändert da. Er übergoss es mit dem gesamten Flascheninhalt und zündete es an. Eine Stichflamme schoss empor, der Körper brannte. Wie von Sinnen rannte er zurück zum Auto, startete den Motor und fuhr weg.

Wenn man mitten in der Nacht in einem Wald vor einer durch Brandeinwirkung entstellten Leiche eines offensichtlich noch sehr jungen Mädchens steht, gehen einem als Ermittler tausend Gedanken durch den Kopf. Wenn Kinder oder Jugendliche Opfer eines Verbrechens werden, herrscht mit Recht bei jeder Mordkommission Alarmstufe Rot. Es gibt nichts Schlimmeres als Kindsmorde. Dass es sich bei diesem toten Mädchen nicht mehr um ein Kind handelte, sondern um eine Jugendliche, war allenfalls rein rechtlich von Belang.

Dass die Tote noch sehr jung sein musste, konnte man am Gesicht erkennen, das verschont worden war. Auch die zierliche Figur und die Kleidung deuteten eher auf einen sehr jungen Menschen hin. Sie trug neben einer normalen Jeans ein T-Shirt mit der Aufschrift »Tokio Hotel« und dem Porträt eines wie Struwwelpeter aussehenden Jungen, der aber eher ein Mädchen zu sein schien. Ein junger Streifenpolizist bestätigte dann, dass es sich bei dem Shirt um einen Fanartikel der beliebten Jugendband handelte.

Aber wie kam dieses Mädchen mitten in der Nacht hierher? Welcher Teenager geht im stockdunklen Wald alleine spazieren? Und warum gerade hier? Erste Liebe? Flirt? Romantik? Erster Kuss? Enttäuschung? Eskalation? Entführung? Vergewaltigung? Alles war möglich.

Bei dieser Örtlichkeit im Lochhamer Schlag, einem Waldgebiet im Westen von München, handelte es sich um einen idyllischen Platz mit einer Sommereisstockbahn, gemütlichen Bänken, Tischen und einem kleinen Spielplatz. Dieser Platz diente als Treffpunkt für die verschiedensten Gruppen, tagsüber überwiegend für ältere Menschen, vor allem für begeisterte Eisstockschützen, und zu späterer Stunde eher für junge Leute. Diese Einschätzung lag schon deshalb nahe, weil bei genauerem Absuchen der Örtlichkeit verschiedene Utensilien und Spuren gefunden wurden, die darauf hindeuteten, dass hier neben Hasch vermutlich auch andere Drogen konsumiert wurden.

Der Erkennungsdienst würde Stunden an diesem

Tatort beschäftigt sein, doch so lange wollten wir nicht warten, da die ersten Stunden oder Tage nach einer Tat die wichtigsten sind. Zeugen, Beteiligte und Betroffene stehen dann noch unter der Einwirkung des Ereignisses und neigen eher zu Offenheit und Ehrlichkeit als Tage oder Wochen später. Vor allem Täter sind einem enormen Druck ausgesetzt. Je mehr Zeit verstreicht, desto mehr baut sich dieser für uns Ermittler spürbare und deshalb äußerst wertvolle Druck ab. So ist eigentlich immer Eile geboten, wenn ein Verbrechen entdeckt wird, diese Ermittlungsphase ist unsagbar wichtig.

Wer also war unser Opfer? Waren erst einmal ihre Personalien bekannt, wäre das ein enormer Zeitgewinn. Eine Vermisstenmeldung lag zunächst nicht vor. Das Mädchen musste diesen Platz im Lochhamer Schlag gekannt haben, Ortsfremde hätten ihn nicht gefunden.

»Ein so junges Mädchen geht doch sicher gerne in Diskotheken, oder?«, fragte ich in die Runde, und die Umstehenden nickten zustimmend. »Soweit ich weiß, müssen sich junge Gäste gelegentlich am Einlass ausweisen, ob sie schon 16 Jahre alt sind«, fuhr ich fort, und wiederum nickten alle. »Wenn ich so jung aussehen würde, hätte ich immer einen Ausweis dabei, um beweisen zu können, dass ich schon alt genug bin«, schloss ich meine Überlegungen, und alle wussten, worauf ich hinauswollte. Der Erkennungsdienstbeamte zog sich Latexhandschuhe über, beugte sich vorsichtig über die Leiche, griff in die hintere rechte Gesäßtasche der Jeans und hielt plötzlich einen Personalausweis in der Hand, ausgestellt auf Nicole B., geboren 1984 in München. Sie wohnte ganz in der Nähe.

Jetzt ging es Schlag auf Schlag. Manchmal entwickeln die Dinge eine Dynamik, die dann zum Selbstläufer wird. Zunächst aber stand uns das Schwerste bevor, nämlich die Unterrichtung der Angehörigen. Es ist die belastendste Aufgabe, die man als Polizist bewältigen muss, und nichts ist mehr gefürchtet im Kollegenkreis. Als Überbringer schlimmer Nachrichten fühlt man sich selbst irgendwie schuldig, da man in diesem Augenblick den Angehörigen wehtun muss. Es kann passieren, dass sie in der ersten Verzweiflung sogar Aggressionen entwickeln, die sich gegen den oder die Überbringer richten. Man überlässt diese schwierige Aufgabe deshalb nach Möglichkeit älteren, erfahrenen Kolleginnen oder Kollegen, und Gott sei Dank helfen mittlerweile die Kriseninterventionsteams (KIT) der Rettungsdienste, der psychologische Dienst der Polizei oder die Geistlichen bei dieser Aufgabe.

Im vorliegenden Fall benötigten wir keine Unterstützung. Die Mutter des Mädchens brach nicht weinend zusammen, als mein Kollege und ich ihr schonend den Tod ihrer Tochter beizubringen versuchten. Die verhärmt wirkende Frau hatte ihr einziges Kind offenbar noch gar nicht vermisst.

Am Küchentisch sitzend, eine große Tasse Kaffee vor sich und eine Zigarette rauchend, nahm sie die Nachricht mit folgendem Kommentar entgegen:

»Das hat ja mal so kommen müssen. Ich hab ihr immer gesagt, sie soll sich nicht so aufführen, sonst wird sie irgendwann erschlagen. Manchmal war sie schon ein arges Miststück.«

Keine Träne kullerte über die Wangen der Frau, die arbeitsunfähig war, von Sozialhilfe lebte und zumindest nach außen hin keine Trauer zu empfinden schien. Gefühle können also auch sterben oder sich ins Gegenteil verkehren, dachte ich. Als wir über die Kontakte ihrer Tochter sprachen, erfuhren wir, dass diese jede Nacht einen anderen Jungen aus ihrer Clique mit nach Hause brachte, der dann bei ihr im Zimmer schlief.

Viel konnte uns die Mutter des Opfers nicht berichten, aber was sie uns zu sagen hatte, reichte für den nächsten Schritt. »Ermittlungsansätze« nennen wir das, wenn sich eins ans andere anknüpft. Nicole sei kurz nach Mitternacht heimgekommen. Sie habe das zufällig gemerkt, weil sie nicht schlafen konnte und in der Küche eine Zigarette geraucht habe. Das täte sie öfters während der Nacht. Allerdings sei gestern etwas anders gewesen als sonst, denn zum ersten Mal brachte ihre Tochter ein Mädchen mit nach Hause, ein hübsches, blondes, schüchternes Mädchen, etwas älter vielleicht als Nicole. Die beiden hätten sich angeregt in ihrem Zimmer unterhalten, ohne dass sie hören konnte, worüber, um dann kurze Zeit später wieder die Wohnung zu verlassen. Nicole habe ihr nicht mitgeteilt, wohin sie gehen und wann sie zurück sein würde. Das tat sie offenbar schon lange nicht mehr. Das andere Mädchen habe ziemlich niedergeschlagen gewirkt, als sie gingen. Mehr wisse sie nicht. Auch nicht, was sich in der Clique ihrer Tochter abspielte, nur dass Nicole die Anführerin gewesen sei.

Ihr bester Freund? Das sei zweifellos Dennis. Ein ruhiger, schüchterner Junge, der hier in der Nähe wohne. Dennis sei der Einzige, der bereits einen Führerschein habe und ein Auto besitze. Er hatte nach Aussagen der Mutter eigenartigerweise noch nie hier übernachtet, schien für ihre Tochter offensichtlich eine Art Neutrum zu sein. Sie habe ihn wohl eher ausgenutzt, seufzte die Frau. Dennis sei quasi ihr Chauffeur gewesen. Der Junge habe ihr leidgetan, weil er irgendwie eigenartig aussehe. Nicht hässlich, aber auch nicht besonders ansehnlich, eigenartig eben.

Wenn es läuft, dann läuft es. Nächste Station war Dennis A. Parallel wurde fieberhaft ermittelt, angefangen bei der Vernehmung der Entdeckungszeugen bis hin zur Fortsetzung der Tatortarbeit und dem gründlichen Absuchen der näheren Umgebung durch Kräfte der Einsatzhundertschaften. Die Obduktion der Leiche im Institut für Rechtsmedizin der Universität München sollte bereits am frühen Vormittag beginnen. Üblicherweise stehen die Ermittler im Außendienst in ständigem Kontakt mit der Dienststelle, in der die Fäden zusammenlaufen, von der aus man mit Informationen versorgt wird und an die man auch eigene neue Erkenntnisse sofort weitergibt.

Bei juristischen Entscheidungen, wie beispielsweise Durchsuchungsbeschlüssen, Anträgen auf Haftbefehle oder Eilersuchen an die verschiedenen Provider, stehen eine Staatsanwältin oder ein Staatsanwalt zur Verfügung. Zumindest in München verfügt die Staatsanwaltschaft über ein eigenes Referat für Kapitaldelikte mit einem organisierten Bereitschaftsdienst. Man kennt sich untereinander und arbeitet vertrauensvoll zusammen.

Dennis A. wohnte in einem kleinen Einfamilienhaus mit einem gepflegten Garten in einem ruhigen, gutbürgerlichen Wohnviertel. Wir läuteten, und eine junge Frau öffnete, schätzungsweise 20 Jahre alt und sehr hübsch. Sie trug ein dunkles elegantes Kleid und sagte, sie sei gerade im Begriff, mit ihrer Mutter in die Kirche zu gehen. Hier schienen wir auf ein Stück heile Welt getroffen zu sein, schon ahnend, dass diese in einer halben Stunde zerstört sein würde.

Manchmal leiden die Familien der Täter genauso wie die der Opfer. Ein solcher Fall war das hier. Aber noch war es nicht so weit. Wir stellten uns vor und fragten, ob ein Dennis A. hier wohne.

»Ja, das ist mein Bruder«, antwortete die junge

Frau freundlich, fragte jedoch sogleich erschrocken nach, ob etwas passiert sei.

»Ja, leider«, entgegnete ich und bat um Einlass. Im Flur trafen wir auf die Mutter, die ein festliches Dirndl trug. Der Ehemann war zwei Jahre zuvor gestorben, die 50-jährige Erzieherin lebte alleine mit ihrer 22-jährigen Tochter Melanie, einer Jurastudentin, und ihrem 19-jährigen Sohn Dennis, der eine Lehre als Groß- und Außenhandelskaufmann absolvierte. Für die Frau kein Problem: Mit ihren beiden Kindern kam sie bestens aus, und innerhalb der kleinen Familie herrschte offenbar Harmonie. Melanie liebte ihren Bruder über alles, hatte ihn schon in der Schule immer beschützt und wusste, dass er wegen seiner extremen Schüchternheit unter Problemen litt, insbesondere im Umgang mit Mädchen.

Wir setzten uns an den großen Esszimmertisch. Als wir den Frauen eröffneten, dass die ihnen bekannte Nicole B. tot aufgefunden worden war, dass wir von einem Tötungsdelikt ausgingen und in diesem Zusammenhang Dennis sprechen wollten, begann Melanie sofort zu weinen.

»O Gott«, rief sie, »hat Dennis etwas damit zu tun?«

»Nein, nein«, beruhigte ich sie, »wir sind hier, weil wir hoffen, dass er uns weiterhelfen kann.«

Mir war bewusst, dass ich log, aber es gibt schließlich auch barmherzige Lügen. Zumindest hoffte ich, dass es eine bleiben würde, denn Mutter und Tochter machten einen so positiven Eindruck auf mich. Obwohl Ermittler einen gewissen Jagdinstinkt entwickeln und die Aufklärung beziehungsweise den Erfolg suchen, hätte ich mir in diesem Fall wirklich gewünscht, wir wären auf einer falschen Spur.

Dennis A. lag noch im Bett, als wir sein Zimmer im Obergeschoss betraten. Ob er wirklich geschlafen hatte, als wir an ihm rüttelten, war schwer erkennbar. Er sah nicht verschlafen, sondern eher verweint aus. Als wir uns als Kriminalbeamte auswiesen und ihn aufforderten aufzustehen, fragte er nicht nach dem Warum. Aha, dachte ich, abweichendes Verhalten – und zwar abweichend vom Verhalten eines Unschuldigen. Der würde zuerst fragen, was los sei, was man von ihm wolle, und nicht wie Dennis kreidebleich und mit der blanken Angst im Gesicht aus dem Bett springen. Wobei mir sofort der Verband an seiner linken Hand auffiel.

»Kennen Sie Nicole B.?«, fragte ich und schaute ihm direkt in die Augen. Dabei stand ich ganz dicht vor ihm. Er war einen halben Kopf kleiner als ich, also etwa 1,75 Meter groß.

»Sie können ruhig du zu mir sagen«, antwortete er, wich aber meinem Blick aus und wollte mich nicht ansehen. Er war so nervös, dass der Stoff seines Schlafanzugs an den Beinen zu flattern begann, weil ihm die Knie so zitterten. Jetzt war ich mir fast schon sicher, dass wir bei ihm an der richtigen Adresse waren, doch wie sich die Situation weiterentwickeln würde, konnte ich nicht ahnen. Würde er hartnäckig schweigen und alles bestreiten oder sich sofort öffnen? Das ist für uns Ermittler die alles entscheidende Frage in der Anfangsphase einer Vernehmung.

»Danke. Also noch mal: Kennst du Nicole B.?«, wiederholte ich.

»Ja, sie ist eine Freundin, wir sind in derselben Clique.«

»Wann hast du sie zuletzt gesehen?«

»Gestern Abend.«

»Wo und wann genau?«

»Äh, das war nach der Disco. Wir waren in einer Disco in Fürstenfeldbruck. Alle zusammen. Gegen zwei Uhr bin ich heimgefahren, weil ich so müde war. Die Nicole ist mitgefahren, ich hab sie kurz danach vor ihrer Haustür abgesetzt. Mehr weiß ich nicht.«

Die Zeiten stimmten nicht mit der Aussage von Nicoles Mutter überein.

»Warst du mit Nicole alleine unterwegs, oder war noch jemand dabei? Falls ja, wer?«

»Nein, wir waren alleine. Die anderen aus unserer Clique sind in der Disco geblieben.«

»Aha, gab es außer Nicole noch andere Mädchen in eurer Clique?«

»Nein, in der Clique nicht. Da war Nicole das einzige Mädchen.«

»Und außerhalb der Clique? Hast du eine Freundin?«

»Ja«, sagte er, wenngleich sehr zögerlich. Offensichtlich wollte er sie verschweigen oder raushalten. Da wir bereits wussten, dass Nicole ein junges Mädchen mit nach Hause gebracht hatte, könnte es sich bei ihr um diese Freundin gehandelt haben. Jedenfalls war uns außer Nicole und ihr keine andere weibliche Person bekannt.

»Sie heißt Andrea«, fügte er hinzu.

»Und, war Andrea nicht dabei? Ist sie verreist oder krank, dass du ohne sie in die Disco gehst? Oder habt ihr Zoff? Du weißt, wir werden sie befragen. Wo wohnt denn deine Freundin?«

Noch bevor er antworten konnte, stand plötzlich mein Kollege neben mir, der sich im Zimmer etwas umgesehen hatte. Er hielt ein Paar helle Turnschuhe in der Hand.

»Das ist Blut, wenn ich mich nicht täusche. Ganz frisch«, meinte er lapidar. Ich schaute kurz auf die hellgrauen Schuhe und dann ins Gesicht des Jungen.

»Und wenn wir den Verband an deiner Hand entfernen, werden wir eine frische Wunde vorfinden, stimmt's?«, fragte ich in ruhigem, unaufgeregtem Ton.

Der Junge begann hemmungslos zu weinen, fiel auf die Knie und umklammerte meine Beine, sodass ich schon fürchtete, er könnte mich zu Fall bringen. Es dauerte einige Minuten, bis er sich so weit beruhigte, dass wir ihn zumindest wieder aufrichten konnten. Kein falsches Wort, keine Vorhaltungen, keine Vorwürfe durften jetzt verhindern, dass er sich uns öffnete. Empathie, Verständnis und viel Einfühlungsvermögen waren stattdessen gefordert. Eigentlich hätte ich ihn sofort als Beschuldigten belehren müssen, aber das hätte alles zerstört. Nicht immer lassen sich die rechtlichen Vorgaben auf das wirkliche Leben übertragen. Ihn jetzt auf seine Rechte hinzuweisen hätte diesen entscheidenden Augenblick unterbrochen und eine Rückkehr in diese erste Phase der Öffnung wäre vielleicht für immer verbaut gewesen.

»Was ist da passiert, Dennis? Ich denke, es ist besser, wenn du die Wahrheit sagst, oder?«

Er schaute mich mit rot unterlaufenen Augen an, das Gesicht unschön verzogen, und begann erneut hemmungslos zu schluchzen:

»Sie war so gemein. Ich hab es nicht mehr ausgehalten und sie totgemacht.«

Mutter und Schwester kamen nach oben, sahen den Jungen weinend am Boden kauern und wussten sofort Bescheid. Ich spürte, dass diese kleine Familie just in diesem Augenblick auseinanderbrach. Nichts mehr würde für diese Menschen so sein wie vorher. Es waren dramatische Szenen, die sich nun vor unseren Augen abspielten, sodass wir Mühe hatten, die drei voneinander zu trennen. Sie umarmten und umklammerten sich – es war ergreifend. Jedenfalls musste ich mich gewaltig zusammenreißen, um nicht feuchte Augen zu bekommen. Wir riefen das Kriseninterventionsteam, weil man Menschen in einer solchen Lage nicht alleine zurücklassen darf. Vor allem die Schwester des Jungen schien unendlich zu leiden.

»Dennis, ich muss dich leider festnehmen«, sagte ich schließlich zu ihm, als die Helfer eingetroffen waren und sich die Situation etwas entspannte. Ich klärte ihn über seine Rechte auf und fragte ihn ausdrücklich, ob er dieses Anfangsgeständnis wirklich aufrechterhalten oder es zurücknehmen wolle, was sein gutes Recht sei, da ich ihn eigentlich schon hätte belehren müssen, bevor er die Tat gestand.

Wir führten Dennis so hinaus, dass ihn die inzwischen in der Küche sitzenden Angehörigen nicht sehen konnten. Draußen wartete ein Streifenwagen auf ihn mit dem Auftrag, zwei Blutentnahmen durchführen zu lassen. Die körperliche Untersuchung und insbesondere die Beurteilung der Verletzung an der Hand würden wir selbst veranlassen. Die Kollegen fuhren den Jungen also erst ins Institut für Rechtsmedizin, dann zur Mordkommission. Der Erkennungsdienst rückte an, sicherte Spuren im Zimmer des Beschuldigten, stellte dessen Bekleidung sicher. Dann machten auch wir uns auf den Weg zur Dienststelle, wobei uns während der Fahrt dorthin viele Gedanken durch den Kopf gingen. Vordergründig sah es nach einer Auseinandersetzung zwischen einer Jugendlichen und einem Heranwachsenden aus, möglicherweise aus einem der vielen profanen Gründe, die in solchen Cliquen täglich vorkommen. Irgendwie schien das aber in diesem Falle nicht zu passen. Überwiegend aufgrund des Eindrucks, den Dennis' Familie bei mir hinterlassen hatte, ahnte ich, dass dieser Tat kein Allerweltsmotiv wie Eifersucht, Streit oder Habgier zugrunde lag.

In den folgenden Stunden wurden mehrere Mitglieder der Clique befragt, doch die Vernehmung des Beschuldigten stand im Mittelpunkt. Schließlich konnte nur er sagen, was in seinem Innersten vor sich ging. So kam die Wahrheit nach und nach ans Licht, wobei den größten Beitrag Andrea, die Freundin des Täters, leistete – um sie ging es nämlich letztendlich.

Die kleine hübsche Nicole hatte es tatsächlich geschafft, eine Clique um sich herum zu versammeln, die ausschließlich aus Jungs bestand. Mädchen duldete sie nicht, wollte konkurrenzlos bleiben. Der jüngste Bursche der Clique war 14 Jahre, beim ältesten Mitglied handelte es sich um den 19-jährigen Dennis A.

Obwohl Nicole rein körperlich jedem normalen Jungen unterlegen war, regierte sie über »ihre« Männer, übte Kontrolle aus. Später habe ich mich gefragt, wie dieses blutjunge Mädchen dieses ausgeprägte Selbst- und Machtbewusstsein entwickeln konnte. Auch in der Schule galt sie als dominant und durchsetzungsfähig. Obwohl hochbegabt, konnte sie mit ihren schulischen Leistungen, die allenfalls Mittelmaß waren, nicht glänzen, zeigte einfach kein Interesse am Unterricht. Dennoch wurde sie von allen Mitschülerinnen und Mitschülern respektiert. Vielleicht lag es an ihrem hübschen Gesicht, vielleicht auch daran, dass sie absolut furchtlos war. Jedenfalls galt sie als mutiges Mädchen, das sich vor nichts und niemandem zu fürchten schien – besonders nicht vor ihrer alleinerziehenden Mutter, zu der sie ohnehin kein sehr enges Verhältnis hatte und die sie ebenso dominierte wie alle anderen Menschen in ihrem Umfeld. Nicole gab auch zu Hause den Ton an, kam und ging, wann sie wollte, und das schon seit ihrem zwölften Lebensjahr. Daneben besaß sie jedoch noch eine andere, eine wenig liebenswürdige Eigenschaft: Sie war absolut empathielos und eiskalt.

Dennis A., der augenscheinlich Nicole getötet hatte, war kein hübscher Junge. Von kräftiger Statur, hatte er kurz geschnittenes, rötliches, dichtes Haar. Die durchscheinende, mit Sommersprossen gesprenkelte Haut und die hellen Augenbrauen ließen ihn fast wie einen Albino aussehen. Wohl deshalb hatte er kein Glück bei Mädchen. Wenn die Clique in einer Disco tanzte, blieb er meist auf seinem Platz sitzen und trank Cola. Alkohol mied er, da er mit seinem Auto für die anderen den Chauffeur spielte, was ihm seinen Platz in der Gruppe verschaffte. Wann wohin gefahren wurde und wer mitfahren durfte, bestimmte ausschließlich Nicole.

Plötzlich geschah ein Wunder. Vier Wochen vor der Tat lernte Dennis in einer Disco tatsächlich ein Mädchen kennen, Andrea. Was er selbst nie und

172

nimmer für möglich gehalten hätte, trat tatsächlich ein. Andrea akzeptierte ihn so, wie er war. Die hübsche Gymnasiastin, die in einem Jahr ihr Abitur machen wollte, mochte diesen schüchternen, höflichen und wohlerzogenen Jungen, der so anders war als die anderen jungen Männer. Schon am ersten Abend tanzten sie miteinander und am Ende sogar eng umschlungen. Dennis bekam den ersten Kuss seines Lebens. Was seine »Chefin« Nicole beobachtete und was ihr missfiel. Auch wenn sie nichts sagte und merkwürdigerweise gar nicht wissen wollte, wer die Blonde war, mit der er sich so intensiv beschäftigt hatte.

Dennis A. schwebte in den nächsten Wochen im siebten Himmel. Er war bis über beide Ohren verliebt, und Andrea erwiderte seine Zuneigung, hatte schon bei ihm übernachtet. Die erste Liebesnacht sei zwar nicht berauschend gewesen – verfügten sie doch beide nicht über einschlägige Erfahrung –, aber später klappte es immer besser mit dem Sex. Auch in der Familie ihres Freundes wurde Andrea herzlich aufgenommen, und insbesondere die Schwester freute sich, dass ihr Bruder endlich ein Mädchen gefunden hatte.

Dann beging Dennis einen entscheidenden Fehler: Er führte Andrea in die Clique ein. Nicht weil er Sehnsucht nach den Leuten hatte, dazu war ihm die Zeit mit Andrea viel zu wichtig, sondern weil er stolz war. Er, der Außenseiter, der Loser, der Rotschopf, befand sich jetzt auf Augenhöhe mit den

Schönlingen, den Coolen, und konnte hocherhobenen Hauptes ein ganz anderer sein als bisher. Mit Andrea an seiner Seite erntete er sogar neidische Blicke und genoss das neue Leben. Endlich gehörte er dazu, endlich war er kein Verlierer mehr. Nur eines hatte er vergessen. Mit Nicole gab es eine Chefin, die noch immer die Fäden im Hintergrund zog, auch wenn sie immer wieder beteuerte, sie würde sich über sein Glück freuen. Deshalb kümmerte sie sich ganz besonders um Andrea, wenn die Clique zusammentraf. Stundenlang saßen die beiden Mädchen abseits und unterhielten sich, wobei meistens Nicole redete. Dennis beobachtete dies mit Argwohn. Es gefiel ihm nicht, dass Nicole seine Freundin immer mehr vereinnahmte.

Und dann begann Andrea sich plötzlich von Dennis zurückzuziehen, fühlte sich mehr und mehr zu Nicole hingezogen und distanzierte sich richtiggehend von Dennis. Bis er schließlich von Panik erfasst wurde. Wollte ihm Nicole die Freundin wegnehmen?

»Was willst du denn mit dem?«, lautete einer der Sätze, die er hörte, als er Andrea zum Tanzen aufforderte, nachdem sie wieder den ganzen Abend mit Nicole geredet hatte.

Tagelang überlegte Dennis, was er tun könnte, um Andrea von Nicole loszueisen und für sich zurückzugewinnen. Inzwischen waren die beiden immer häufiger zusammen, und es bestand für ihn nicht der geringste Zweifel, dass Nicole alles daransetzte, ihm die Freundin auszuspannen – nicht weil sie Interesse an Andrea gehabt hätte und erst recht nicht aus sexuellen Gründen, sondern nur, weil sie Dennis für sich alleine wollte. Sie gönnte ihm keine Freundin, er hatte nur für sie da zu sein. Und sie duldete es nicht, dass jemand aus ihrer Clique ausscherte, eigene Entscheidungen traf. Dennis, der keinen anderen Ausweg sah und unter der Situation litt wie ein Hund, beschloss, Nicole zu töten. In der Tatnacht lockte er sie aus dem Haus, indem er sie um eine Aussprache unter vier Augen bat, am alten Treffpunkt am Waldrand …

Dennis A. wurde zu sieben Jahren Jugendhaft verurteilt und nach vier Jahren entlassen. Er fand den Weg zurück ins Leben und in die Liebe, allerdings nicht mehr mit Andrea. Vor allem seine wunderbare Familie half ihm bei diesem Neuanfang. Sogar Nicoles Mutter besuchte ihn mehrmals in der Haft und versicherte ihm, ihn nicht zu hassen. Ihre Tochter sei schließlich nicht ganz unschuldig gewesen, sagte sie.

Jede kann zur Mörderin werden: Die Friseurin

Wieder einmal saß die hübsche Mia H. in ihrer Stammkneipe mit Georg zusammen, einem Kampfsportler, und schüttete ihm ihr Herz aus. »Mein Mann schlägt mich«, klagte sie. »Bitte hilf mir.«

Georg M., der schon seit geraumer Zeit in die 25-Jährige verliebt war, schmiedete daraufhin zusammen mit ihr ein Mordkomplott. Dabei nutzte er Kontakte zu kriminellen Kreisen, um sich eine Pistole zu besorgen, die er Mia übergab. Am Rosenmontag, kurz nach 8.00 Uhr, war es so weit. Mias Ehemann Viktor schlief noch seinen Rausch aus, als Georg, wie vereinbart in die Wohnung kam. Mia reichte ihm die Waffe. Er schraubte einen Schalldämpfer auf und wies Mia an, ihre vierjährige Tochter Susi in den anderen Raum der Zweizimmerwohnung zu bringen. Vorsichtshalber holte Mia gleich noch den Nachbarjungen als Spielgefährten, damit die Kleine sie auch bestimmt nicht störte.

Dann schritt Georg zur Tat. Er beugte sich über den Schlafenden, setzte in aller Ruhe die Waffe an dessen Kopf an und gab insgesamt fünf Schüsse ab, die allesamt in den Schädel eindrangen und diesen durchlöcherten.

Mia, die danebenstand, während die Kinder kichernd und kreischend im Nebenzimmer spielten, reichte nun ihrem »Retter« das Beil, das schon bereitlag. Georg zerstückelte daraufhin mit wuchtigen Hieben die im Bett liegende Leiche, indem er die Extremitäten abhackte.

Mia packte den Kopf ihres Ehemanns in eine Plastiktüte, die sie im Schrank versteckte, während die anderen Leichenteile in Müllsäcke eingewickelt wurden und unter dem Sofa verschwanden. Dann wischte sie das viele Blut auf und reinigte die Liege zumindest so gründlich, dass die Kinder, als sie hereingerufen wurden, nichts merkten.

Nach einem ausgiebigen Frühstück wurden die Kleinen wieder ins Nebenzimmer geschickt, und Mia und Georg genehmigten sich zur Feier des Tages erst ein Gläschen Sekt und hatten dann Sex auf dem Tisch – und das alles im Mordzimmer. Viktor indes ruhte unter dem Sofa, zerlegt in seine Einzelteile.

Natürlich musste und wollte man den zerteilten Viktor möglichst rasch loswerden, doch vorher gab's noch Mittagessen. Zu diesem Zweck gingen die beiden mit den Kindern und Bekannten in eine nahe gelegene Pizzeria. Am Nachmittag schließlich kauften Mia und Georg eine große Reisetasche und kehrten in die Tatwohnung zurück. Bevor sie die Leichenteile verpackten, tranken sie noch einmal

Sekt und vergnügten sich erneut miteinander, während die Kinder im Nebenzimmer spielten. Und weil es so schön war, verschoben sie die Entsorgung des zerlegten Ehemanns auf den nächsten Morgen und verbrachten die Nacht auf jener Couch, unter der Viktor ruhte.

Anderntags kam ein Freund des Kampfsportlers mit einem gemieteten Auto, in das man die mit Armen, Beinen, dem Torso und dem Kopf befüllten Plastiktüten einlud.

Mia half beim Einladen: »Ich trug den Kopf«, sagte sie später aus, »blieb dann aber bei den Kindern zu Hause.«

Georg und sein Freund verteilten die Leichenteile in einem Waldgebiet bei Bad Tölz, wo sie jedoch alsbald entdeckt wurden.

Der Tote war rasch identifiziert, nicht zuletzt aufgrund einer Tätowierung auf seinem Penis, den in dicken blauen Lettern mit Herzchen der Name »Mia« zierte.

Beide bekamen lebenslange Haft, obwohl sie sich die Schuld gegenseitig zuschoben. Was auch sonst?

Der Nesthocker

Polizeieinsatzzentrale im Polizeipräsidium München: 15.00 Uhr, 5 Minuten, 37 Sekunden.

»Polizeinotruf, grüß Gott.«

»Hallo, grüß Gott, K. ist mein Name. Ich kann nicht so gut sprechen, sonst hört es mein Vater. Der hat grad meine Mutter umgebracht.«

Der Anrufer sprach leise, fast flüsternd. Seine Stimme klang hilflos und vermittelte den Eindruck, als befinde er sich in einer bedrohlichen Lage und würde heimlich telefonieren.

»Wo sind Sie?«

»In der Hirzer Straße 14.«

»Hirzer Straße 14? Was ist passiert?«

»Ich bin hier, ich hab ferngesehen, ich geh zu meiner Tür raus, wollte mir was aus der Küche zum Essen holen, und meine Mutter liegt blutüberströmt auf dem Boden.«

»In der Küche?«

»Ja, in der Küche.«

»Regungslos, blutüberströmt? Liegt sie am Boden?«

»Ja.«

»Wie alt sind Sie?« Der Beamte fragte den jungen Mann erst gar nicht, wie seine Mutter getötet worden war. Es genügte ihm zu wissen, dass es sich um eine blutige Tötungsart handeln musste, denn sonst hätte der Anrufer nicht von »Umbringen« sprechen können.

»Ich bin 21 Jahre alt.«

»Alles klar, wir kommen gleich mit dem Notarzt. Können wir in die Wohnung rein, wenn wir klingeln?«

»Äh, äh, ich werde mich unten in den Hof setzen.«

»Haben Sie einen Schlüssel?«

»Ja, ich werde einen Schlüssel mitnehmen.«

»Haben Sie geschaut, ob sie noch lebt? Der Vater ist noch in der Wohnung, oder?«

»Ja, der ist drüben im Schlafzimmer und schaut fern.«

»Gut, gehen Sie sofort raus, und wenn wir kommen, dann machen Sie bitte die Tür auf, wir sind bald da.«

»Ja, ich warte unten.«

»Gut, Wiederhören.«

Der Beamte am Notruf dachte sofort daran, dass hier Waffen im Spiel gewesen sein könnten. Deshalb alarmierte er gleichzeitig mit den anderen Einsatzkräften das Spezialeinsatzkommando (SEK).

Es war richtig, den jungen Mann anzuweisen, sofort die Wohnung zu verlassen und sich vor dem Mörder in Sicherheit zu bringen, der sich offensichtlich eingeschlossen hatte. Die Erfahrung zeigt immer wieder, dass Täter, die die Kontrolle über sich verloren haben, auch für weitere Anwesende eine Gefahr darstellen können. Obwohl sich in diesem Fall der Täter angeblich ins Schlafzimmer zurückgezogen hatte und dort vor dem Fernseher saß. Ein so irrationales Handeln ist zwar in solchen Situationen nicht außergewöhnlich, jedoch für Außenstehende meist nur schwer nachzuvollziehen, weil es unlogisch erscheint. Wer bringt seine Frau um und setzt sich dann vor den Fernseher? Entweder psychisch kranke Täter oder solche, die sich in einem emotionalen Ausnahmezustand befinden. Oft reagieren sie unberechenbar und völlig konfus. Das macht sie manchmal so gefährlich, dass man sie nur noch gewaltsam stoppen kann.

Der Einsatz lief an. In einer Großstadt wie München bedeutet eine Einsatzlage wie diese, dass es keine fünf Minuten dauert, bis die ersten Polizeifahrzeuge vor Ort sind.

Eine 52-jährige Frau sei von ihrem 64-jährigen Mann getötet worden, teilte mir der Einsatzleiter mit, vermutlich durch Stichverletzungen. Das war nichts Ungewöhnliches im polizeilichen Alltag einer Millionenstadt, sieht man einmal davon ab, dass der Sohn in der Wohnung gewesen sein soll, als es passierte.

Wieder ein Fall von häuslicher Gewalt mit tödlichem Ausgang und noch dazu in Anwesenheit des eigenen Sohnes, dachte ich auf der Fahrt zum Tatort. Über Funk erreichten mich noch einige ergänzende Informationen, die mich nachdenklich stimmten; beispielsweise, dass es sich bei der Tatwaffe um ein Samuraischwert handeln könnte. Zumindest habe man in der Abstellkammer der Wohnung ein solches gefunden. Es habe zwar in einer Scheide gesteckt, weise aber frische Blutspuren an der Klinge auf. Ein solches Schwert wäre eine ungewöhnliche Tatwaffe bei einem Beziehungsmord, noch dazu in der Hand eines sich im Rentenalter befindenden Ehemanns.

Ich hatte Mühe, eine Lücke zu finden, in der ich meinen Dienstwagen parken konnte. Es herrschte hektische Betriebsamkeit vor dem Haus in dieser ruhigen, nicht besonders vornehmen, aber auch nicht verrufenen Wohngegend im Münchner Westen. Die Tatwohnung befand sich im zweiten Stock links in einem gepflegten Wohnhaus und war Eigentum der Bewohner.

Ein halbes Dutzend Streifenwagen standen mit rotierenden Blaulichtern da, ebenso mehrere Rettungsfahrzeuge und ein Notarztwagen. Uniformierte liefen hin und her, dazu etwa zwei Dutzend Neugierige. Ein Bild, das ich hinreichend kannte: Die Anwohner zeigen sich entsetzt und schockiert darüber, dass »so etwas« hier passieren konnte, obwohl noch niemand wusste, was genau geschehen war. Nur dass Frau Sowieso von ihrem Mann, diesem Ungeheuer, angeblich umgebracht worden sein soll. Das Schreckliche, das man gewöhnlich vor dem Fernseher angenehm schaudernd genießt, wurde plötzlich real und rückte in bedrohliche Nähe, mitten in den eigenen Lebensbereich.

Chaosphase heißt diese erste Zeit nach Entdeckung eines Verbrechens unter uns Ermittlern. Das obligatorische Durcheinander liegt in der Natur der Sache. Es dauert, bis sich die erste Aufregung gelegt hat und alles geordnet abläuft. Je professioneller die Einsatzkräfte agieren, desto kürzer ist die Chaosphase. Aber ganz lässt sie sich nie vermeiden, und so ist es am Einsatzort die erste Aufgabe der nach und nach eintreffenden Mordermittler, Struktur in die weiteren Abläufe beziehungsweise Ordnung ins Chaos zu bringen.

Als ich auf den Hauseingang zuging – seit Einsatzbeginn waren etwa 40 Minuten vergangen –, kam ich an einem versteckt stehenden Polizeifahrzeug vorbei, in dem ein älterer Mann auf der Rückbank saß, die Hände auf den Rücken gefesselt. Er war kreidebleich, das blanke Entsetzen stand ihm ins Gesicht geschrieben. Mit weit aufgerissenen Augen starrte er aus dem Fester, als ob er unter Schock stünde und nicht begreifen würde, was mit ihm geschah. Was allerdings nicht ungewöhnlich ist bei Tätern, die noch unter dem Eindruck der Ereignisse stehen. Die beiden Beamten, die auf ihn aufpassten, kannten mich.

»Ist das der Täter?«, fragte ich, ohne dass es der Mann im Inneren hören konnte. Die Polizisten nickten nur. »Warum ist er noch hier?«, wollte ich wissen und erfuhr, dass die beiden noch auf Anweisungen warteten, wohin sie ihn bringen sollten. »Hat er was gesagt oder haben Sie ihn aufgeklärt oder belehrt?«, fragte ich weiter.

»Nein«, sagte der Streifenführer, »wir haben kein Wort zu ihm gesagt und ihn auch nicht belehrt. Er fragt immer nur, was denn überhaupt passiert sei.«

»Das darf er«, antwortete ich und bat die Beamten eindringlich, keinerlei Erklärungen abzugeben und auch keine Belehrung vorzunehmen. Sie sollten ihm lediglich sagen, die Kriminalpolizei würde ihm alles erklären. Das Wort »Mordkommission« dürften sie auf keinen Fall verwenden. Irgendwie signalisierte mir der Anblick dieses Mannes, vorsichtig zu sein. Ich hatte ein komisches Gefühl.

Beide Beamten nickten und schienen verstanden zu haben. Sie erhielten den Auftrag, den Mann zum Erkennungsdienst zu bringen, dort seine komplette Bekleidung sicherstellen zu lassen und ihm Ersatzkleidung aus der Haftanstalt zu besorgen. Danach sollte er zum Institut für Rechtsmedizin gefahren werden, um ihm Blut- und Urinproben zu entnehmen, und anschließend bei der Mordkommission abgeliefert werden, wo die Vernehmung stattfinden würde. Die körperliche Untersuchung des Festgenommenen auf Verletzungen wollten wir selbst veranlassen. Die beiden Kollegen fuhren los.

In einem Rettungswagen sah ich zwei Mitarbeiter des KIT (Kriseninterventionsteams), die auf einen jungen Mann einredeten. Der saß da und schaute zu Boden. Offensichtlich hörte er zu, sein Gesicht konnte ich nicht sehen. Der Einsatzleiter der Schutzpolizei war inzwischen bei mir und klärte mich auf. Das sei der Sohn des Täters beziehungsweise des Opfers. Der junge Mann sei 21 Jahre alt und habe sich wohl in seinem Zimmer aufgehalten, als die Tragödie geschah. Sobald er sich beruhigt hatte, sollte auch er zur Mordkommission gebracht werden, bat ich.

Armer Kerl, dachte ich im Weitergehen und musste daran denken, dass insbesondere junge Menschen ihr ganzes Leben traumatisiert sein können, wenn sie Zeugen brutaler Gewalt zwischen ihren nächsten Angehörigen werden.

Die Festnahme des Vaters sei durch einen Sofortzugriff erfolgt, berichtete der Einsatzleiter des SEK. Die Einsatzkräfte sperrten die Wohnung auf mit dem Schlüssel, den ihnen der im Hof wartende Sohn gegeben hatte. Der Junge sei fix und fertig gewesen, habe am ganzen Körper gezittert. In dem Moment, als die Beamten die Wohnung betreten wollten, habe der Täter aus seinem Zimmer herausgeschaut und beim Anblick der Polizisten die Tür sofort wieder zugezogen. Um zu verhindern, dass er sich im Zimmer verbarrikadierte, reagierten die Beamten sofort und stürmten die Wohnung. Die Tür wurde aufgesprengt.

Der Mann war hinter seinem Bett kauernd überrumpelt und festgenommen worden, was keine 40 Sekunden dauerte. Man hatte ihm die Hände auf dem Rücken gefesselt und ihm eine Decke über den Kopf geworfen, um zu vermeiden, dass er sein Täterwissen später damit erklären konnte, er habe diese oder jene Einzelheit wahrgenommen, als er hinausgeführt wurde.

Respekt, dachte ich, die Jungs haben gut aufgepasst beim Thema »Erster Zugriff« – ohne zu ahnen, wie wichtig es war, dass man ihm eine Decke über den Kopf geworfen hatte.

Der Täter sei nicht verletzt worden, hieß es, und der Notarzt, der bei Einsätzen des SEK immer mit vor Ort ist, habe an ihm bisher keinerlei Verletzungen festgestellt. Bewaffnet sei er nicht gewesen.

Vorbildlich, dachte ich. Die haben wirklich an alles gedacht.

Weitere Polizisten der Einsatzhundertschaft waren dabei, im Haus und in der Nachbarschaft die sogenannte Hausbefragung durchzuführen, die unverzüglich vorzunehmen ist, um zu vermeiden, dass sich Nachbarn untereinander absprechen und Erfahrungen austauschen. Werden doch gerne Meinungen und Kenntnisse anderer als die eigenen übernommen und etwas abgewandelt weitergegeben.

Die ersten Ergebnisse dieser Hausbefragung fielen für den festgenommenen Familienvater nicht gut aus. Es sei oft ziemlich laut gestritten worden in dieser Wohnung, wussten Nachbarn zu berichten, ohne jedoch sagen zu können, wer mit wem aneinandergeriet. Ein komischer Kauz sei der Mann gewesen. Er sei unfreundlich dreinblickend und ohne Gruß an einem vorbeigegangen und habe keinerlei Kontakt zu den Nachbarn gepflegt. Die Frau wurde als verhärmt beschrieben, man habe ihr angesehen, dass sie Sorgen hatte. Ganz bestimmt sei sie von ihm geschlagen worden, behauptete eine der Nachbarinnen. Einmal habe sie die Frau nach einem lauten Streit weinend aus der Wohnung laufen sehen. Soweit sie wisse, trank der Mann auch. Den Sohn bekam man ohnehin nur selten zu Gesicht, der sei wohl keiner Arbeit nachgegangen, lungerte ständig daheim herum.

Asoziale Familienverhältnisse, häufiger Streit, Eskalation, Alkohol und Gewalt – uns wurde eine nicht gerade intakte Familie beschrieben. Niemand von uns sah einen Grund, diese Charakterisierung anzuzweifeln. Entsprach es doch genau den Erfahrungen, die man bei derartigen Einsätzen in der Regel machte. Nur die Eigentumswohnung passte nicht so recht ins Bild.

Die Bereitschaftsbeamten der vierten Mordkommission empfingen mich mit dem Hinweis, dass mich kein schöner Anblick erwarte, aber ich sei ja einiges gewöhnt. Das hier, so meinte einer, sei schon heftig. Der Chef des Erkennungsdienstes gab mir die obligatorischen Überzüge für die Schuhe. Er hatte einen sogenannten Trampelpfad in die Wohnung gelegt, einen schmalen Streifen, auf dem man sich bewegen darf, wenn man einen Tatort betritt. Mit den Händen in den Taschen wohlgemerkt und ohne irgendetwas zu berühren.

Mein Kollege hatte recht. Es war ein grausamer Anblick, der sich mir bot. Die Frau, die in der Küche am Boden lag, war offenbar gänzlich ausgeblutet, was sich an zwei Dingen erkennen ließ: zum einen an der Menge des Blutes, das sich über den gesamten Küchenboden ausgebreitet hatte, zum anderen daran, dass ihr Kopf sich nicht mehr da befand, wo er hätte sein müssen. Er war nahezu vollständig abgetrennt. Bei näherer Betrachtung sah man, dass er nur noch an einem schmalen Hautfetzen hing.

Wie die Rechtsmediziner bei der bereits zwei Stunden später beginnenden Obduktion feststellten, hatte eine vollständige Durchtrennung der Nackenmuskulatur, der rechten Wirbelschlagader und des hinteren Bogens des ersten Halswirbelkörpers stattgefunden. Dabei wurde die große rechte Halsvene durchschnitten, ebenso das Rückenmark im Bereich des hohen Halsmarks. Ein wuchtiger Hieb mit einer scharfen, großen Klinge, wie von einem Schwert, der von rechts oben nach links unten geführt wurde und an der rechten Halsregion auftraf, trennte den Kopf nahezu vollständig vom Rumpf. Dass der Hieb von hinten erfolgt sein dürfte, während die Frau auf einem Stuhl am Küchentisch saß und vermutlich Zeitung las, konnte mit hoher Wahrscheinlichkeit angenommen werden. Sie hatte dem

Täter den Rücken zugewandt und dürfte deshalb völlig arg- und wehrlos gewesen sein.

Wie immer an einem Tatort versuchte ich mich in die Lage des Opfers zu versetzen. Das war mir wichtig, weil ich es für aufschlussreich hielt. Was ging in ihr vor, als sie die Klinge traf? Spürte sie es überhaupt? War sie sofort tot? Oder realisierte sie noch, dass sie jetzt sterben würde? Hatte sie Schmerzen? Todesangst?

Ich schaute mir das Gesicht an und sah in weit aufgerissene Augen. Also hat sie noch etwas mitbekommen, dachte ich. Ob sie auch sehen konnte, wer ihr das angetan hat?

Inzwischen war eine junge Rechtsmedizinerin eingetroffen, von denen es erstaunlicherweise relative viele gibt. Übrigens: Bei den jungen Polizistinnen und Polizisten, die erstmals einer Obduktion beiwohnen, sind es vorwiegend Männer, denen schlecht wird oder die sogar in Ohnmacht fallen.

Die junge Ärztin und der Erkennungsdienst nahmen noch einige Untersuchungen an der Leiche vor, maßen die Körpertemperatur rektal – wichtig zur Berechnung des Todeszeitpunkts –, sicherten den Kopf entsprechend und ließen die Leiche zum Institut für Rechtsmedizin abtransportieren. Ein Schwert, so die Rechtsmedizinerin, passe sehr gut als Tatwaffe. Ihrer Meinung nach sei es nur ein einziger Hieb gewesen.

Ich selbst sah mich ein bisschen in der Wohnung um. Zunächst fiel mir auf, dass sie geschmackvoll eingerichtet war, gepflegt und aufgeräumt. Die Frau schien ständig geputzt zu haben, dachte ich. Bis auf das Zimmer des Sohnes. Hier herrschte das pure Chaos. Ich fragte mich, wie man sich in all dem Müll wohlfühlen konnte. Es war jedenfalls schwer, in diesem Durcheinander irgendwelche Auffälligkeiten zu entdecken. Blutspuren fanden sich jedenfalls weder vor dem Zimmer noch im Zimmer selbst.

Wenn man eine Wohnung inspiziert, in der sich eine Gewalttat ereignet hat, schaut man als Erstes nach Getränkeflaschen. Sie geben Aufschluss über die Trinkgewohnheiten der Bewohner. Dabei interessieren uns natürlich vor allem Alkoholika. Bei schätzungsweise 70 Prozent aller Totschlagsdelikte spielt Alkohol eine tragende Rolle. In diesem Fall wurde keine einzige volle oder leere Flasche eines alkoholischen Getränks gesichtet, und das war außergewöhnlich.

Alle Zimmertüren der Wohnung gingen von dem quadratischen, geräumigen Flur ab. Auf jeder Seite zwei. Betrat man die Wohnung, lag rechts die Küche, an die sich das Wohnzimmer anschloss. Geradeaus ging es in das Elternschlafzimmer, daneben eine Tür zu einer geräumigen Abstellkammer. Linker Hand die hintere Tür zum Badezimmer mit WC und die vordere zum Zimmer des Sohnes. Die vermutliche Tatwaffe war in der Abstellkammer aufgefunden worden.

Im Schlafzimmer lief ein kleiner Fernseher, es

wurde gerade ein Formel-1-Rennen übertragen. Auch die Tür zu diesem Zimmer war vom SEK beim Stürmen der Wohnung aufgebrochen worden. An der Innenseite steckte ein Bundbartschlüssel, die Tür muss versperrt gewesen sein, der Riegel war noch ausgefahren. Also hatte sich der Mann tatsächlich eingesperrt.

Auf einer Seite des Ehebetts war die Zudecke entfernt und eine *Süddeutsche Zeitung* ausgebreitet. Ich sah Seiten mit Stellenanzeigen. Wie man sehen konnte, waren einige Einträge mit Kugelschreiber markiert, ein solcher lag auch auf dem Nachtkästchen. Lesen konnte ich die Anzeigen vorerst nicht, weil ich nichts verändern und nicht so nah herangehen durfte.

Ich fragte mich, ob es nachvollziehbar war, dass jemand fernsieht, die Stellenanzeigen in der Zeitung studiert, um dann – mehr oder weniger nebenbei – seine Frau zu enthaupten, das Tatwerkzeug wieder aufzuräumen, ins Schlafzimmer zurückzugehen und dort in aller Seelenruhe weiter das Formel-1-Rennen zu verfolgen. Allerdings hatte ich schon öfter erlebt, dass Täter nach der Tat wieder zur Tagesordnung übergingen und dort weitermachten, wo sie vor dem Mord aufhörten. Viele Mörder zeigen nach der Tat ein täuschendes Verhalten und erwecken den Anschein von Harmlosigkeit, Ahnungslosigkeit oder Unschuld.

Weder auf dem Weg von der Küche zum Schlafzimmer noch in diesem selbst konnten auch nur die geringsten Blutantragungen festgestellt werden. Was aber nicht unbedingt etwas besagte. Der Täter musste nicht zwangsläufig Blut des Opfers abbekommen haben, er konnte so weit hinter dem am Tisch sitzenden Opfer gestanden haben, dass er von keinem einzigen Blutspritzer getroffen wurde. Bis Blut aus dem Körper drang, hatte er sich vielleicht längst zurückgezogen, sodass selbst seine Füße beziehungsweise Schuhe sauber blieben. Die Annahme, dass bei blutigen Tötungsarten auch der Täter blutbesudelt sein müsse, ist in vielen Fällen falsch. Zu dieser Annahme verleitet oft der Anblick des vielen Blutes an den Tatorten.

Wirklich stutzig machte mich bei meinem Rundgang aber eine andere Entdeckung. In der Küche stand ein großer Kühlschrank, der mit einer Kette verschlossen war, die, durch den Griff gezogen, zu einem Haken in der Wand führte. Ein kleines Vorhängeschloss sicherte sie, sodass es nicht möglich war, die Tür zu öffnen. Wer verschloss denn um Himmels willen seinen eigenen Kühlschrank mit einer Kette? War hier jemand auf strenger Diät?

Das Samuraischwert war bereits ordnungsgemäß gesichert und in durchsichtige Folie verpackt, weshalb ich es begutachten konnte. Die Blutanhaftungen an der bogenförmigen, 90 Zentimeter langen Klinge ließen sich deutlich erkennen. Das Schwert war laut Erkennungsdienst extrem scharf, definitiv keine Billigwaffe, sondern ein Mordinstrument erster Güte.

Als ich etwa eine Stunde später zur Dienststelle kam, waren Vater und Sohn bereits dort. In verschiedenen Büros wurden sie von jeweils einem Beamten betreut. Als Erstes sollte der Vater, der ja der mutmaßliche Täter war, vernommen werden. Der Leiter der vierten Mordkommission, der Sachbearbeiter und ich betraten fast gleichzeitig das Vernehmungszimmer.

Mit seinen 64 Jahren wirkte Karl K. eher wie ein gut 70-jähriger Mann, was aber möglicherweise an den aktuellen Umständen lag. Er war zwölf Jahre älter als seine Frau und mit dieser seit 22 Jahren verheiratet. Er hatte als Ingenieur bei einem großen Elektrokonzern gearbeitet und war seit zwei Jahren Rentner.

Meinem ersten Eindruck nach handelte es sich um einen eher weichen, gutmütigen Menschen. Mit keinem Wort beklagte er sich über die harte Festnahme. Er wirkte weinerlich, leidend, eher wie ein ahnungsloses Opfer und nicht wie ein Täter. Dieser Mann schien nicht unter dem Eindruck der schrecklichen Tat zu stehen, die er soeben begangen hatte. Was nichts heißen musste; es gibt auch Täter, die vorher Opfer waren, und umgekehrt.

Meine Empfindung verstärkte sich, als uns der Mann regelrecht anflehte, ihm doch endlich zu sagen, was eigentlich passiert sei. Normalerweise hätte ich dieses Winseln als scheinheiliges Täuschungsmanöver abgetan, denn es ist eine Tatsache, dass die meisten Festgenommenen erst einmal ihre Show abziehen. Aber hier verhielt es sich anders: Das war echt. Ich setzte mich vor ihn hin, rückte ganz nah an ihn heran und fragte in ruhigem, unaufgeregtem Ton:

»Herr K., wissen Sie, wo Sie hier sind?«

»Ja, natürlich«, antwortete er, »bei der Kriminalpolizei. Drogenfahndung vielleicht?«

»Wie kommen Sie auf Drogenfahndung?«

»Mein Sohn hatte schon mal Probleme mit Drogen und deswegen auch mit der Polizei zu tun. Und nach dem, was hier gerade passiert, kann ich mir nur vorstellen, dass es damit zusammenhängt. Ist es so? Sie können mir ruhig die Wahrheit sagen.«

»Sie sind hier bei der Mordkommission«, sagte ich betont langsam und leise, »und wir sind davon ausgegangen, dass Sie das auch wissen. Insofern möchte ich Sie darum bitten, dass wir vernünftig miteinander reden und gar nicht erst anfangen mit irgendwelchen Katz-und-Maus-Spielchen.«

»Was, bei der Mordkommission? Um Gottes willen, was ist denn passiert? Was heißt Mordkommission? Ist irgendetwas mit meinem Sohn? Bitte, sagen Sie es mir!«

Er sprang auf, begann zu weinen, faltete die Hände wie zum Gebet, die nackte Verzweiflung stand ihm im Gesicht. Und plötzlich wussten wir, dass wir den Falschen vor uns hatten. Wie Schuppen fiel es uns von den Augen. Meine beiden Kollegen waren einen Moment ebenso sprachlos wie ich. Der Sachbearbeiter rannte aus dem Zimmer, und es war klar, wohin: in das andere Büro, in dem der wahre Mörder saß und den Zeugen mimte. Als solcher hätte er jederzeit aufstehen und gehen können. Niemand hätte das Recht gehabt, ihn daran zu hindern. Aber er saß noch da.

»Es geht um den Tod Ihrer Frau. Ihr Sohn hat uns angerufen und uns mitgeteilt, dass Sie Ihre Frau getötet haben«, sagte ich ganz leise und behutsam. Ich wusste, was das Überbringen solch unvermeidlicher Nachrichten bewirken kann. Tatsächlich sank er seitlich vom Stuhl, glitt zu Boden, schlug die Hände vors Gesicht und weinte verzweifelt. Wir riefen einen Arzt, der ihm eine Beruhigungsspritze gab. Er erholte sich wieder und wollte unbedingt auf der Dienststelle bleiben.

Als ich ins andere Zimmer ging, saß der wahre Täter auf einem Stuhl mit vor der Brust verschränkten Armen, und sein Gesichtsausdruck wirkte auf mich, als langweile er sich. Fehlte nur noch, dass er grinste.

René K. war bereits darüber belehrt worden, dass wir nicht seinen Vater für den Täter hielten, sondern ihn. Er werde beschuldigt, seine Mutter getötet zu haben. Natürlich wurde er aufgeklärt, dass er das Recht habe, jegliche Aussage zu verweigern, und sofort einen Anwalt hinzuziehen könne. Er nickte nur und meinte, da er nichts getan habe, brauche er auch keinen Anwalt. Einen solchen bräuchte man nur, wenn man die Absicht habe, zu lügen. Das sei bei ihm nicht der Fall, er würde die Wahrheit sagen.

In dieser Phase wirkte René K. selbstbewusst, fast frech, irgendwie trotzig. Trotzdem konnte er nicht verbergen, dass er tief verunsichert war. Ich habe zwar nie etwas auf sogenannte nonverbale Signale gegeben, weil auch Unschuldige nervös sein können, aber bei ihm war das Flackern seiner Augen ebenso auffällig wie der Umstand, dass er meinen Blicken auswich und mir nicht in die Augen schauen konnte oder wollte. Auch die vor der Brust verschränkten Arme signalisierten eine Abwehrhaltung. Er spielte den Coolen, war aber innerlich aufs Äußerste angespannt und hellwach.

Aussagebereitschaft kann bei rational handelnden Tätern Teil ihres Tatplans sein. Sie wollen das Verhör nutzen, um sich selbst aus der Schusslinie zu bringen und den Verdacht auf jemand anderen zu lenken. Natürlich fragten wir uns, ob er unter einer Art Schock gestanden haben könnte, aber das war definitiv nicht der Fall und wurde auch später von den Sachverständigen verneint. Dazu wirkte sein Handeln viel zu überlegt und jede seiner Angaben zu durchdacht. Dass er unter keinerlei Einfluss von Drogen, Alkohol oder Medikamenten stand, wie er angab, sollte sich ebenfalls bestätigen.

Die Nachricht, dass sein Vater eben zusammengebrochen sei, weil er vom Tod seiner Frau nichts wusste, ließ ihn ebenso kalt wie die folgende Feststellung: Da nur zwei Personen in der Wohnung waren, sein Vater als Täter ausschied und von ihm fälschlicherweise beschuldigt wurde, blieb nur noch die Möglichkeit, dass er selbst der Täter war. Was bedeutete, dass hier nicht ein Ehemann seine Ehefrau umgebracht hatte, sondern ein Sohn seine Mutter.

René K. zeigte keine Regung, zuckte nur mit den Schultern. Er habe seine Mutter nicht getötet, erklärte er leichthin, als ob er wegen Diebstahls eines Kaugummis beschuldigt würde. Wenn es sein Vater nicht gewesen sei, müsse es eben ein Fremder getan haben, meinte er. Er sei jedenfalls um 11.30 Uhr aufgestanden, habe geduscht und dann ferngesehen und seine Eltern zu diesem Zeitpunkt in der Küche gehört. Gesprochen hatte er angeblich nicht mit ihnen, da seit geraumer Zeit kein Kontakt mehr zwischen ihm und seinen Eltern bestand und er ihnen möglichst aus dem Weg ging. Seit Anfang des Jahres wollten sie, dass er auszog und sich eine eigene Wohnung suchte. Er bekäme auch seit über einer Woche nichts mehr zu essen – der Grund, warum seine Mutter den Kühlschrank mit einer Kette verschloss. Heute habe er sich eine Komödie angesehen, mindestens zwei Stunden lang. Bis er plötzlich aus der Küche ein lautes Gespräch zwischen seinen Eltern gehört habe, ohne zu verstehen, worum es ging. Dann sei Ruhe gewesen, und beide seien zu ihm ins Zimmer gekommen, hätten sich vor ihm aufgebaut und ihm zu verstehen gegeben, dass sie ihm eine Woche Zeit gaben, um auszuziehen. Falls nicht, würden sie ihn vor die Tür setzen.

Sein Vater habe ihm dabei einen Stoß vor die Brust gegeben, sodass er rücklings auf sein Bett gefallen sei. Beide hätten ihn angeschrien und mit geballten Fäusten gedroht. Er erklärte sich seinen Aussagen zufolge einverstanden unter der Bedingung, dass sie ihm eine schriftliche Kündigung gaben, damit er ein Zimmer übers Sozialamt bekommen konnte. Sie hätten zugestimmt und sein Zimmer wieder verlassen. Er habe weiter ferngesehen, und während einer Werbepause sei er aufgestanden und in die Küche gegangen, um sich seine Wasserflasche aufzufüllen. Die Küchentür habe offen gestanden und schon im Flur habe er seine Mutter am Boden liegen sehen. Alles voller Blut. Sogar die Zeitung auf dem Tisch. Mit dem schnurlosen Telefon aus dem Flur sei er in sein Zimmer zurückgegangen, habe sich eingesperrt und die Polizei angerufen.

»Wie sind Sie denn zu dem Schluss gekommen, dass es Ihr Vater war, der Ihre Mutter umgebracht haben soll?«

»Das war ein spontaner Gedanke. Ich habe meine Mutter in dem ganzen Blut gesehen und sogleich den Schluss gezogen, dass mein Vater vielleicht meine Mutter umgebracht haben könnte. Ich bin seit meinem 14. Lebensjahr von meinem Vater verprügelt worden und habe Angst vor ihm. Ich konnte zwar hören, dass im Schlafzimmer, wie immer wenn Formel 1 übertragen wird, der Fernseher lief, aber ich bin doch nicht so blöd und gehe auf ihn zu, um ihn zu fragen, ob er seine Frau umgebracht hat. Es war logisch für mich, dass ich gleich die Polizei rufe.«

Von einer Waffe im Haus wisse er nichts, er habe noch nie so etwas besessen, weder Schusswaffen noch Messer oder Ähnliches. Es war im wahrsten Sinne des Wortes unglaublich, was der junge Mann da von sich gab.

Noch einmal versuchten wir, an sein Gewissen zu appellieren. Dass er im Besitz eines Samuraischwerts war, wüssten wir bereits, auch von wem er es gekauft hatte. Parallel zu seiner Vernehmung liefen eine Reihe weiterer Befragungen von Personen aus dem Umfeld der Familie, beispielsweise einer Schwester der Ermordeten, die sehr viel über die Familie zu berichten wusste.

Es stimme zwar, dass er dieses Schwert gekauft habe, räumte er ein, doch sein Vater habe es ihm abgenommen und es verwahrt, nicht er.

Die Bemerkung, sein Vater sitze im Nebenbüro, sei nervlich am Ende, weine nur noch und mache sich trotzdem Sorgen um seinen Sohn, rief ebenso wenig die erhoffte Besinnung hervor wie der Hinweis, sein Vater habe uns gegenüber sogar jetzt noch gesagt, er würde immer zu seinem Sohn stehen, egal was passiert sei. Ob er nicht auch fände, dass es ein Gebot der Menschlichkeit sei, die Wahrheit zu sagen?

Alles vergeblich. Der 21-Jährige zuckte nur mit

den Schultern, und sein trotziger Blick veränderte sich nicht im Geringsten. Es hatte den Anschein, als habe er eine Mauer um sich herum aufgebaut.

Deshalb entschlossen wir uns zu einer anderen Variante, nämlich der Konfrontation mit seinem Vater. Wir wollten herausfinden, ob er auch ihm gegenüber bei seinen Anschuldigungen blieb. Das würde er nicht schaffen, hofften wir, so abgebrüht konnte er doch nicht sein. René K. wurde spontan ins Nebenzimmer gebracht.

Der Vater saß auf seinem Stuhl, den Oberkörper nach vorne gebeugt, das Gesicht in den Händen vergraben. Wir führten seinen Sohn herein und setzten ihn auf einen Stuhl gegenüber. Der Vater schaute auf, sah seinem Sohn ins Gesicht und begann sofort zu weinen.

»René, was hast du gemacht?«, fragte er fast flehentlich, rückte mit seinem Stuhl an ihn heran und fasste mit seinen Händen die seines Sohnes. Es war unglaublich; der Vater war weder böse noch empört oder aggressiv, er schien nur erleichtert darüber zu sein, seinen Sohn zu sehen.

»Wieso ich?«, gab dieser zur Antwort und bemühte sich sichtlich, cool zu bleiben. Dabei schaute er seinem Vater fest ins Gesicht. Nein, er wich dessen Blick nicht aus, sondern hielt ihm stand.

Schweigen. Der Vater schien nicht zu begreifen.

Nun ergriff ich das Wort, wandte mich an René und forderte ihn auf, seinem Vater zu sagen, was er uns gesagt hatte.

Und er sprach aus, was wir nicht für möglich gehalten hätten: »Das kannst ja nur du gewesen sein«, sagte er ohne die geringste Erregung in der Stimme.

Dem Vater verschlug es die Sprache. Er ließ den Mund weit offen stehen, starrte den Sohn an, schüttelte ein paarmal den Kopf, und es dauerte, bis er ungläubig stammelnd nachfragte: »Willst du damit sagen, dass ich meine Frau umgebracht haben soll?«

Noch immer völlig unbewegt antwortete der Sohn: »Ja.«

Die letzten Worte dieser Begegnung sprach dann der Vater aus: »O mein Gott, René ...«

Der junge Mann wurde sofort aus dem Zimmer geführt – die Konfrontation hatte nur ein paar Minuten gedauert. Meine Kollegen und ich waren fassungslos. Es war einer der Momente, wo man am liebsten losgebrüllt oder diesem Widerling eine Ohrfeige verpasst hätte. Aber das macht man nicht, weil jeder erfahrene Ermittler weiß, dass man dadurch genau das Gegenteil von dem erreichen würde, was man anstrebt: die Wahrheitsfindung. Gerade in Situationen, in denen man am liebsten aus der Haut fahren möchte, muss man als Ermittler besonders ruhig und besonnen bleiben, professionelle Distanz wahren.

Im Vernehmungszimmer hätte man eine Stecknadel fallen hören können, so ruhig war es, bis die Protokollführerin bereit war und die schriftliche Vernehmung beginnen konnte.

Noch einmal gab er zu Protokoll, mit dem Tod

seiner Mutter nichts zu tun zu haben. Wort für Wort wurden seine Angaben niedergeschrieben. Er machte eine Skizze von der Wohnung und hatte sogar die Kraft, die Lage der Leiche einzuzeichnen. Er schilderte deren Auffindung, seinen Verdacht gegen den Vater und die Alarmierung der Polizei. Dann sollte er das Verhältnis zu seinen Eltern beschreiben.

»Wie war denn Ihre Beziehung zur Mutter, was empfanden Sie?«

»Sie war meine Mutter, aber ich hatte keinen großartigen Bezug zu ihr. Sie war sehr gehässig.«

»Wie würden Sie denn Ihr Zusammenleben mit den Eltern beschreiben?«

»Es war die Hölle. Ab meinem 14. Lebensjahr wurde ich von meinem Vater regelmäßig geschlagen, schon beim geringsten Anlass. Ab meinem 16. Lebensjahr gingen wir dann mit Fäusten aufeinander los. Mein Vater immer zuerst auf mich, ich habe nur versucht, mich zu wehren. Die körperlichen Auseinandersetzungen dauerten bis zu meinem 20. Geburtstag, mein Vater schlug mit Fäusten auf mich ein, ich schlug zurück. Wenn er mich prügelte, war meine Mutter nicht da. Obwohl er sich leicht von ihr aufhetzen ließ. Er hat meiner Mutter mehr geglaubt als mir. Meine Mutter stichelte, machte mich wegen der kleinsten Kleinigkeit schlecht ...«

René erzählte und war bemüht, ein möglichst negatives Bild seiner angeblich lieblosen, gewalttätigen Eltern zu zeichnen. Jeden Satz, den er aussprach, diktierte mein Kollege Wort für Wort in den Computer, sodass René noch einmal hören konnte, was er zuvor gesagt hatte. Ich saß ihm direkt gegenüber und schwieg. Ich blickte ihn nur an, und er schaute immer wieder weg. Als er nicht aufhörte, seine Mutter schlechtzumachen, stand ich auf, trat nahe an ihn heran, beugte mich zu ihm hinunter und sagte:

»Wissen Sie was? Ich gehe jetzt zu Ihrem Vater. Wir haben nämlich die Aufgabe, die Wahrheit zu ermitteln. Und die lasse ich mir besser von Ihrem Vater berichten. Aber da Sie das Recht haben, angehört zu werden, wird der Kollege weiter aufschreiben, was für schreckliche Monster Ihre Eltern waren. Nur eines möchte ich Ihnen noch sagen, auch wenn es sinnlos sein dürfte: Sie sollten sich schämen. Das ist nur widerlich, was Sie hier abziehen. Und besonders intelligent übrigens auch nicht.«

Ich sprach diese Worte langsam, leise und eindringlich. Dann ging ich hinaus. Es dauerte nicht ganz eine Minute, bis die Protokollführerin mir aufgeregt nacheilte und sagte: »Er weint, er weint. Er sagt, er will nicht länger lügen. Er möchte ein Geständnis ablegen.«

Urplötzlich, so mein Kollege, brach es aus ihm heraus. Innerhalb von Sekunden, ohne jede Vorankündigung sank er in sich zusammen, ließ die Arme und den Kopf hängen und sagte wortwörtlich:

»Eigentlich wollte ich sie beide umbringen. Aber dann habe ich mich nicht getraut, auch den Vater zu töten, weil ich ihm in die Augen hätte schauen müssen. Bei der Mutter habe ich gar nicht hingeschaut, ich habe einfach zugeschlagen, hinterrücks.«

Er schien wie verwandelt. Aus dem scheinbar selbstbewussten, dreisten Lügner war ein Häuflein Elend geworden, das nunmehr kleinlaut ankündigte, die Wahrheit sagen zu wollen. Natürlich wusste ich, dass wir nicht die reine Wahrheit, sondern nur seine subjektive Wahrheit zu hören bekommen würden. Nur ganz wenige Beschuldigte geben die schonungslose Wahrheit wieder. Die meisten versuchen sich in irgendeiner Weise zu rechtfertigen für das, was sie getan haben. Manche beschönigen oder verharmlosen auch ihr Tun oder wollen zumindest die Brutalität ihres Handelns relativieren. Wieder andere beabsichtigen, die Schuld auf Dritte abzuwälzen und sich als das eigentliche Opfer darzustellen. Nichts anderes, so meine Einschätzung, war wohl von jemandem zu erwarten, der die eigene Mutter mit einem Schwertstreich enthauptet hatte. Blieb nur noch die Frage, was er als Rechtfertigung oder Ausrede vorbringen würde. Schlimmer konnte es schließlich nicht mehr werden. Erst die Mutter töten und dann den Vater der Tat bezichtigen. Doch es kam schlimmer.

Zahlreiche Vernehmungen im Umfeld der Familie, die an diesem Abend parallel zu denen auf der Dienststelle durchgeführt wurden, ließen das Bild einer durchschnittlichen, gutbürgerlichen Familie entstehen. Keine finanziellen Sorgen, keine Gewalt, kein Alkohol, keine soziale Not. Nein, hier ging es um ein Einzelkind, das in geordneten Verhältnissen angst- und gewaltfrei in einem gewissen Wohlstand groß geworden war und alles hatte, was das Herz begehrte. René K. war allem Anschein nach mehr als wohlbehütet aufgewachsen. Nur an konsequenter Erziehung hin zu Selbstständigkeit und Eigenverantwortlichkeit hatte es wohl gefehlt.

Seine Eltern waren sich nicht einig in Erziehungsfragen. Insbesondere der Vater, dem es an Konsequenz mangelte, ließ dem Sohn alles durchgehen, meist hinter dem Rücken der strengeren Mutter. Diese führte in der Familie das Regiment, war nicht so nachsichtig wie der schon ältere Vater. Die Mutter achtete außerdem sehr auf das äußere Erscheinungsbild der Familie. Nie sah man den Buben schludrig gekleidet. Sauberkeit und Ordnung hatten oberste Priorität. Das verlangte sie auch von ihrem Sohn, wobei ihr Mann diese Bemühungen unterlief. Sobald sie außer Haus war, ging er ins Zimmer des Sohnes und räumte dort auf, um dem Buben die Bestrafung zu ersparen. Das brachte ihm jedoch keine Sympathien ein, sondern führte vielmehr dazu, dass ihn der Junge als Schwächling verachtete und seine Mutter gleichzeitig mehr und mehr hasste.

Sogar noch in der dritten Klasse wurde René von der Mutter zur Schule gebracht und wieder abgeholt. Als er endlich alleine gehen durfte, war er generell unpünktlich. Ein Trödler, der sich zu einem extrem antriebsschwachen jungen Mann entwickelte und nur aktiv wurde, wenn ihm etwas Spaß machte. Außer Malen und Zeichnen interessierte ihn wenig. Auch Sport nicht, obwohl er Kampfspiele am PC wie kaum ein anderer beherrschte.

Bis zu seinem 17. Lebensjahr war René ein eher schüchterner, wortkarger Junge und zudem träge und faul. Am liebsten saß er in seinem Zimmer und sah fern, hatte auch nur wenige Freunde, war fast so etwas wie ein Einzelgänger. Was wohl auch daran lag, dass es die Mutter nicht gerne sah, wenn er irgendwelche Rabauken mit nach Hause brachte, die alles schmutzig machten.

Die Realschule absolvierte René mit gerade ausreichenden Leistungen, obwohl ihm eine hohe Intelligenz bescheinigt wurde. Eine gute Lehrstelle als Kaufmann in einem großen Autohaus trat er zwar an, dann aber begannen wohl die Schwierigkeiten. René kam fast täglich zu spät zur Arbeit, wollte morgens nicht aufstehen. Wenn ihn die Mutter nicht weckte, blieb er im Bett liegen. Hatte sie ihn endlich wachgerüttelt und laut schimpfend aus dem Haus getrieben, ging er nicht zur Arbeit, sondern trieb sich vorwiegend in Spielhallen herum. Irgendwann hatte der Arbeitgeber genug von seinem Verhalten und kündigte das Lehrverhältnis. Das war der Zeitpunkt, an dem René mit Drogen in Berührung kam.

Erst konsumierte er Haschisch, gelegentlich Ecstasy, dann Kokain. Nächtelang trieb er sich herum, verkehrte vorwiegend in einem Vergnügungspark mit Dutzenden von Kneipen und Discos. Er ging nur noch Gelegenheitstätigkeiten nach, meist als Türsteher oder Aushilfskraft in Kinos, wo er Filme vorführte oder als Platzanweiser ein paar Euro verdiente. Verschiedentlich hatte er auch Beziehungen zu jungen Frauen, von denen er die eine oder andere sogar mit nach Hause nahm.

War er nicht unterwegs, spielte er bis in die frühen Morgenstunden Computer. Sein Zimmer räumte er weder auf, noch machte er es sauber. Seine entsetzte Mutter fürchtete, in der Wohnung könnte sich Ungeziefer ansiedeln. Seit Langem aß er nicht mehr gemeinsam mit seinen Eltern, sondern bediente sich wie selbstverständlich aus dem Kühlschrank. Gut gemeinte Appelle waren ihm lästig. Auf Ratschläge, die ihm der Vater vorsichtig und ängstlich zu geben versuchte, reagierte er unwirsch, bisweilen zornig und aggressiv.

Seine Mutter war verzweifelt, der Vater hilflos in seiner Nachsicht. Immer wieder steckte er seinem Sohn heimlich Geld zu, zögerte damit dessen Absturz jedoch nur hinaus. Jedenfalls mussten die Eltern zusehen, wie es mit ihrem Sohn immer weiter bergab ging. René war keinen Argumenten zugänglich. Seine Mutter versuchte immer wieder, eine Arbeitsstelle für ihn zu finden, aber er weigerte sich, zum Vorstellungsgespräch zu erscheinen. Gut gemeinte Kritik wies er zurück und verbat sich jede Einmischung in seine Belange. Einmal warf er eine Gabel nach seiner Mutter, als diese ihn zaghaft ermahnte, sich doch um eine Arbeitsstelle zu kümmern. Mehrfach hatte er mit der Polizei zu tun, einmal war er mit acht Gramm Amphetaminen vorläufig festgenommen worden, und in diesem Zusammenhang wurde auch sein Zimmer durchsucht. Längst finanzierte er seinen Drogenkonsum, indem er selbst dealte – zwar nur im kleineren Rahmen und zur Deckung des eigenen Bedarfs, aber hin und wieder kam er deswegen mit dem Gesetz in Konflikt. Mehrfach wurde er zudem bei Diebstählen in Kaufhäusern ertappt, musste allerdings nie in Haft. Alle Verfahren wurden nach § 47 JGG (Jugendgerichtsgesetz) ein-gestellt.

Als René K. auf dem Weg zur Toilette am Büro vorbeikam, in dem der Vater saß, hatten sie kurzen Blickkontakt. Plötzlich überfiel den Sohn ein Weinkrampf, er stürmte auf den Vater los, dieser sprang auf, und beide fielen sich in die Arme. Gemeinsam weinten sie, und René rief immer wieder: »Bitte verzeih mir!«

Der Vater antwortete: »Ich verzeihe dir, du bist

doch mein Sohn, und du wirst immer mein Sohn bleiben. Ich werde zu dir halten, egal was passiert ist.«

Während ich fassungslos danebenstand und mich fragte, wie ich wohl an seiner Stelle reagieren würde und ob ich meinem Sohn in einer solchen Situation auch verzeihen könnte, sagte René einen Satz, der mich geradezu elektrisierte: »Die hat dich doch sowieso betrogen.«

Der Vater stutzte einen kurzen Moment, schien gar nicht zu begreifen, was sein Sohn damit zum Ausdruck bringen wollte. »Was sagst du da, René?«, fragte er nach, und bevor dieser antworten konnte, war ich schon bei ihnen und zog den Sohn weg vom Vater. Ich wollte verhindern, dass er noch mehr Schaden anrichtete.

Erst später stellte sich heraus, warum der Sohn diese ungeheuerliche Bemerkung machte. Er hatte seine Mutter im Verdacht, einen Liebhaber zu haben. Beobachtete er doch zufällig einmal, wie sie von einem Mann im Auto nach Hause gebracht wurde. Beim Aussteigen gab sie diesem links und rechts ein Küsschen auf die Wange. Wie sich erweisen sollte, handelte es sich bei diesem ominösen Liebhaber um den Ehemann einer Arbeitskollegin, der sie freundlicherweise nach einer Betriebsfeier heimbrachte. Die Arbeitskollegin saß übrigens hinten im Wagen. Statt seine Mutter direkt zu fragen, wer der Mann gewesen sei, zog er lieber falsche Schlüsse. Vielleicht wollte er die Wahrheit nicht erfahren und hoffte, sein Wissen irgendwann zu seinem Vorteil einsetzen zu können.

Als wir später durch umfangreiche Vernehmungen ein komplettes Opferbild erstellt hatten und dadurch bewiesen war, dass das Bild, das der Sohn von seiner Mutter zeichnete, einzig seinen hasserfüllten subjektiven Einschätzungen entsprungen war, empfand ich diese Bemerkung als noch hinterhältiger, und leitete auch einen diesbezüglichen Vermerk an das Gericht zur Kenntnisnahme weiter.

Damit war aber immer noch nicht das Ende erreicht. Irgendwann fragte René K., ob er etwas Essbares bekommen könne, er halte es vor Hunger nicht mehr aus. Seit fünf Tagen habe er außer Leitungswasser nichts mehr zu sich genommen. Ich ließ ihm zwei Wurstsemmeln holen, die er schneller hinunterschlang, als es ein hungriger Wolf gekonnt hätte. Wir staunten. Etwas Vergleichbares hatte ich bis dahin nur in Filmen gesehen. Ich kramte daraufhin noch zwei Schokoriegel und einen schon ziemlich verschrumpelten Apfel aus meinem Schreibtisch. Verblüfft sah ich zu, wie er vom Apfel nicht einmal das Gehäuse übrig ließ. Er schien tatsächlich kurz vor dem Verhungern zu stehen. Was war da bloß abgelaufen in dieser Familie?

René hatte bis 6.00 Uhr morgens an diesem Tag vor dem PC gesessen und gespielt. Er bevorzugte ausschließlich sogenannte Killerspiele der gehobenen Klasse, sah sich als Profi auf diesem Gebiet.

Dann legte er sich ins Bett und schlief bis 11.30 Uhr. Kaum aufgestanden, kamen plötzlich seine Eltern ins Zimmer und stellten ihn zur Rede, weil er von seiner Mutter heimlich Zigaretten genommen hatte. Die leere Packung, erkennbar an der tschechischen Banderole, lag noch im Abfalleimer, sodass er es nicht abstreiten konnte. Innerlich baute sich Wut und Zorn in ihm darüber auf, dass sie im Recht waren und er den Vorwurf nicht bestreiten konnte, wie er es sonst immer tat. Dann forderten sie ihn auch noch ultimativ auf, bis Ende der Woche auszuziehen. Er verlangte eine schriftliche Kündigung, bekam sie in Aussicht gestellt und war mit seinen Gegenargumenten am Ende. Diesmal schienen seine Eltern Ernst zu machen, und das ärgerte ihn dermaßen, dass er sogar das unglaubliche Hungergefühl unterdrückte, das ihn inzwischen plagte. Aber zu Kreuze kriechen und um etwas Essen zu bitten, dazu wäre er nie und nimmer bereit gewesen. Obwohl er sich sicher war, dass ihm sein Vater sofort etwas besorgt hätte.

Die Eltern verließen das Zimmer und Renés Wut wuchs. Es kochte in ihm. Eine ganze Stunde lang. Dann entschloss er sich, beide zu töten.

Das Samuraischwert bewahrte er im Bettkasten auf. Er zog es aus der Scheide, öffnete die Zimmertür und spähte in den Flur. Seine Mutter saß in der Küche am Tisch, mit dem Rücken zu ihm. Sie las Zeitung und ahnte nichts Schlimmes. Nur mit

Socken an den Füßen schlich er sich von hinten an sie heran.

Als er in der Küche unmittelbar hinter ihr stand, setzte er mit dem Schwert zum Hieb an, indem er weit ausholte. Er zog die scharfe Klinge von rechts oben nach links unten in Richtung des Halses seiner Mutter kräftig durch, um sie zu töten. Die Klinge traf zielgenau an der rechten Halsseite auf und trennte den Kopf nahezu vollständig vom Rumpf ab. Tödlich getroffen, sank Monika K. lautlos zu Boden.

Dann begab sich René K. zum elterlichen Schlafzimmer, in dem der Fernseher lief. Er wusste, dass sein Vater dort wie immer an Feiertagen nach dem Mittagessen etwas fernsehen und dann ruhen würde. Er wollte auch ihn töten. Plötzlich aber kam ihm eine andere, scheinbar bessere Idee, ausgelöst von der Befürchtung, dass es beim Vater nicht so einfach sein würde wie bei der Mutter. Ihm müsste er frontal gegenübertreten und in die Augen sehen. Dazu gehörte Mut, den er nicht hatte. Außerdem, so überlegte er, wäre seine Täterschaft mit der Tötung des Vaters offenkundig geworden. Also änderte er seinen Plan und suchte nach einer anderen Möglichkeit. Warum selbst ins Gefängnis gehen? Er würde den Vater des Mordes an seiner Frau beschuldigen und damit zwei Fliegen mit einer Klappe schlagen.

René K. stellte das Schwert in die Abstellkammer gleich neben dem Schlafzimmer, rief die Polizei an und versuchte mit einer bühnenreifen Vorstellung seinem Vater den Mord an der Mutter in die Schuhe zu schieben. Damit, so dachte er, sei er nicht nur die verhassten Eltern los, sondern bekäme auch die Eigentumswohnung. Und das sonstige Vermögen hätte ihm in naher Zukunft ebenfalls gehört. Möglicherweise würde der wachsweiche Vater vielleicht sogar die Tat gestehen und freiwillig ins Gefängnis gehen, um ihn zu schützen.

Der psychiatrische Sachverständige beschäftigte sich ausführlich mit dem Angeklagten. Im Rahmen der Hauptverhandlung vor dem Münchner Schwurgericht führte er aus, dass bei René K. keinerlei Hinweise auf eine krankhafte seelische Störung vorlägen. Auch eine tief greifende Bewusstseinsstörung im Sinne eines hochgradigen Affekts sei auszuschließen. Die Behauptung des Angeklagten, er wollte das Schwert vor der Tat eigentlich gegen sich selbst richten, sei lediglich als Versuch zu werten, eine Verzweiflungssituation vorzutäuschen. Er habe die Tat überlegt geplant, wenngleich nur kurzfristig, wobei seine immer stärker werdende Wut über das Ultimatum seiner Eltern wohl den Ausschlag gab. So konnte der Psychiater auch nach der Tat keine schwere Erschütterung oder tiefe Betroffenheit feststellen. Er habe vielmehr nach der Tötung seiner Mutter situationsangepasst und überlegt weiteragiert.

René K. wurde zu lebenslanger Haft verurteilt, aber aufgrund der Tatsache, dass er noch sehr jung war, ohne Feststellung der besonderen Schwere der Schuld. Angerechnet wurde ihm dabei, dass er zuletzt die beabsichtigte Tötung des Vaters einräumte. Das Gericht sah übersteigerte Wut als Tatmotiv und damit das Mordmerkmal eines niedrigen Beweggrunds erfüllt. Aus Wut darüber, dass er seinen Eltern den Triumph des Rechthabens gönnen musste, habe er ihnen das Lebensrecht abgesprochen. Ihnen, die ihm stets jeden Wunsch von den Augen abgelesen, ihm immer alle Schwierigkeiten und Probleme aus dem Weg geräumt hatten. Als sie dann erstmals wirklich konsequent waren, ernteten sie, was sie gesät hatten. Aus Liebe und Geborgenheit, die sie ihrem Kind gaben, war tödlicher Hass entstanden.

Mein Gott, dachte ich nach dem Urteilsspruch, was haben diese Menschen nur falsch gemacht? Dieses Ehepaar wollte nur das Beste für sein Kind. Sie hatten alles getan, sich größte Mühe gegeben, ihrem Jungen den Weg ins Leben zu ebnen, auch wenn sie ihn vielleicht etwas zu sehr behüten wollten. Abertausende junger Menschen wachsen unter schwierigsten Bedingungen auf und werden trotzdem nicht zu dem, was René K. wurde: ein eiskalter Mörder, ein vor Selbstmitleid zerfließender Narziss, ohne Gefühl, ohne Mitleid, ohne Reue.

Beide Eltern waren übrigens zum Zeitpunkt des

Verbrechens damit beschäftigt, in der Zeitung nach Stellenanzeigen für ihren Sohn zu suchen. Die Mutter am Küchentisch sitzend, der Vater im Schlafzimmer.

.

Jeder kann zum Mörder werden:
Der Gigolo

Timo T. war ins Schwitzen gekommen. Gerade noch hatte er den Leichnam seiner 33-jährigen Lebensgefährtin Ingrid B. in den Keller bringen und notdürftig die Urin- und Sekretspuren im Wohnzimmer aufwischen können, als es auch schon läutete. Es war Susanne K., seine 29 Jahre alte Geliebte. Sie hatte ihren Besuch ganz überraschend und erst kurz zuvor angekündigt, stand bereits eine Stunde später vor der Tür und kam damit erstmals in die Wohnung ihres neuen Freundes in München, ohne zu ahnen, dass dieser ihre Vorgängerin etwa eine Stunde vorher umgebracht hatte. Unbefangen nahm sie auf jener Couch Platz, neben der ihr Geliebter kurz zuvor seine langjährige Lebensgefährtin, von deren Existenz sie nichts wusste, erwürgt hatte.

Timo war wie immer freundlich, nett, zuvorkommend. Sie küssten sich, er bot ihr ein Glas Wein an, sich selbst schenkte er ein Bier ein. Dann schauten sich die Frischverliebten einträchtig nebenein-

andersitzend und Händchen haltend das Fußball-
länderspiel zwischen England und Deutschland
an, das in London ausgetragen wurde und mit
einem 1:2-Sieg für die deutsche Mannschaft enden
sollte. In der Halbzeitpause hatten sie Sex auf der
Couch.

Am nächsten Morgen – Susanne war nicht über
Nacht geblieben – verpackte Timo die tote Ingrid in
blaue Müllsäcke, schleppte ihren Leichnam vom
Kellerabteil in die Tiefgarage und verstaute ihn in
seinem VW Lupo. Dann fuhr er in Richtung Nie-
derbayern und suchte sich in der Gegend bei Landshut ein einsames Waldstück, legte die Leiche im
dichten Unterholz ab und bedeckte sie vollständig
mit Reisig und Laub.

Da Ingrid B. noch nie ihrem Arbeitsplatz fern-
geblieben war – sie leitete die Filiale eines großen Lebensmittelmarkts –, machten sich Familienangehörige, Freunde und Arbeitskollegen Sorgen. Am meisten besorgt aber schien Timo T.
selbst über das Verschwinden seiner Lebensgefährtin zu sein.

Man erstattete Vermisstenanzeige. Die Polizisten
orteten Ingrids Handy und fanden es im Fahrzeug
der Vermissten, das eigenartigerweise am S-Bahn-
hof Fasanenpark aufgefunden wurde, zwei Statio-
nen von Timos Wohnung entfernt. Was wollte sie
hier? Und warum war die Seitenscheibe eingeschla-
gen, während Handy und Handtasche samt Geldbörse unberührt auf dem Beifahrersitz lagen? Und

woher kamen die Blutspuren im Bereich der linken Kopfstütze?

»O mein Gott«, jammerte Timo, »sie muss entführt worden sein.« Oder war sie überfallen, getötet und irgendwo verscharrt worden? Alle Möglichkeiten wurden erörtert, und es begann eine große Suchaktion, an der sich neben einer Hundertschaft der Bereitschaftspolizei auch eigens angereiste Familienangehörige, Freunde, Bekannte und Arbeitskollegen beteiligten und die bis weit nach Mitternacht andauerte. Dann erst zogen sich der offensichtlich schwer leidende Timo, dem von allen Seiten Mitgefühl und Trost entgegengebracht wurde, und die Angehörigen der Vermissten in seine Wohnung zurück.

Die Mordkommission wurde eingeschaltet.

Timo T. konnte nicht vernommen werden, weil er in der Nacht einen Selbstmordversuch unternommen hatte. Ingrids Angehörige, die bei Timo übernachteten, hörten frühmorgens Geräusche und fanden ihn leblos im Wohnzimmer. Er wollte offensichtlich aus Kummer und Schmerz über Ingrids Verschwinden seinem Leben ein Ende setzen, vermuteten sie. Anhand leerer Tablettenverpackungen ließ sich feststellen, dass er wohl größere Mengen Paracetamol, Ibuprofen und Novaminsulfon-Tropfen zu sich genommen hatte, um einen zwar seltenen, aber lebensbedrohlichen Schock auszulösen, vor dem ausdrücklich in den Beipackzetteln gewarnt wird.

Erst im Nachhinein stellte sich heraus, dass der Suizidversuch ein Ablenkungsmanöver war und Timo nie die Absicht hatte, Selbstmord zu begehen. Er wusste, dass er um 6.00 Uhr geweckt würde, und hatte die Tabletten erst kurz zuvor eingenommen, um auch wirklich rechtzeitig gefunden und gerettet zu werden. Timo T. wurde ins Krankenhaus gebracht und entkam damit der Vernehmung durch die Mordkommission – vorerst.

Der 39-jährige Timo T. war ein Frauentyp, groß und gut aussehend. Er war bereits einmal geschieden und hatte zahlreiche Affären, manchmal zwei oder drei gleichzeitig. Er schien einfach nicht Nein sagen zu können, wenn eine Frau auf ihn flog, und war keiner treu. Wobei ihm sein Beruf als Zugbegleiter sehr gelegen kam, da er ständig unterwegs war, woanders übernachtete und dadurch immer neue Frauen kennenlernte. Ingrid B. allerdings begegnete er, als er Faschingsprinz in einer größeren Gemeinde war.

Ingrid wollte unbedingt ein Kind und eine Familie gründen. Und zwar mit Timo T., dem Mann ihrer Träume, ihrer großen Liebe. Er sei der Richtige dafür, sagte sie gegenüber Kolleginnen, Freunden, Bekannten und Verwandten immer wieder. Während sie sich längst Pläne und Gedanken darüber gemacht hatte, wie sie ihren Beruf und das Muttersein unter einen Hut bekommen konnte. Dass es gut funktionieren würde, stand für Ingrid fest, sie musste nur noch schwanger werden. Deshalb schliefen sie immer dann miteinander, wenn der Eisprung fällig war. »Eiertanz« nannte es Timo T. scherzhaft und konnte sich schon rechtzeitig darauf einrichten, wenn es wieder einmal so weit war.

Timos Zukunft war also fest verplant, und einer Ehe mit Ingrid, die mittlerweile tatsächlich ein Kind erwartete, hätte er nur durch Flucht entkommen können. Er fühlte sich vereinnahmt von seiner und ihrer Familie, und weil er selbst nie einen Zweifel daran hatte aufkommen lassen, seine Lebensgefährtin heiraten zu wollen, sah er keine Möglichkeit mehr, dieser Hochzeit zu entkommen.

Bis Timo T. Susanne kennenlernte, die sich unsterblich in ihn verliebte. Weil sie sich ebenfalls von ihm ein Kind wünschte, verhütete sie nicht – zumal sie ihn für ungebunden hielt. Zwar schien er unter Beziehungsängsten zu leiden, doch die würde sie ihm schon austreiben. Wenn sie schwanger würde, wollte sie ihn eben vor vollendete Tatsachen stellen.

Der neuen Freundin zu beichten, dass er so gut wie verheiratet war, dazu fühlte sich Timo T. nicht fähig. Also taktierte, agierte, täuschte und log er hemmungslos. In erster Linie natürlich seiner Lebensgefährtin Ingrid B. gegenüber, die mit ihm immerhin schon seit fast sechs Jahren liiert war – ohne jedoch nur im Entferntesten zu ahnen, dass sie bereits mehr als ein Dutzendmal betrogen worden war. Waren sie zusammen, bestimmte Ingrid, was gemacht wurde, und er gehorchte. Aber nicht weil er ein schlechtes Gewissen hatte, denn ein solches plagte ihn nicht, sondern einfach aus reiner Bequemlichkeit. Er zog es vor, sich unterzuordnen und andere entscheiden zu lassen, anstatt die Dinge selbst in die Hand zu nehmen. Bis auf dieses eine Mal.

Jetzt musste Timo handeln, denn die Lage hatte sich zugespitzt, und eine Katastrophe bahnte sich an. Seine neue Freundin hatte ihm am Vortag freudig mitgeteilt, dass sie schwanger sei. Damit sah er seinen finanziellen, familiären und gesellschaftlichen Ruin auf sich zukommen. Er zahlte Unterhalt für die Frau aus erster Ehe einschließlich der Alimente für die beiden Kinder, dann war da das Kind, das seine Lebensgefährtin Ingrid erwartete und für das er aufkommen musste, und jetzt auch noch die Tatsache, dass Susanne ebenfalls schwanger war. Das alles war zu viel.

Timo T. hatte Ingrid B. an diesem seinem freien Tag zur Arbeit gefahren und abends wieder abgeholt. Nachdem er sein Fahrzeug aufgetankt hatte, erhielt er eine SMS von Susanne, die ihren Besuch für 20.00 Uhr ankündigte. »Ich werde mich weder vom heutigen Besuch abhalten noch versetzen lassen«, schrieb sie. Sie kenne die Adresse und wolle ihn besuchen. Was sollte er tun? Auch wenn es schwerfällt zu glauben und es hinterher niemand auch nur ansatzweise nachzuvollziehen vermochte: Er sah keine andere Möglichkeit, als Ingrid zu töten.

Es war 18.30 Uhr, als Timo und Ingrid zu Hause ankamen. Um 20.00 Uhr würde Susanne vor der Tür stehen. Eile war geboten. Ingrid ging wie immer ins Badezimmer, machte sich frisch und zog sich einen Jogginganzug an. Auch Timo wechselte seine Kleidung, trug eine Trainingshose und ein T-Shirt.

Ingrid kam ins Wohnzimmer zurück und wollte in die Küche gehen. Timo griff sie unvermittelt und völlig überraschend von hinten an, riss sie um und zwang sie zu Boden. Ingrid fiel bei diesem heimtückischen Angriff auf den Rücken, Timo kniete über ihr, packte sie am Hals und erwürgte sie mit bloßen Händen. Minutenlang drückte er mit seiner ganzen Kraft zu, bis kein Leben mehr in ihr war. Dann zog er ihr sämtliche Ringe von den Fingern, darunter auch den Verlobungsring, wickelte die Leiche in eine Decke und schleppte sie in den Keller. Das Risiko, von Nachbarn dabei gesehen zu werden, musste er in Kauf nehmen. Es blieb ihm keine andere Wahl. Er hatte Glück. Dann wischte er die Spuren weg, die hinterlassen werden, wenn jemand erwürgt oder erdrosselt wird und die entsprechenden Schließmuskel versagen.

Während Timo, der angebliche Suizident, noch im Krankenhaus lag und den untröstlichen Beinahe-Ehemann markierte, hatten die Beamten der

Mordkommission allein durch die Untersuchung der Wohnung viele Spuren gefunden, die auf einen Tatort hinwiesen. Damit war die Vermisstenanzeige ad absurdum geführt. Aufgrund diverser Verbindungsdaten und der Vernehmung mehrerer Zeugen – auch die Geliebte konnte ausfindig gemacht werden – war Timo T. schon so gut wie überführt, bevor er überhaupt im Krankenhaus vernommen werden konnte. Als das dann der Fall war, legte er schon nach kurzer Zeit ein Geständnis ab und verriet uns den Ablageort der Leiche.

Es war ein heißer Samstagnachmittag, als ich mit einem Tross von Ermittlern, Erkennungsdienstbeamten, Leichensuchhunden und Bereitschaftspolizisten ohne Erfolg das unwegsame Waldgebiet in der Nähe von Landshut durchsuchte. Selbst die Hunde hatten in dem urwaldähnlichen Dickicht keine Chance. Also ließen wir den Täter einfliegen. Weil Timo T. aber noch unter ärztlicher Aufsicht stand, musste er während des Fluges im Polizeihubschrauber entsprechend betreut werden. Das übernahm eine junge, äußerst attraktive Rechtsmedizinerin, die aufgrund der Hitze wie wir alle luftig und locker gekleidet war.

Timo T. wurde in Handschellen durch das Waldgebiet geführt und zeigte uns die Stelle, an der er Ingrids Leiche abgelegt hatte. Es handelte sich um eine dicht wuchernde Fichtenschonung, in der der Körper unter einem Haufen Reisig und Laub nicht aufgefallen wäre.

Dann folgte etwas, das ich kaum zu glauben vermochte, als ich es hörte und sah. Ich hatte zwar schon viele kaltblütige Menschen erlebt, aber das, was Timo T. sagte und tat, war doch sehr außergewöhnlich.

Timo T. saß auf einem Holzstoß, keine 100 Meter von der Stelle entfernt, an der gerade die Leiche seiner Lebensgefährtin geborgen wurde, der Frau, die ein Kind von ihm erwartete, die er zu heiraten gedachte und die er umbrachte, weil sie ihm irgendwie hinderlich war. Der sachbearbeitende Kriminalbeamte stand unmittelbar bei ihm, ich fünf Meter abseits. Den Satz, den Timo T. in diesem Moment aussprach und der sich auf die junge Rechtsmedizinerin bezog, die ihm beim Flug im Hubschrauber gegenübergesessen und sich wohl mehrmals über ihn gebeugt hatte, um irgendwelche Kontrollen durchzuführen, werde ich nie vergessen, so konsterniert war ich. Sagte er doch mit einem süffisanten, breiten Lächeln: »Die Ärztin hat ganz schöne Äpfelchen.« Dabei hob Timo T. seine mit Handschellen vorne gefesselten Hände und formte die Handflächen zu einem runden Gebilde. Wahrscheinlich wunderte er sich, warum mein Kollege und ich nicht lachten.

Timo T. wurde wegen besonderer Schwere der Schuld zu einer lebenslangen Freiheitsstrafe verurteilt. Seine geschmacklose Bemerkung bezüglich der jungen Medizinerin war unter dem Aspekt »besondere Kaltblütigkeit« berücksichtigt worden.

Das Inzestopfer

Jeden Morgen ging er mit seiner vierjährigen Tochter Klara schon um 5.00 Uhr aus dem Haus und wartete an der Haltestelle auf den ersten Bus. Fast immer waren sie alleine. Er setzte die Kleine auf seinen Schoß und umschloss sie mit seinem weiten Mantel, sodass nur noch ihr Köpfchen herausschaute. Für Außenstehende sah es aus, als würde ein liebevoller Vater seine kleine Tochter vor der Morgenkälte schützen wollen. Dann aber holte er seinen erigierten Penis aus der Hose und rieb ihn minutenlang an der vorher schon entblößten Vagina des Kindes, bis er einen Samenerguss hatte, was meist nicht lange auf sich warten ließ. Tief eingedrungen sei er aber nicht, glaubte sich das Opfer selbst nach 30 Jahren noch zu erinnern. Dass ihr jedoch das Spiel »Hoppe-Hoppe-Reiter« nicht gefallen habe und dass sie jeden Tag Angst davor hatte und oft weinte, das meinte sie noch zu wissen. Weil es der Anfang war von dem, was der Vater auch in den nächsten zwölf Jahren täglich mit ihr machen würde – täglich wohlgemerkt. Nur die Variationen änderten sich. Und an den Sonntagen dauerten sie besonders lang und erfolgten nach festgelegten Regeln.

Alfred K. war 45 Jahre alt und Ingenieur. Er arbeitete bei einer großen Firma, verdiente gut, hatte eine sichere Stellung und keinerlei Existenzsorgen. Er war beliebt bei seinen Kolleginnen und Kollegen, weil er sehr bescheiden auftrat und sich an zwischenmenschlichen Auseinandersetzungen, die in jeder Firma vorkommen, nie beteiligte. So galt er zwar als Sonderling, der an keinerlei geselligen Zusammenkünften teilnahm und jeden Tag schon um 6.00 Uhr im Büro war, aber er trat niemanden auf die Füße, mobbte nicht, tratschte nicht, nahm keinem den Posten weg und hielt sich aus allem raus. Zudem war er stets gut gekleidet, nie sah man ihn ohne Sakko und Krawatte. Seine Arbeit erledigte er zuverlässig und verließ pünktlich um 14.00 Uhr die Firma, weil er seine kleine Tochter vom Hort abholen musste. Was für ein vorbildlicher Vater, fanden alle.

Zu Hause aber veränderte er sich völlig. Es war, als ob er in eine andere Welt eingetreten wäre – in seine Welt, in der er das Sagen hatte, in der er derjenige war, der bestimmte, dominierte und regierte. Seine Frau hatte zu gehorchen. Seit zehn Jahren unterwarf sie sich seinen Befehlen, ohne ihm jemals zu widersprechen. Denn Widerworte duldete er nicht, andernfalls wurde er gewalttätig. Dann schlug er brutal zu, fast immer vor den Augen des einzigen Kindes. Und so kannte Klara es von klein auf nicht anders, als dass die Mami von Papi geschlagen wurde. Mit Fäusten, mit Fußtritten, mit allen möglichen Gegenständen traktierte er seine Frau, bis sie blutend am Boden lag und wimmerte. Die kleine Tochter weinte dann und wusste gleichzeitig, was folgte. Er zog sie aus, legte sie auf das Sofa und führte Oralverkehr durch. Oft eine ganze Stunde lang. Dass seine wimmernde Frau noch im Raum war, störte ihn dabei nicht. Sie hatte zu schweigen.

An den Sonntagen ging Alfred. K. jeden Vormittag alleine in die Kirche; er war ein fleißiger Gottesdienstbesucher, der sogar regelmäßig beichtete. Nach der Messe kehrte er im Gasthaus neben der Kirche ein und nahm dort am traditionellen Frühschoppen teil. Das war der einzige soziale Kontakt, den er pflegte, wenngleich er mit keinem der Stammgäste jemals über sich oder seine Familie sprach.

Nach dem Frühschoppen – immer zwei halbe Liter Bier – ging er nach Hause, aß dort mit Frau und Kind zu Mittag und zog sich anschließend ins eheliche Schlafzimmer zurück. Klara wusste, was dann kam, weinte nicht und rechnete längst nicht mehr mit Hilfe durch die Mutter. Ganz im Gegenteil, sie tat, was der Vater wollte, um die Mutter vor dessen Gewalttätigkeiten zu schützen. So ging Klara Sonntag für Sonntag ins Schlafzimmer, wo der Vater bereits nackt im Bett lag. Sie musste sich ausziehen und sich neben ihn legen. Nun kam das Kartenspiel zum Einsatz, wobei auf jeder Karte eine andere pornografische Szene dargestellt war. Klara musste eine Karte ziehen, und die betreffende Stellung wurde nun nachgestellt. Das führte dazu, dass Klara innerhalb einer gewissen Zeit nahezu alle sexuellen Praktiken kannte, die zwischen Mann und Frau möglich sind, auch wenn sich das Verlangen ihres Vaters vorwiegend auf Oralverkehr beschränkte. Eigenartigerweise drang er nur selten in sie ein, und wenn, dann nur leicht und nie vollständig.

Als Klara 14 Jahre alt war, fand sie einen Ausbildungsplatz in der Firma ihres Vaters. Sie machte eine Bürolehre und arbeitete in der Buchhaltung. Täglich kam sie mit ihrem Vater zur Arbeit, täglich ging sie mit ihm nach Hause. Eigens deshalb hatte er seine Arbeitszeit um eine Stunde nach hinten verlegt. Klara war es kaum möglich, Kontakte zu Gleichaltrigen zu knüpfen, die sie auch gar nicht haben wollte. Beziehungsweise traute sie sich nicht, sie überhaupt zu suchen. Sie war zwar ein hübsches Mädchen, jedoch gehemmt und schüchtern. Dass sie mit 15 Jahren noch mit ihrem Vater zur Arbeit kam und wieder ging, führte alsbald hinter ihrem Rücken zu Hohn und Spott. Obwohl sie vermutlich gar nicht in der Lage war, gehässige, abfällige Bemerkungen richtig einzuordnen.

Jeden Tag, wenn sie nach Hause kamen, erfolgte das gleiche Ritual. Sie musste sich auf die Couch legen, und mit ihm Oralverkehr haben. Dabei onanierte er, ab und zu musste sie das übernehmen oder ihn oral befriedigen. Da Klara sich in der Pubertät befand, geschah hin und wieder etwas, wofür sie sich hinterher fürchterlich schämte: Sie verspürte gelegentlich Lustgefühle, was ihr Peiniger sofort bemerkte. Er grinste dann hämisch und meinte, sie sei ein ganz schön geiles Luder. In solchen Momenten wäre sie am liebsten gestorben. Schuldgefühle kamen in ihr auf, sie hielt sich selbst für schlecht. Vermutlich einer der Gründe, warum sie sich niemandem anvertraute.

Die Mutter bekam all das mit. Sie musste in der Küche bleiben, lauschte aber oft oder schaute durchs Schlüsselloch, wurde zunehmend eifersüchtig auf die Tochter. Nur so ist es erklärbar, warum sie sich ihr gegenüber zunehmend abweisend und boshaft verhielt. Offensichtlich glaubte sie, es würde der Tochter Spaß machen, mit dem eigenen Vater Sex zu haben.

Bis zur Vollendung ihres 16. Lebensjahrs musste Klara ihrem Vater zu Willen sein. Dann erkrankte er unheilbar an Lungenkrebs; innerhalb weniger Monate verfiel er zusehends. Seine Ehefrau war weder willens noch fähig, sich um ihn zu kümmern, und so saß er, uneinsichtig und gehasst von seiner Ehefrau, zu Hause und wartete auf den Tod. Dass er schwere Schuld auf sich geladen hatte, wollte er nicht wahrhaben, und jede diesbezügliche Bemerkung seiner Frau ignorierte er völlig. Er sei kein Vater und Ehemann gewesen, warf sie ihm wiederholt vor, sondern ein ausgesprochenes Schwein. Jetzt, da er zu schwach war, um sie noch misshandeln zu können, versuchte sie, sich auf diese Art an ihrem Mann zu rächen. Je mehr er zum hilflosen körperlichen Wrack wurde, umso mehr entwickelte sich seine Frau zu einem seelischen Wrack, mit der Tendenz zur Bösartigkeit. Aufgrund des jahrelangen Martyriums musste es so kommen. Niemand erträgt so viel Leid, Schmerz, Brutalität und Demütigung, ohne Schaden zu nehmen.

Klara ergriff die Chance, die sich ihr bot. Mittlerweile hatte sie eine Freundin in der Firma gefunden und mit dieser zusammen eine kleine Wohnung gemietet. Sie hatte keine Angst mehr vor dem Vater, stellte er doch keine Gefahr mehr für sie dar – bis er eines Tages abgemagert bis auf Haut und Knochen und in Selbstmitleid versunken vor ihrer Wohnungstür stand. Ihre Freundin, die über alles Bescheid wusste, lernte erstmals den Mann kennen, der seine Tochter mehr als ein Jahrzehnt lang sexuell missbraucht hatte. Es passierte etwas Unglaubliches. Nachdem er zwei Stunden sein Leid geklagt hatte, begann er doch tatsächlich, der hübschen Freundin Avancen zu machen. Sie solle doch einmal Klara fragen, welch guter, zärtlicher Liebhaber er gewesen sei. Ein todkranker Mann, Ende fünfzig, machte einem jungen, 18-jährigen Mädchen ein unmoralisches Angebot. Das war wohl der Moment, wo in Klara der Verdacht aufkeimte, ihr Vater sei möglicherweise seelisch krank oder abartig veranlagt. War er vielleicht jemand, der gar nicht anders konnte, als bis zur letzten Sekunde seinen unheilvollen Trieb auszuleben?

Klara war, was man eine Seele von einem Menschen nennt. Es grenzte an ein Wunder, dass sie trotz ihres Martyriums keinerlei aggressive Wesenszüge angenommen hatte, vielmehr als äußerst hilfsbereit und vollkommen selbstlos galt. Sie schien leidensfähig bis zur Schmerzgrenze, denn sie entschloss sich, fortan den kranken Vater zu pflegen. Statt Hass und Rachegefühle auszuleben, schenkte sie ihm ihre Zuwendung. »Er hat mir Schlimmes angetan. Aber er war doch mein Vater.« Das war der Satz, den sie später zu Protokoll geben würde.

Klara behielt zwar ihre Wohnung, besuchte jedoch täglich den immer schwächer werdenden Vater. Sie fütterte ihn, sie wusch ihn, und sie begleitete ihn zur Toilette. Sie pflegte ihn so lange, bis er in ihren Armen starb. Wobei er, geistig bis zum letzten Atemzug vollkommen klar, seine Tochter kein einziges Mal um Verzeihung bat.

Klaras Leben veränderte sich nach dem Tod ihres Vaters völlig. Im Alter von 20 Jahren lernte sie einen 55-jährigen Ingenieur kennen, der damit fast so alt war wie ihr Vater. Zufall? Liebe? Etwas anderes? Sie wusste es selbst nicht, als sie ihn heiratete – außer dass es nicht aus Liebe geschah, sondern eher aus einer Sehnsucht nach Geborgenheit heraus.

Ihr Ehemann war ein ruhiger, intelligenter Mann, bei dem sie genau jenes Verständnis fand, das sie suchte. Sie konnte sich bei ihm aussprechen, er besaß die Gelassenheit, über die ältere Männer meist verfügen, das tat ihr gut. Allerdings entwickelte er eine Eigenschaft, die sich für sie als zunehmend belastend erweisen sollte. Er entpuppte sich als hochgradiger Masochist, der die übelsten Praktiken pflegte. Beginnend mit leichteren Quälereien musste sie ihm am Ende einen Trichter in seinen After einführen und dann – man mag es nicht glauben – Reißnägel einfüllen. Die Schmerzen, die das verursachte, lösten bei ihm das entsprechende Lustgefühl aus.

Fünf Jahre hielt Klara es mit dem Ingenieur aus, bis sie nicht mehr konnte. Als er auch noch verlangte, ihn mit seinem eigenen Kot zu füttern, floh sie aus der Wohnung. Da sie nicht wusste, wohin, begab sie sich zu ihrer Mutter, inzwischen eine bösartige, misstrauische und völlig isoliert lebende alte Frau.

Es klingt seltsam, aber Klara suchte in ihrer Not ausgerechnet in der Wohnung Zuflucht, in der sie schlimmste Qualen durchlebt hatte, und bei jener Frau, die zwar ihre Mutter war, ihr jedoch nie Geborgenheit und Liebe zu vermitteln vermochte.

Klara hatte Mühe, von ihrer Mutter überhaupt eingelassen zu werden. Tief verzweifelt flehte sie die Mutter an, sie wenigstens für dieses Wochenende bei sich wohnen zu lassen, ab Montag könne sie bei einer Freundin unterkommen. Die Mutter zeterte, Klara solle verschwinden. Als diese sich trotzdem Zugang verschaffte, indem sie die Mutter einfach zur Seite schob, versuchte diese wiederum, Klara aus der Wohnung zu drängen. Die Tochter, körperlich überlegen, wich ihr aus und lief in das elterliche Schlafzimmer. In den Raum, den ihre Mutter seit ihrem Auszug und seit dem Tod des Vaters nie mehr betreten hatte.

Das Zimmer war noch genauso eingerichtet wie in all den schlimmen Jahren – und wie sie es hinterlassen hatte, als der Vater gestorben war. Diesmal aber folgte ihr die Mutter in die »verbotene Zone«.

»Verschwinde, hau ab, ich will dich hier nicht haben!«, geiferte sie, als beide neben dem Bett standen, auf dem noch immer der Bademantel des Vaters lag.

»Du hast doch immer gewusst, was Papa hier mit mir gemacht hat, oder? Warum hast du mir nie geholfen?«, schrie Klara ihre Mutter verzweifelt an.

Dann fiel jener Satz, den die Mutter besser nicht ausgesprochen hätte. »Du wirst es schon gebraucht haben«, keifte sie laut und kreischend.

Wie in Trance ergriff Klara den Bademantel, zog den Gürtel heraus und schlang ihn der Mutter um den Hals. Diese fiel rücklings auf das Bett und lag genau an der Stelle, an der Klara immer gelegen hatte, wenn sich ihr Vater an ihr verging.

Klara zog mit aller Kraft zu und schaute ihrer Mutter dabei ins Gesicht. Ob sie wahrnahm, wie das Leben entwich, vermochte sie später nicht mehr zu sagen, und auch nicht, wie lange sie die Schlinge zugezogen hielt, bis sie registrierte, dass die Mutter tot war.

Nur ein einziges Mal sonst in 42 Jahren Polizeidienst hatte ich es mit einem Menschen wie Klara zu tun. Nie zuvor und auch nie mehr danach erlebte ich eine so ehrliche, schonungslose und reumütige Aussage wie von dieser jungen Frau. Es war kein Geständnis, eher ein Hilfeschrei, ein Sich-et-was-von-der-Seele-Reden. Insofern war es eigentlich auch keine Vernehmung im Sinne von Frage und Antwort, weil kaum Fragen erforderlich waren. Sie ließ nichts aus, das sie bewegte, auch nicht vermeintliches Fehlverhalten. Es war eine einzige Selbstanklage. Die junge Frau fühlte sich schuldig – davon konnte sie selbst unser Mitgefühl und unser Verständnis nicht abbringen.

Eine ganze Nacht lang schilderte Klara mir und einer Kollegin ihren Leidensweg in allen Einzelheiten und teilweise so detailliert, dass insbesondere ich mich als Mann extrem schämte. Andererseits merkten wir, dass es ihr ein großes Bedürfnis war, endlich reden zu dürfen, endlich jemanden gefunden zu haben, der ihr nicht nur zuhörte, sondern sichtlich Anteil nahm.

Als wir sie schließlich in den frühen Morgenstunden durch die menschenleeren Gänge des Münchner Polizeipräsidiums zur Haftanstalt brachten, geschah etwas, das ich nie mehr in meinem Leben vergessen werde, so hat es mich berührt. Immer wieder blieb Klara stehen, schaute hinauf zum Deckengewölbe und rief:

»Mama, Mama, bitte verzeih mir!«

Dabei weinte sie derart hemmungslos, dass die Kollegin ihren Arm um sie legte und sie behutsam weiterführte.

Mir selbst gingen dabei viele Gedanken durch den Kopf. Ich empfand aufrichtiges Mitleid mit dieser Täterin, die ihre Mutter getötet hatte. Die mir oft gestellte Frage, ob man Mörder oder Totschläger auch mögen kann, war in Klaras Fall leicht zu beantworten: Ja, man kann. Gerade durch diese Geschichte wurde mir wieder einmal so richtig bewusst, dass Mord nicht gleich Mord ist. Auch wenn das Gesetz eine einheitliche Bestrafung – lebenslänglich – vorschreibt. Aber es gibt Milderungsgründe, und unsere Gerichte wissen diese Unterschiede manchmal zu berücksichtigen.

Klara stand fünf Monate später vor dem Schwurgericht. Wenn ich glaubte, vor aller Öffentlichkeit würde sie sicherlich Hemmungen haben, derart ins Detail zu gehen wie in der Tatnacht, sah ich mich getäuscht. Auch hier sagte sie völlig offen und schonungslos aus, sodass die meisten Zuhörerinnen und Zuhörer im voll besetzten Schwurgerichtssaal Tränen in den Augen hatten. Sie schilderte sogar ihre Schuldgefühle, die sie wegen der gelegentlich verspürten Lust hatte. Mehr Ehrlichkeit war unmöglich. Kein einziges Mal versuchte sie, sich als alleiniges Opfer darzustellen. Sogar im Gerichtssaal erhob sie sich mehrmals, weinte bitterlich und rief: »Mama, bitte verzeih mir!« Jeder im Saal merkte, dass es sich nicht um eine Show handelte, sondern um den Hilfeschrei einer gequälten Seele.

Das Urteil lautete drei Jahre und vier Monate Gefängnis wegen Totschlags in einem minderschweren Fall. Als Auslöser für die Tat wurde die Bemerkung der Mutter gewertet, die laut Gutachter zu einer tief greifenden Bewusstseinsstörung geführt hatte.

Klara kam in eine Frauenhaftanstalt und fand dort kompetente Hilfe, um ihr Leben in geordnete Bahnen zu lenken. Eine Anstaltspsychologin nahm sich ihrer an und erwies sich als Glückstreffer.

Monate später hatte ich im Frauengefängnis Aichach in anderer Sache zu tun. Bei dieser Gelegenheit suchte ich auch Klara auf, die sich über meinen Besuch sehr freute. Sie hatte sich verändert, und – so unglaublich es klingt – sie schien glücklich zu sein. Endlich, so berichtete sie mir freudestrahlend, habe sie in der Gefängnispsychologin jemanden gefunden, der ihr helfen würde, die »Sachen« zu verarbeiten. Nach eineinhalb Jahren wurde Klara auf Bewährung entlassen. Sie war ein anderer Mensch geworden.

Wiederum Monate später traf ich sie rein zufällig erneut. Sie hatte eine gute Arbeitsstelle gefunden, einen jungen, netten Freund und wirkte glücklich. Das war einer der Momente, in dem ich dachte: Manchmal werden eben aus Opfern Täter, und aus Tätern werden Opfer.

WENIGER MORDE – BESSERE MENSCHEN?

Die Zahl der Opfer von versuchten und vollendeten Tötungsdelikten in der Bundesrepublik Deutschland ist in den letzten 17 Jahren drastisch gesunken, und zwar von 1465 im Jahre 1993 auf 814 im Jahre 2010. Das ist ein Rückgang um fast 45 Prozent, obwohl die Bevölkerungszahl – wenn auch nur geringfügig – in dieser Zeit um 5 Prozent von knapp 78 auf 82 Millionen gestiegen ist. Diese erfreuliche Entwicklung im Deliktbereich »Mord und Totschlag« erstaunt umso mehr, als die Gesamtkriminalität im selben Zeitraum kontinuierlich von 4,5 Millionen registrierten Straftaten auf fast 6 Millionen anwuchs.

Es stellt sich die Frage, warum ausgerechnet das schwerste aller Verbrechen so stark rückläufig ist? Sind wir bessere, tolerantere Menschen geworden? Sind wir weniger aggressiv und gewalttätig als früher? Oder weniger habgierig, egoistisch und rücksichtslos? Ist es die Folge des seit Langem anhaltenden sozialen Friedens und des allgemeinen Wohlstands? Greifen vielleicht gesetzliche Veränderungen, konsequenteres Vorgehen gegen Wiederholungstäter oder staatliche und private Initiativen, Hilfsprogramme und Projekte?

Fragen, die man eigentlich Soziologen, Philosophen oder Kriminologen stellen müsste. Falls man überhaupt Antworten erhält, handelt es sich meist um teils widersprüchliche, rein theoretische Betrachtungen über das Gute und Böse und die Erkenntnis, dass die menschliche Psyche noch immer unergründlich ist. Oder man wird mit nackten, unkommentierten Zahlen überhäuft. So bleibt nur eine Alternative: die Orientierung an der Realität. Gemeint ist der schlichte Vergleich von dem, was war, mit dem, was ist. Nur so erkennt man Veränderungen, Entwicklungen und Strömungen. Aus den Unterschieden kann man Rückschlüsse ziehen und vielleicht sogar einen Ausblick in die Zukunft wagen.

Als ich 1987 meinen Dienst bei der Mordkommission München antrat, hatten die vollendeten Tötungsdelikte (Mord und Totschlag) mit 37 Fällen innerhalb eines Jahres und die der versuchten mit 54 den höchsten Stand der Nachkriegszeit erreicht, klammert man die unmittelbaren Nachkriegsjahre 1945 bis 1950 (375 Morde) aus. Eine besorgniserregende Entwicklung, die nicht nur auf München beschränkt, sondern im gesamten damaligen Westdeutschland festzustellen war. Nachdem die Zahl der Tötungsdelikte in den 1960er-Jahren zunächst stark gesunken war, begann sie in den 1970er- und 1980er-Jahren stetig anzusteigen und pendelte sich bis weit in die 1990er-Jahre auf einem hohen Level ein. Auffallend waren in dieser Zeit die relativ häufigen Morde an homosexuellen Männern, an Prostituierten und älteren Frauen.

Dann begann die kontinuierliche Abnahme, die sich teils einfach erklären lässt, oft aber auch Rätsel aufgibt. Was die häufigen Morde an Prostituierten oder »Gelegenheitsprostituierten« beispielsweise betraf, so hing der plötzliche und starke Rückgang – der übrigens bis heute anhält – zweifelsfrei auch mit dem Abzug jener amerikanischen Truppen zusammen, die nach ihren Einsätzen in Vietnam in Deutschland zwischenstationiert waren. Fest steht jedenfalls, dass es danach kaum noch Morde an Prostituierten gab und dass diese einst so schwierig zu klärenden Verbrechen heutzutage möglicherweise auch deshalb so selten sind, weil es kaum noch die »wilde« Wohnungsprostitution gibt, sondern die Frauen unter fester Kontrolle stehen. Wobei sich natürlich andere Felder der Kriminalität auftun, Zuhälterei und Menschenhandel beispielsweise.

1998 unterschritt die Zahl der Delikte die 1000er-Grenze. Im Jahr 2001 gab es erstmals weniger als 1000 Opfer zu beklagen. Dieser erfreuliche Trend hält bis heute an. Fast könnte man meinen, die Jahrhundert- beziehungsweise Jahrtausendwende habe auch zu einer Wende in Bezug auf Mord und Totschlag geführt. Allerdings gab es zwischendurch einzelne Phasen, die einen Bruch in dieser kontinuierlichen Abwärtsentwicklung darstellten und bis heute Rätsel aufgeben.

Im Jahre 2005 beispielsweise zeigte sich in München ein Phänomen, das rein sachlich nicht zu erklären war und ist. Innerhalb der ersten sechs Monate kam es zu einer beispiellosen Welle der Gewalt, wobei es zwischen den einzelnen Verbrechen keinerlei Gemeinsamkeiten oder Verbindungen gab. Bei zwei Dritteln der in dieser Zeit begangenen Morde handelte es sich um Beziehungstaten, ein Drittel der Opfer geriet ahnungslos ins Visier der Mörder oder befand sich ganz einfach nur zur falschen Zeit am falschen Ort. Zufallsopfer nennt man diese bedauernswerten Menschen.

Begonnen hatte die Serie wie auf Kommando zum Jahresbeginn und endete ebenso abrupt am 30. Juni. Insgesamt 15 brutale Mordfälle ereigneten sich während dieser Zeit, darunter der Sexualmord an einem achtjährigen Jungen, der Mord an Modeschöpfer Rudolph Moshammer und die Ermordung und Zerstückelung zweier junger Frauen. Auch der Mord an einem griechischen Mitbürger, begangen von der erst Ende 2011 entdeckten rechtsterroristischen Mörderbande aus Zwickau, fiel in dieses schmale Zeitfenster. Auffallend war die außergewöhnliche Brutalität bei allen diesen Fällen. Dann riss die Serie plötzlich ab, bis es im Dezember noch einmal zu einem grausamen Sexual- und Raubmord an einer jungen Patentanwältin kam. Er bildete den Abschluss dieses schlimmen Jahres. Alles nur Zufall?

Bis heute gibt es keine nachvollziehbare Erklärung für diese plötzliche Anhäufung schlimmster Gewaltverbrechen in einem so engen zeitlichen Rahmen. Lediglich einige Astrologen meinten, bestimmte Sterne und Planeten hätten in einer ungünstigen Konstellation zueinander gestanden. Solchen Aussagen schenken wir schon deswegen keinen Glauben, weil wir ausschließlich auf naturwissenschaftlich gesicherte Methoden zurückgreifen dürfen. Abgesehen davon vermochten die Sternendeuter nicht zu erklären, warum ausgerechnet über München so viel Unheil niederging. Schließlich leuchten dieselben Sterne genauso über anderen Regionen, in denen diese auffallende Ballung von Gewalt nicht zu verzeichnen war. Jedenfalls stellte das Jahr 2005 auf das sonstige Bundesgebiet bezogen keine Abweichung vom kontinuierlichen Rückgang dar.

Ende 2008, kurz bevor ich in Pension ging, hatte sich die Zahl der vollendeten – nicht der versuchten – Morde in München auf drei Fälle reduziert. Diese erfreuliche Tatsache veranlasste übrigens einen Fernsehkommissar zu dem Ausspruch: »In München bei der Mordkommission zu arbeiten, ist etwa so, als wäre man Förster in der Sahara.« Ich habe mich über diesen Ausspruch köstlich amüsiert, ohne jedoch mit stolzgeschwellter Brust und dem Bewusstsein in den Ruhestand zu treten, dieser drastische Rückgang sei ausschließlich der hohen Aufklärungsquote zu verdanken – die übrigens bundesweit regelmäßig über 90 Prozent liegt. Zumal man weiß, dass besonders Beziehungstaten nicht berechenbar sind. Somit beschränkt sich die abschreckende Wirkung, die mit hohen Aufklärungsquoten einhergehen soll, allenfalls auf den Kreis planender Täter. Wie sich das jedoch zahlenmäßig auswirkt beziehungsweise wie viele mörderische Gedanken dadurch weniger in die Tat umgesetzt werden, kann niemand sagen. Aber auch wenn nur ein Menschenleben dadurch gerettet wird, hat die hohe Aufklärungsquote ihren Zweck erfüllt.

Dem starken Rückgang von Tötungsverbrechen liegt allerdings nicht nur eine einzige Ursache zugrunde, sondern er resultiert aus einem ganzen Bündel von Entwicklungen und Maßnahmen. Es ist unwahrscheinlich, dass wir »bessere Menschen« geworden sind. Das zu glauben fällt schon deshalb schwer, weil sich Gewalt immer häufiger gegen die schwächsten in unserer Gesellschaft richtet: Kinder und alte Menschen.

Im Jahr 2010 wurden in unserem Land 183 Kinder infolge von Gewaltanwendung getötet, davon waren 129 jünger als sechs Jahre. Die meisten durch Schläge auf den Kopf, aber auch durch Verwahrlosung, Vernachlässigung und sogar Verhungern. Hinzu kommen 14 669 Kinder, die Opfer sexueller Gewalt wurden, sowie viele tausend weitere, die gequält, verprügelt, verbrüht oder bis zur Verwahrlosung vernachlässigt wurden. Von der gigantischen Dunkelziffer ganz zu schweigen. Und wo leiden und sterben diese Kinder? Dort wo sie sich eigentlich am geborgensten und sichersten hätten fühlen müssen: in ihren Familien! Damit sind wir wieder bei den Beziehungstaten. Was wurde dagegen unternommen? Nichts.

Das geplante Kinderschutzgesetz ist gescheitert, und man ist längst in alte, wirkungslose Verhaltensmuster zurückgefallen. Jugendämter machen Fehler, Ärzte schweigen, und wir Bürger schauen nach wie vor lieber weg. Man muss sich deshalb nicht wundern, dass sich diese schrecklichen Zahlen in den letzten zehn Jahren verdoppelt haben.

Wirkungslos bleiben werden wohl auch die mahnenden Worte des Präsidenten des Bundeskriminalamts (BKA), Jörg Ziercke, die er bei der Erörterung der Kriminalstatistik 2010 sprach: »Die Tatsache, dass in Deutschland jeden zweiten Tag ein Kind Opfer eines Tötungsdelikts wird und die Zahl der Misshandlungen von Kindern angestiegen ist, muss uns mehr als nachdenklich stimmen.«

Nachdenklich sollte uns auch stimmen, was mit den Menschen am Ende des Lebenswegs geschieht, nämlich unseren Senioren. So wurden im Jahr 2010 bundesweit 11527 Frauen und Männer, die älter als 60 Jahre waren, Opfer von Gewaltkriminalität. Versuchte und vollendete Tötungsdelikte stehen dabei mit 12,4 Prozent an erster Stelle, gefolgt von Raubdelikten mit 10,3 Prozent.

Erschreckend ist, dass immer mehr Opfer nicht »nur« beraubt, sondern zusätzlich körperlich malträtiert werden. Erst kürzlich ereigneten sich in dem gutbürgerlichen Stadtviertel, in dem ich seit fast 40 Jahren lebe, Überfälle auf ältere Frauen. Drei Opfer wurden am helllichten Tag nacheinander von Jugendlichen angefallen, niedergeschlagen, »gestiefelt« und beraubt. Auch als die wehrlosen Damen schon am Boden lagen, traten die 14- bis 16-jährigen Burschen noch auf sie ein. Dazu passt der kürzlich erschienene Demografiebericht der Bundesregierung, in dem es heißt: »Mit der Zunahme des Anteils älterer Menschen gewinnt diese Opfergruppe künftig an Bedeutung.«

SICHERUNGSVERWAHRUNG

Noch in den 1970er- und 1980er- Jahren hatte man jährlich 18 bis 20 Sexualmorde an Kindern zu beklagen. In den letzten Jahren waren es noch vier bis fünf Opfer. Die wirksame Eindämmung dieser schwersten und schlimmsten aller Verbrechen ist einer Reihe staatlicher Maßnahmen zu verdanken, allen voran der Sicherungsverwahrung gefährlicher Sexualstraftäter. Kein vernünftiger Mensch wird das bezweifeln. Damit soll jetzt weitgehend Schluss sein. Die höchstrichterlichen Instanzen Europas und Deutschlands sind zu der Auffassung gelangt, die nachträgliche Sicherungsverwahrung in ihrer bisherigen Form verstoße gegen die Menschenrechte und sei deshalb aufzuheben. Jetzt sollen andere Maßnahmen greifen, beispielsweise die angedachte Fußfessel. Da ich selbst am Test dieser elektronischen Permanentüberwachung durch das Bayerische Justizministerium teilgenommen habe, darf ich mir ein Urteil erlauben. Dieses lautet kurz und bündig: »Besser als nichts!«

Nachdem in naher Zukunft eine Reihe gefährlicher Sexualverbrecher auf freien Fuß gesetzt werden muss, gibt es nur drei Möglichkeiten: Entweder man lässt diese Leute frei herumlaufen und hofft, dass sie nicht rückfällig werden, oder man lässt sie rund um die Uhr durch Polizisten bewachen, was personell und finanziell nicht realisierbar ist. Bleibt noch die Fußfessel, von der man hofft, dass sie abschreckend wirkt. Ob das auch bei Triebtätern greift, sei dahingestellt. Immerhin könnte es die Aufklärung erleichtern, was aber die Opfer nicht wieder lebendig macht.

Interessant ist in diesem Zusammenhang, dass 8 der insgesamt 17 Richterinnen und Richter des Europäischen Gerichtshofs für Menschenrechte gegen die Abschaffung der Sicherungsverwahrung gestimmt haben. Die faktisch alternativlose Sicherungsverwahrung wurde also mit nur einer Stimme Mehrheit gekippt.

TOLERANZ

Frage: Ist unsere Gesellschaft toleranter geworden? Falls ja, seit wann, wem oder was gegenüber? In Bezug auf sexuelle Toleranz kam mir spontan einer der spektakulärsten Kriminalfälle der bundesdeutschen Nachkriegsgeschichte in den Sinn, nämlich der Mord an Volksschauspieler Walter Sedlmayr vom 14. Juli 1990 in seiner Schwabinger Wohnung. Eigentlich muss man von einer Hinrichtung sprechen.

Es war jedenfalls ein außergewöhnlich grausames Verbrechen, dem der Schauspieler zum Opfer fiel. Er wurde geschlagen, gefesselt, geknebelt und ins Schlafzimmer gezerrt, wo man ihm auf dem Bett liegend den Hals durchschnitt und zwei tiefe Messerstiche in die linke und rechte Niere beibrachte, bevor man ihm mit einem Hammer den Schädel einschlug.

Als die Tat publik wurde, geschah Folgendes: Eine Welle der Entrüstung ging durch ganz Bayern. Allerdings bezog sie sich weniger auf die Tatsache, dass der äußerst beliebte Sedlmayr ermordet worden war, es herrschte vielmehr blankes Entsetzen über dessen in diesem Zusammenhang aufgedeckte Homosexualität. Er, der Paradebayer, das gestandene Mannsbild, der Urmünchner, die Werbeikone für bayerische Lebensart und bayerisches Bier – das er übrigens gar nicht mochte –, er soll schwul gewesen sein? Für viele Bürgerinnen und Bürger war eine Welt zusammengebrochen ob dieser »Ungeheuerlichkeit«. Die Gazetten waren wochenlang voller Enthüllungen über das angeblich so bizarre, masochistisch gefärbte Sexualleben des Schauspielers, das sich in Wahrheit als eher harmlos herausstellte.

Nach Vernehmung von über 50 Sexualpartnern stand fest, dass es kaum zu körperlichen Berührungen zwischen ihm und den »Strichern« kam, die ihm sein »Geschäftspartner« ins Haus brachte – dieser blieb übrigens aus Sicherheitsgründen so lange in der 250-Quadratmeter-Wohnung, bis »die Sache« nach spätestens 15 Minuten erledigt war. Die voneinander unabhängigen Aussagen vermittelten ein klares Bild. Dieses ließ uns rasch erkennen, dass die am Tatort drapierten Utensilien (Peitschen, Gleitcremes, Präservative und so weiter) nur dem Zweck dienten, einen sexuellen Tathintergrund vorzutäuschen. Am Ende stand fest, dass Sedlmayr nicht Opfer eines sogenannten Strichermordes geworden war, sondern dass es sich um eine Beziehungstat mit geschäftlichem Hintergrund handelte. Als Täter wurden später der Geschäftspartner Sedlmayrs – der einen Schlüssel zur Wohnung seines Mentors besaß – und dessen Bruder verhaftet und verurteilt.

Im Grunde genommen wurde Sedlmayr zum Opfer der Intoleranz unserer (damaligen) Gesellschaft gegenüber homosexuell veranlagten Männern. Wäre er nicht gezwungen gewesen, seine sexuelle Veranlagung verbergen oder heimlich ausleben zu müssen, wäre er nicht in diese bedrohliche Abhängigkeit krimineller Kreise geraten, in denen sich vor allem sein Ziehsohn und Geschäftspartner bewegte. Hätte er so leben können, wie er wollte, ohne befürchten zu müssen, verachtet, verspottet und ausgegrenzt zu werden, wäre er wahrscheinlich heute noch am Leben.

Der Mord an Walter Sedlmayr zog ein unerklärliches Phänomen nach sich. Während in den 1970er- und 1980er-Jahren sogenannte Homomorde fast schon an der Tagesordnung waren, reduzierte sich diese Deliktart und tendierte nach 1990 nahezu gegen null. Wir haben deshalb von der Ära vor und nach Sedlmayr gesprochen. Ob dieser fast vollständige Rückgang damit zusammenhing, dass die Stricherszene in München durch die intensiven Ermittlungen nahezu »ausgetrocknet« wurde, kann niemand sagen.

Es ist auch nicht davon auszugehen, dass dieser spektakuläre Mord zu einem sofortigen Umdenken in der Gesellschaft führte. Allerdings steht außer Frage, dass die gesellschaftliche Toleranz in Bezug auf die sexuelle Veranlagung von Menschen enorm zugenommen hat.

Möglicherweise hat der Fall Sedlmayr – obwohl kein sogenannter Strichermord – wirklich dazu beigetragen, dass homosexuelle Männer bei der Suche nach Sexualpartnern vorsichtiger geworden sind und verinnerlicht haben, dass es sich bei vielen Strichern um gefährliche Raubtäter handelt.

Einer allerdings ignorierte solche Warnungen nachweislich und glaubte wie viele andere, er habe die Sache aufgrund seiner Menschenkenntnis im Griff: Modeschöpfer Rudolph Moshammer. Er fuhr nachts gerne im Rolls-Royce durch die Bahnhofsgegend, suchte nach südländisch aussehenden Sexualpartnern, die allerdings heterosexuell sein mussten, und chauffierte sie in seine Villa, wo er sich mit ihnen vergnügte. Wenn er bekommen hatte, was er wollte, bezahlte er den vorher vereinbarten »Stricherlohn« und brachte die Burschen persönlich dorthin zurück, wo er sie aufgesammelt hatte. Bis er an den Falschen geriet: an einen 27-jährigen Iraker, der kurz vorher all sein Geld verzockt hatte, viel Bargeld im Haus vermutete und skrupellos genug war, dafür zu töten. Mit einem Stromkabel, das er ihm von hinten blitzschnell um den Hals geschlungen hatte, erdrosselte er den schwergewichtigen Moshammer vor dessen Schlafzimmer. Daisy, Deutschlands berühmtester Hund, jaulte unterdessen hinter der Tür. Das war im Mordjahr 2005. Dass dieses bundesweit aufsehenerregende Verbrechen innerhalb von zwei Tagen geklärt werden konnte, war der DNA, dem sogenannten genetischen Fingerabdruck, zu verdanken.

REVOLUTION DNA

Tatsache ist, dass der Rückgang der Tötungsdelikte in Deutschland zeitlich einhergeht mit dem Aufkommen einer Untersuchungsmethode, die nach und nach verbessert wurde und inzwischen höchsten wissenschaftlichen Standard erreicht hat. Es ist die revolutionärste Innovation in der Kriminalgeschichte seit Entdeckung der Daktyloskopie vor circa 150 Jahren. Inzwischen ist sie in aller Munde und in jedem Fernsehkrimi wird darauf Bezug genommen. Wie entscheidend die menschliche DNS (Desoxyribonukleinsäure) beziehungsweise die normalerweise verwendete englische Bezeichnung DNA (Desoxyribonucleinacid) bei der Aufklärung von Verbrechen geworden ist, kann man an den sogenannten Altfällen ablesen, die zu einer wahren Erfolgsgeschichte nicht nur in der Krimiwelt *(Cold case – kein Opfer ist je vergessen)* wurden.

Allein in München konnten seit der Jahrtausendwende 20 Mordfälle geklärt werden, die teilweise schon Jahrzehnte zurücklagen, der längste sage und schreibe 30 Jahre. Drei jugendliche Täter lauerten seinerzeit einem zufällig des Weges kommenden 47-jährigen bekannten Berufsmusiker an einer dunklen Friedhofsmauer auf, erschlugen ihn mit einem Knüppel, raubten ihn aus und konnten unerkannt entkommen. 30 Jahre später – Mord verjährt nicht, und der Knüppel war noch asserviert – konnte männliche DNA am Tatwerkzeug analysiert und einem in Norddeutschland lebenden Mann zugeordnet werden, der ebenso wie ein zweiter Täter auf der »schiefen Bahn« geblieben war. Über diese beiden kam man auch dem dritten Täter, der dank einer Frau den Weg ins bürgerliche Leben geschafft hatte, auf die Spur. Er war inzwischen Familienvater, in die Dorfgemeinschaft integriert, beliebt und angesehen.

Als die Kollegen bei ihm läuteten, wusste er sofort, worum es ging, und sagte: »Ich habe 30 Jahre lang vor diesem Moment Angst gehabt. Aber ich wusste, dass er kommt.«

Seine Frau wusste übrigens Bescheid. Da er beteuert hatte, nur dabeigestanden und selbst nicht zugeschlagen zu haben, hielt sie zu ihm. An seiner Mittäterschaft änderte das freilich nichts.

Bei ihrer Verhaftung waren die drei Männer genauso alt wie ihr Opfer seinerzeit, nämlich 47 Jahre. Da sie zur Tatzeit noch minderjährig waren, mussten sie sich vor dem Jugendgericht verantworten. Alle drei waren geständig, bei allen dreien hatte es sich um Herumtreiber gehandelt, die sich zufällig am Münchner Hauptbahnhof kennenlernten und sich zum Überfall auf einen »alten Knacker« entschlossen, um an Geld zu kommen. Da Einzelheiten wie Alkoholeinfluss oder psychischer Zustand nach so langer Zeit nicht mehr nachzuvollziehen waren, wurden Haftstrafen weit unter der Höchststrafe von zehn Jahren verhängt.

Für die betagte Witwe des Musikers, die 30 Jahre lang gehofft hatte, doch noch zu erfahren, was damals geschah, war die Nachricht von der Festnahme eine Erleichterung und Erlösung. Wobei ihr die Bestrafung der Täter nicht wichtig war. Im Gegenteil, sie wollte keine Rache und legte keinen Wert auf Sühne.

»Jetzt kann ich endlich zur Ruhe kommen«, sagte sie.

In keinem der 20 aufgeklärten Altfälle wäre man ohne die Treffer in der DNA-Datenbank auf den oder die Täter gekommen. Die meisten von ihnen waren dort wegen verschiedenster Delikte erkennungsdienstlich erfasst, einige sogar wegen Bagatelldelikten, keiner wegen Tötung. Heute ist die systematische Überarbeitung alter Mordfälle und anderer Verbrechen bundesweit Usus. Eine Erfolgsgeschichte, durch die zwischenzeitlich Hunderte von Fällen aufgeklärt werden konnten. Und die sich herumgesprochen hat ...

Die Untersuchungsmethoden wurden inzwischen so verfeinert, dass bereits geringste Mengen menschlicher Hautzellen, die wir permanent mit jedem Schritt verlieren, für die Analyse genügen. Niemand kann mehr einen Raum durchschreiten, ohne Spuren zu hinterlassen, die ihn verraten. Hinzu kommen geringfügigste Blut-, Sekret- oder Haarspuren, die den Verursacher von Milliarden anderer Menschen unterscheiden. Damit ist die DNA, die es auch bei Tieren und Pflanzen gibt, zu einer der wirksamsten Waffen im Kampf gegen das Verbrechen geworden und hat sicherlich eine hohe abschreckende Wirkung.

FRAUEN

»In Europa wurde die Hälfte aller weiblichen Mordopfer von Familienmitgliedern getötet. Die überwiegende Mehrheit der Opfer von Gewalt in der Familie oder durch einen Partner waren Frauen. 80 Prozent aller Menschen in Europa, die von einem aktuellen oder ehemaligen Partner umgebracht wurden, waren Frauen«, berichtete die UNO.

Da Frauen die größte Opfergruppe bei den Beziehungstaten bilden, ist der Rückgang hier am höchsten. Erfreulicherweise bleiben immer weniger Frauen so lange bei ihren Peinigern, bis sie eines Tages doch noch erstochen, erschlagen oder erwürgt werden. Insofern hat sich einiges verändert. Anders als früher – ich kann mich noch sehr gut an die Zeiten erinnern, als wir Polizisten relativ machtlos waren bei häuslicher Gewalt – gibt es endlich ein Gewaltschutzgesetz, das die Möglichkeit einräumt, gewalttätige Ehemänner unverzüglich und vor allem dauerhaft aus den Wohnungen zu entfernen und ein sofortiges Kontaktverbot auszusprechen. Damit wird zumindest verhindert, dass sich Eskalationen bis zum Äußersten zuspitzen. Das Grundproblem ist zwar nicht gelöst, aber es können wenigstens akute Gefahrenlagen entschärft werden, wenn der Aggressor sofort aus dem Verkehr gezogen wird.

Ausschlaggebend für die positive Entwicklung sind zweifelsfrei Emanzipation und Gleichberechtigung der Frauen, einhergehend mit gestiegener Eigenständigkeit und größerem Selbstbewusstsein: raus aus der Opferrolle, weg von Fremdbestimmung, hin zu mehr Unabhängigkeit und Selbstständigkeit, weg von gewalttätigen Männern – und zwar schon beim allerersten Versuch von Gewaltanwendung und ein für alle Mal. Es ist für mich als Mann schwer nachzuvollziehen, warum Frauen immer wieder zu Lebenspartnern zurückkehren, von denen sie geschlagen, vergewaltigt oder gedemütigt wurden. Erfreulicherweise gibt es inzwischen zahlreiche staatliche und private Hilfsangebote wie Frauenhäuser und andere Institutionen, die auch reichlich in Anspruch genommen werden. Jährlich flüchten rund 45 000 Frauen – offensichtlich rechtzeitig – in solche Einrichtungen. Das könnte eine Erklärung dafür sein, warum trotz nach wie vor weitverbreiteter Gewalt gegen Frauen wenigstens die Tötungsdelikte rückläufig sind. Vielleicht hat auch die steigende Zahl alleinerziehender Mütter zu dieser Entwicklung beigetragen. Wo kein gewalttätiger Mann, da auch keine Gewalt. Gleichberechtigung und Emanzipation haben vermutlich mehr Menschenleben gerettet, als man ahnt. Das ist auch kämpferischen Leuten wie Alice Schwarzer zu verdanken, mag man zu ihr stehen, wie man will.

Eine kleine Anmerkung: Immer wenn ich es mit einem machomäßigen Brutalo zu tun hatte, die es übrigens in allen gesellschaftlichen Schichten gibt, konnte ich mir einen stets wirkungsvollen Spruch nicht verkneifen, auch wenn er zugegebenermaßen ebenso machohaft klingt: »Männer, die eine Frau oder Kinder schlagen, sind keine Männer, sondern feige Schlappschwänze.«

DUNKELZIFFER

Auch wenn dank vielfältiger Entwicklungen die Zahl der Tötungsdelikte zurückgegangen ist, darf man bei aller Euphorie die Dunkelziffer nicht vernachlässigen, die vor allem bei älteren Menschen besonders hoch sein soll. Einer wissenschaftlichen Untersuchung der Universität Münster zufolge kommt auf ein entdecktes Tötungsdelikt mindestens ein unentdecktes. Manche Fachleute halten sogar höhere Zahlen für wahrscheinlich. Von der Richtigkeit dieser Studie bin ich als Praktiker schon deshalb überzeugt, weil ich selbst mehrmals miterlebt habe, dass Tötungsdelikte erst nachträglich als solche erkannt wurden.

Der siebenfache Frauenmörder Horst David beispielsweise, der in seiner Heimatstadt Regensburg fünf ältere, alleinstehende Frauen tötete, hatte seine Opfer jeweils so drapiert, dass es wie plötzliches Ableben bei irgendwelchen häuslichen Verrichtungen aussah. In drei von fünf Fällen war diese Täuschung erfolgreich, während die beiden anderen ihm nicht nachzuweisen waren, oder er gar nicht erst in Verdacht geraten war. Symptomatisch für diesen Deliktbereich ist auch ein Fall aus dem Kapitel »Der Todesengel«.

Um das Bild abzurunden, sollte man aber nicht nur das private Umfeld der Opfer betrachten, sondern auch die schlimmen Zustände in manchen Altenheimen nicht aussparen, wie nachfolgender, schier unglaublicher Fall verdeutlicht:

Luise war 87 Jahre alt, geistig verwirrt, jedoch körperlich noch erstaunlich agil. Sie war in einem Zweibettzimmer eines großen Altenheims untergebracht. Mitten in der Nacht wähnte sie ihre Mutter im Nachbarbett, krabbelte hinüber und fühlte sich vermutlich in ihre Kindheit zurückversetzt. Jedenfalls hüpfte sie auf ihrer 92-jährigen Zimmerkollegin, die an fortgeschrittener Osteoporose litt, so lange herum, bis diese tot war. Dann kroch sie in ihr eigenes Bett zurück.

Als man am nächsten Morgen das Unglück entdeckte, entfernte man stillschweigend die Verstorbene, obwohl man vom nächtlichen Besuch Luises im Bett ihrer Nachbarin wusste. Hatte sie doch selbst voller Freude darüber berichtet. Dann allerdings passierte etwas, das den eigentlichen Skandal ausmachte: Noch am selben Abend schob man die nächste Patientin zu Luise ins Zimmer, eine 94-Jährige, die an nicht minder schwerer Osteoporose litt.

Prompt verspürte Luise auch in der darauffolgenden Nacht das Bedürfnis, zu ihrer Mama ins Bett zu kriechen und mit dieser zu spielen, und prompt überlebte auch diese Mitbewohnerin den spontanen Besuch nicht. Da diese alte Dame im Gegensatz zum ersten Opfer Angehörige hatte, die misstrauisch wurden und die Polizei einschalteten, konnte zumindest verhindert werden, dass man Luise noch weitere lästige Patientinnen zur »Entsorgung« überließ.

Als mein Kollege und ich am »Tatort« eintrafen, saß Luise auf einem Stuhl vor ihrem Zimmer, einen Teddybären im Arm, strahlte über das ganze Gesicht und vertraute uns mit flüsternder Stimme ein Geheimnis an: »Heute Nacht war meine Mama da«, sagte sie freudig erregt wie ein kleines Kind und verriet uns auch noch, dass Mama in der nächsten Nacht wiederkommen würde.

Luise war strafrechtlich nicht zur Verantwortung zu ziehen und kam in eine geschlossene Abteilung, wo sie ihr Einzelzimmer nicht mehr unbeaufsichtigt verlassen konnte. Die Ermittlungen verliefen im Sande. Niemandem von dem völlig überforderten, stark unterbesetzten und ständig wechselnden Personal war grob fahrlässiges Handeln nachzuweisen, geschweige denn vorsätzliches. Alle wiesen die Verantwortung von sich, schoben sie auf andere. Insgesamt offenbarten sich Zustände in dieser riesigen, sehr unpersönlichen »Altenverwahranstalt«, die einfach nur traurig stimmten.

Als mein Kollege und ich den Tatort verließen, sagte dieser: »Hoffentlich lande ich nie in einer solchen Anstalt. Lieber sterbe ich vorher. Da ist man ja schlimmer dran als die Tiere im Zoo.«

Der Arzt, der die Totenscheine ausgestellt hatte, war in beiden Fällen von einem natürlichen Tod ausgegangen, was ohne Folgen für ihn blieb. So schlossen wir die Akten mit dem Vermerk, dass nicht Luise verantwortlich war, sondern andere. Nur wer?

Das Problem liegt darin, dass in Deutschland jeder Arzt, ob qualifiziert oder nicht, die Leichenschau durchführen kann. Dass dabei insbesondere Hausärzte, die ihre Patienten und deren Familien oft Jahrzehnte kennen, nicht mit der gebotenen Objektivität vorgehen, dürfte außer Zweifel stehen. Ein unbekannter Insider schrieb zu dieser Problematik im Internet:

»Vorbild Österreich: In der Wiener Sensengasse gehen Rechtsmediziner schon seit fast 200 Jahren auf kriminalistische Spurensuche. Für die Österreicher ist es selbstverständlich zu obduzieren, um Todesursachen zu ermitteln. Die Leichenschau wird ausschließlich von amtlich bestellten und besonders qualifizierten Ärzten durchgeführt. Der Hausarzt darf keinen Totenschein ausstellen. So entsteht mehr Distanz zu den Familienangehörigen. Während in Deutschland nur etwa 5 Prozent aller Leichen obduziert werden (davon 2 Prozent in der Rechtsmedizin), werden in Österreich etwa 20 Prozent der Verstorbenen obduziert. Die ermittelten Tötungsdelikte sind doppelt so hoch wie in Deutschland.«

Dennoch leben wir in Deutschland – was Mord und Totschlag betrifft – auf einer Insel der Friedfertigen.

Der Scheißkerl

Wir standen am 4. Dezember um 21.00 Uhr im Hinterhof eines vierstöckigen Mietshauses in München-Ramersdorf, einer Wohngegend in Stadtrandlage, und rätselten darüber, ob man an der noch sehr jungen Tanne, die zwar bis zum Balkon der Tatwohnung im zweiten Stock reichte, aber noch sehr biegsam und instabil war, hätte hochklettern können. Meine Kollegen und ich kamen zu dem Ergebnis, dass dies selbst einem leichtgewichtigen Einbrecher nicht möglich gewesen wäre. Dafür war das Bäumchen zu schwach. Außerdem sah man keinerlei Spuren oder Schäden an den dicht gewachsenen Ästen. Kein einziger war geknickt oder gebrochen.

Wie aber sonst gelangte der Täter auf den Balkon in zehn Metern Höhe? Denn dass er von dort aus in die Tatwohnung eingedrungen sein musste, dafür sprach das kreisrunde Loch, das aus dem Glas der Balkontür in Höhe des Feststellhebels mit einem Glasschneider herausgeschnitten worden war. Und weil die Glasscherben folgerichtig im Inneren des

Raumes lagen und nicht wie bei vielen vorgetäuschten Einbrüchen außerhalb, war augenscheinlich, dass der oder die Täter nur auf diesem Weg in die Wohnung eingestiegen sein konnten. Aber mit Ausnahme des dünnen, dafür ungeeigneten Tännchens gab es an der glatten Hauswand keine Kletterhilfen, und selbst vom Balkon im ersten Stock aus wäre es nicht möglich gewesen, bis in den zweiten Stock zu gelangen. Außerdem fanden sich dort nicht die geringsten Spuren. Solche jedoch hätten vorhanden sein müssen bei dem üppigen Bewuchs, der keinen Zentimeter freiließ. Und dass jemand mit einer Leiter durch die Gegend gezogen sein könnte, schien äußerst unwahrscheinlich.

Abgesehen davon fragten wir uns, warum jemand es ausgerechnet auf diese unauffällige ältere Dame abgesehen hatte. Nach großem Reichtum sah es hier nicht aus. War es vielleicht ein Junkie, der dringend ein paar Euro für Stoff brauchte und sich auch mit geringer Beute zufriedengab? Aber hätte der sich nicht für eine Wohnung im Erdgeschoß entschieden?

Dass jemand in der Tatwohnung nach Beute gesucht hatte, war jedenfalls völlig offensichtlich. Im Wohnzimmer standen beliebige Schubladen der Eichenschrankwand offen, der Inhalt lag wahllos am Boden verstreut. Und inmitten dieses Chaos befand sich die Leiche der 61-jährigen Gerda V. Sie lag auf dem Rücken, den Kopf nach hinten überstreckt, Mund und Augen weit aufgerissen. Wie es bei Toten der Fall ist, die nach Luft japsen und dann doch qualvoll ersticken – oder erstickt werden. Kein schneller Tod, wie man weiß.

Wie immer in solchen Situationen fragte ich mich, was wohl in dieser Frau vor sich gegangen sein mochte in den letzten Augenblicken ihres Lebens. Ob sie ihren Mörder gekannt hat?

Bekleidet war die Tote mit einem Nachthemd, darunter trug sie Unterwäsche, und nichts ließ auf ein Sexualdelikt schließen, was sich später bestätigen sollte. Dass bei weiblichen Opfern, egal welchen Alters, diese Möglichkeit generell in Erwägung gezogen wird, ist der Tatsache geschuldet, dass nicht nur junge Frauen Opfer von Sexualmördern werden, sondern auch ältere.

Ihre Hälfte des Ehebetts im Schlafzimmer war benutzt, die andere unberührt. Sie musste wohl noch einmal aufgestanden und ins Wohnzimmer gegangen sein, wo sie dann angegriffen und getötet wurde. Dafür sprachen auch die Hausschuhe, die unordentlich neben der Couch lagen, als habe sie diese verloren, vermutlich während des Kampfes, der stattgefunden haben dürfte.

War sie aufgewacht, weil sie Einbruchsgeräusche hörte? Hatte sie den Einbrecher überrascht? Falls ja, wann durchwühlte der die vielen Behältnisse? Bevor die Frau auftauchte, oder nachdem er sie getötet hatte? All dies dürfte nicht geräuschlos abgegangen sein. Sollte er die Wohnung nach der Tötung weiter durchsucht haben, würde es sich um atypisches, extrem kaltblütiges Verhalten handeln. Einbrecher flüchten normalerweise, wenn sie entdeckt werden, und vermeiden jeden körperlichen Kontakt. Egal was sich letztendlich herausstellen würde, das Szenario wirkte irgendwie konstruiert: Eine ältere Dame im zweiten Stock eines großen Mietshauses in einer hellhörigen Wohnanlage wurde von einem Einbrecher heimgesucht, der sie auch noch tötete? Mir fiel kein vergleichbarer Fall ein.

Tote an einem Tatort, egal an welchem, bedingen immer die Einschaltung der Mordkommission. Dabei war es unerheblich, ob Gerda V. durch Gewalteinwirkung starb oder ob sie rein theoretisch vor Schreck einem Herzinfarkt erlag. Und falls die Frau umgebracht wurde, machte es keinen Unterschied, ob dies vor dem Hintergrund eines echten oder eines vorgetäuschten Einbruchs geschah. Im Grunde genommen war es der Täter selbst, der die Todesermittlungen in Gang brachte, was eher ungewöhnlich ist. In der Regel sind Mörder bemüht, ihre Tat zu vertuschen und ein natürliches Ableben vorzutäuschen.

Entdeckt wurde die Tat von Karin L., der Tochter der Ermordeten. Sie war Mitte 30, examinierte Krankenschwester und Mutter dreier Kinder. Sie hatte Gerda V., die noch stundenweise bei einem Immobilienmakler arbeitete, den ganzen Tag über nicht erreichen können und deshalb um 19.00 Uhr nach ihr sehen wollen. Zumal ihre Mutter seit Jahren Probleme mit dem Herzen hatte, ohne aber akut krank gewesen zu sein. Einen Schlüssel zur Wohnung besaß sie, sodass sie zusammen mit ihrem Ehemann problemlos nachschauen konnte.

Voller Angst seien sie in die Wohnung gegangen, irgendwie nichts Gutes ahnend. Schließlich fanden sie ihre Mutter im Wohnzimmer liegend, in der Mitte des Raumes, zugedeckt mit einer braunen Decke, die gewöhnlich auf der Couch lag. Als sie diese wegzogen und den Körper sahen, erkannten sie sofort, dass sie bereits tot war.

Es sei ein schrecklicher Anblick gewesen, ihre Mutter so zu sehen. Sie würde diese Bilder ihr ganzes Leben lang nicht mehr loswerden, sagte sie weinend.

Ich versuchte sie zu trösten und riet ihr, sich in professionelle Hände zu begeben. Ich verwies sie an den Psychologischen Dienst der Bayerischen Polizei, wo man ihr weiterhelfen würde. Ich persönlich habe übrigens die Erfahrung gemacht, dass man solche Bilder annehmen sollte und sie nicht verdrängen darf. Man muss sich mit ihnen auseinandersetzen, muss sie an sich heranlassen, ihnen quasi selbstbewusst entgegentreten und vor allem darüber reden.

Der Ehemann der Tochter, der die Wohnungstür aufsperrte, war sich sicher, dass diese nicht nur ins Schloss gezogen, sondern zweimal versperrt war. Wobei der Wohnungsschlüssel nicht von innen steckte, sondern wie immer am Schlüsselbrett im Flur hing, wie es der Gewohnheit des Opfers entsprach. Es gebe noch einen dritten Schlüssel, sagte sie, doch den habe der Vater, der sich derzeit in Uganda aufhalte.

Wenn also kein Schlüssel fehlte, konnte der Täter nach Verlassen der Wohnung die Tür nicht versperrt haben. Das bedeutete im Umkehrschluss, dass er die Wohnung nicht durch die Tür verlassen haben konnte. Demzufolge musste er den Tatort wieder so verlassen haben, wie er gekommen war, nämlich über den Balkon. Also doch ein Einbrecher? Einer, der zehn Meter in die Tiefe gesprungen war? Außerdem: Was war mit der Decke? Die Bedeckung der Leiche sprach nach kriminologischen Erkenntnissen und Erfahrungen für eine Beziehungstat. Es hat angeblich damit zu tun, dass Täter den Anblick ihrer Opfer nicht ertragen können, sofern sie ihnen nahestanden.

Aber natürlich gibt es genauso Fremdtäter, die sich nach der Tat noch eine Zeitlang am Tatort aufhalten und nicht ständig in das verzerrte Gesicht der Person sehen wollen, die sie gerade getötet haben. Irgendwie gab es in diesem Fall zu viel Wenn und Aber.

Für eine Beziehungstat kämen nur die Tochter, deren Ehemann oder eben der Ehemann des Opfers als Täter infrage. Außer diesen engen Bezugspersonen gab es noch die 92-jährige Schwiegermutter des Tatopfers, die in München lebte und noch vernommen werden musste. Aber erst, nachdem ihr die Angehörigen schonend beigebracht haben, was passiert war. Andere Angehörige existierten nicht, das Umfeld von Gerda V. war überschaubar und setzte sich ausschließlich aus nicht aktenkundigen älteren Bürgerinnen zusammen. Wobei ich mir bereits am Tatort sicher war, dass man – rein vom Bauchgefühl her – die Tochter und deren Ehemann als Täter ausschließen konnte. Auch wenn man sich nie nur auf seine Gefühle verlassen sollte.

Die junge Frau war tief erschüttert und wurde genau wie ihr Ehemann durch das Kriseninterventionsteam (KIT) betreut.

»Wer kann denn so etwas gemacht haben?«, sagte sie schluchzend. »Meine Mutter war doch eine ganz normale Frau ohne Reichtümer und ohne Feinde.«

Der Vater halte sich in Uganda auf, wohin er und die Mutter auswandern wollten. Sie hätten dort ein Haus gebaut, um in dem Land ihren Lebensabend zu verbringen. Ihr Vater würde übrigens am 9. Dezember, also in knapp einer Woche, nach München kommen, den Flug habe er schon gebucht. Das stünde auch in dem Brief, der im Briefkasten lag und den er vor drei Tagen geschrieben hatte. Sie würde ihn gleich morgen früh anrufen und ihm die traurige Nachricht übermitteln. Mit ihrer Mutter hatte sie noch gestern Nachmittag telefoniert, ohne irgendwelche Auffälligkeiten zu bemerken. Das Verhältnis zwischen ihren Eltern sei ihres Wissens in Ordnung gewesen. Allerdings nur, weil ihre Mutter gelegentliche Seitensprünge ihres Mannes geduldet hätte, sagte sie offen.

In letzter Zeit wirkte ihre Mutter allerdings verändert, meinte sie. Sie habe deprimiert ausgesehen und erklärt, es gebe einige Probleme, über die sie sich noch klar werden müsse. Vorher wollte sie nicht darüber reden, nicht mit ihren Sorgen und Problemen hausieren gehen. Geöffnet habe sie sich immer erst, wenn sie bereits eine Entscheidung getroffen hatte, und dann die Familie vor vollendete Tatsachen gestellt – sie umzustimmen sei kaum noch möglich gewesen. Wenn sie sich einmal zu einer Entscheidung durchgerungen habe, sei sie stur dabeigeblieben. Und bei anderen ausgeweint, das habe sie nie getan. Im Gegenteil, sie konnte knallhart sein, wenn es darauf ankam.

Aha, dachte ich, sehr interessant. Gab es irgendwo ein Problem und damit die berühmte »Zuspitzung der Ereignisse im zeitnahen Vorfeld der Tat«, wie es Juristen zu nennen pflegen? Wir würden es herausfinden …

Der Erkennungsdienstbeamte, der mit seinen Kollegen die Spurensicherung durchführte, war ein alter Fuchs, der schon Hunderte von Einbrüchen bearbeitet hatte. Sein erster Kommentar: »Das war kein Einbruch. Es sollte nur so aussehen.«

Er behielt recht. Darin waren wir uns nach genauer Sichtung einig. Welcher Einbrecher würde sich schon die Mühe machen, Schubladen leer zu räumen, in denen sich erkennbar nur Krimskrams befand? Und warum hätte er wahllos Kartons, Schachteln und Sonstiges ausräumen und den Inhalt verstreuen sollen, während er wesentlich interessantere Fächer gar nicht oder nur halbherzig durchwühlt hatte?

Nein, hier war nichts gesucht worden, hier sollte nur völlig wahl- und planlos Unordnung erzeugt werden. Jedenfalls ließ sich keines der typischen Einbruchsmuster erkennen, es sollte nur dieser Verdacht erregt werden. Ein manipulierter Tatort, der glauben machen sollte, ein Einbrecher habe die Frau getötet und dann nach Wertgegenständen gesucht. Wobei wir allerdings zunächst nicht herausfanden, ob etwas fehlte, und falls ja, was genau. Als wir es allerdings wussten, fingen alle Überlegungen wieder von vorne an, und erneute Zweifel machten sich breit. Mordermittlungen sind ein ständiges Wechselbad zwischen Hoffnung und Enttäuschung, zwischen Triumph und Niederlage.

Die Ermittlungen liefen auf Hochtouren – wie immer bei Mordfällen mit unbekannter Täterschaft. Alle verfügbaren Ermittler wurden eingesetzt, da besonders die Anfangsphase sehr wichtig ist. Je kürzer der »Vorsprung« des Täters, desto besser, denn mit der Zeit wird sein emotionaler Abstand zur Tat zunehmend größer. Wenn ich übrigens vom Täter spreche und die weibliche Variante außer Acht lasse, dann mit gutem Grund. Eine Frau als

Täterin schied hier aus. Warum? Weil Frauen so nicht morden.

Bei der Obduktion der Leiche im Institut für Rechtsmedizin in München wurde festgestellt, dass Gerda V. infolge Erstickens auf nicht natürliche Weise verstarb, wobei das Opfer fixiert und die Atemwege mehrere Minuten lang verlegt worden waren. Weichteilblutungen an beiden Oberarmen deuteten darauf hin, dass der Täter auf den seitlich ausgebreiteten Armen des Opfers gekniet haben musste, um es auf diese Weise niederzuhalten. Aufgrund dieser klaren Befunde konnte man sich geradezu bildlich vorstellen, wie der Mörder auf der rücklings am Boden liegenden Frau saß, mit beiden Knien die seitlich ausgestreckten Arme am Boden hielt und ein Kissen, eine Decke oder Ähnliches so lange mit aller Kraft auf das Gesicht drückte, bis kein Leben mehr in ihr war. Ein solch qualvoller Todeskampf kann, davon gehen Rechtsmediziner aus, bis zu zehn Minuten dauern und ist verbunden mit schrecklicher Todesangst. Man kann einen derartigen Tod durchaus mit der schlimmsten aller Tötungsarten vergleichen, die es meines Erachtens gibt, nämlich lebendig begraben zu sein. Deshalb war und ist es für mich unverständlich, warum in diesen Fällen nicht das Mordmerkmal der Grausamkeit greift.

In der Tatwohnung fehlte ein Geldbetrag von etwa 2 500 Euro, den die Frau für Notfälle in einer ausgehöhlten Bibel, die im Nachtkästchen lag, versteckt hatte. Eigenartigerweise war im Schlafzimmer sonst nichts durchwühlt worden. Das bedeutete, dass der Täter dieses Versteck mit hoher Wahrscheinlichkeit kannte. Andererseits war zu bedenken, dass erfahrene Einbrecher über solche und ähnlich beliebte Geldverstecke genau Bescheid wissen. Die Geldbörse samt EC-Karte fehlte ebenfalls.

Trotz aller Warnungen ihrer Tochter hatte Gerda V. die PIN-Nummer auf einem schmalen Aufkleber notiert, der sinnigerweise deutlich sicht- und lesbar in der Börse steckte. Ein Dieb hätte diesen Code gar nicht übersehen können, weshalb sich die Frage nach einem Insider wieder relativierte.

Wie sich herausstellte, war bereits um 5.30 Uhr an einem Geldautomaten in der Nähe des Rosenheimer Platzes der Tageshöchstbetrag von 1 000 Euro abgehoben worden. Eigenartigerweise erfolgte keine weitere Abhebung, obwohl das bis zur Kontosperrung am 5. Dezember noch möglich gewesen wäre. Ab Mitternacht hätte der Automat wieder 1 000 Euro ausgespuckt – eigentlich kaum vorstellbar, dass dies ein professioneller Einbrecher nicht ausgenutzt haben sollte. Es sei denn, er hatte die Stadt verlassen und wollte durch eine erneute Abhebung nicht verraten, wohin er sich abgesetzt hatte.

Gerda V. besaß einen Kleinwagen, der normalerweise auf einem zum Haus gehörenden und durch einen Sperrpfosten gegen unbefugte Benutzung gesicherten Parkplatz abgestellt war. Der Schlüssel des Fahrzeugs lag in der Wohnung unter einer Zeitung mit dem Datum vom 3. Dezember auf dem Küchentisch.

Wie die Tochter uns erklärte, hatte die Mutter einen Ersatzschlüssel unter einer Radkappe am Fahrzeug deponiert und dort mit Klebeband festgeklebt. Außer ihr wisse das niemand, nicht einmal der Vater, denn der hätte über solch bodenlosen Leichtsinn geschimpft. Ihre Mutter sei gelegentlich vergesslich und schusselig gewesen und habe Dinge häufig verlegt – deshalb die PIN im Geldbeutel und der Ersatzschlüssel samt dem Schlüsselchen für den Sperrpfosten unter einer Radkappe.

Merkwürdig war allerdings, dass der Pkw nicht auf dem angestammten Platz stand, sondern in der Nähe abgestellt war, was den Schluss nahelegte, dass das Fahrzeug benutzt worden war. Aller Wahrscheinlichkeit nach jedoch nicht von der Mutter, die ihr Fahrzeug stets auf dem eigenen Stellplatz parkte. Dort hingegen stand ein fremder Pkw, dessen Halter, ein Busfahrer, aussagte, der Platz sei am Morgen des 4. Dezember um 5.30 Uhr leer gewesen, nicht aber an dessen Vorabend um 23.00 Uhr, als er zum Nachtdienst musste. Da habe sich das Fahrzeug von Frau V. wie immer dort befunden. Als er den freien Platz am Morgen bemerkte, dachte er, dass sie weggefahren sei und vermutlich wie immer erst am Nachmittag zurückkommen würde, und stellte deshalb sein Fahrzeug für ein paar Stunden dort ab. Der Sperrpfosten sei übrigens nicht verschlossen gewesen. Klare Aussagen, die ein Zeitfenster aufzeigten, in dem das Fahrzeug bewegt worden sein musste. Allerdings zu nachtschlafender Zeit, zu der die Frau normalerweise im Bett gelegen haben dürfte.

Undenkbar, dass ihre Mutter nachts mit dem Pkw herumgefahren sei, erklärte die Tochter. Sie war so gut wie nachtblind und hatte einen Horror davor, bei Dunkelheit Auto fahren zu müssen. Da der Reserveschlüssel unverändert unter der Radkappe klebte, verwendete der letzte Benutzer ganz offensichtlich den regulären Schlüssel, der jetzt wieder in der Küche der Tatwohnung lag. Aufbruchspuren am Fahrzeug waren nicht vorhanden. Eine verwirrende Geschichte.

Wer also konnte den Pkw am 3. Dezember nach 23.00 Uhr weggefahren haben, um ihn zu einem späteren Zeitpunkt in der Nähe wieder abzustellen? Wurde der Wagen deshalb auf der Straße abgestellt, weil der reguläre Parkplatz ab 5.30 Uhr besetzt war?

Falls nicht Gerda V. selbst, so musste es jemand anderes gewesen sein, der den Pkw-Schlüssel in die Wohnung zurückbrachte. Das machte kein Einbrecher, überlegten wir. Oder doch? Schließlich kam es durchaus vor, dass Täter noch einmal an den Tatort zurückkehrten, weil sie etwas Verräterisches vergessen oder verloren hatten.

Ihr Vater halte sich definitiv in Uganda auf, erklärte die Tochter. Sie habe bereits in den frühen Morgenstunden des 5. Dezember, gegen 7.00 Uhr, in einem benachbarten Hotel angerufen, in dem er häufig verkehre und dessen deutscher Besitzer ein Freund von ihm sei. 30 Minuten später habe er dann zurückgerufen, denn in seinem Haus gebe es noch kein Telefon und es würde sicherlich dauern, bis er eines bekomme. Ein Mobiltelefon besitze ihr Vater nicht und wolle auch keines. Er hasse diese Dinger, bekundete die Tochter. Trotzdem sei er über das Hotel jederzeit stets zuverlässig und schnell erreichbar, selbst zur Nachtzeit wäre ein Boy sofort zum Haus des Vaters hinübergegangen, um ihn zu benachrichtigen. Ihr Vater sei »fix und fertig« gewesen, als er vom Tod der Mutter hörte, habe sogar am Telefon geweint, was sonst nicht seine Art sei. Jedenfalls habe sie ihren Vater noch nie weinend erlebt.

Normalerweise stehen bei Beziehungstaten immer zuerst die Angehörigen beziehungsweise das nahe Umfeld des Opfers im Fokus der Ermittler. Man geht dabei immer von innen nach außen vor. In diesem Fall war derjenige, der unserem Opfer – neben der Tochter – am nächsten stand, der Ehemann. Dieser weilte im fernen Uganda, hatte erst am 1. Dezember einen Brief an seine Frau geschrieben, der bei Tatentdeckung am 4. Dezember tatsächlich in deren Briefkasten lag; in der Nacht zum 5. Dezember erreichte ihn die Tochter telefonisch in

Uganda. Da die Zeitverschiebung nur zwei Stunden beträgt, fiel diese nicht ins Gewicht.

Wann genau war Gerda V. ermordet worden? Fest stand, dass sie am 3. Dezember um 19.30 Uhr ein Telefongespräch mit einer Bekannten beendet hatte. Da es danach keine Telefonate oder Kontakte mehr gab, von denen wir wussten, nahmen wir dies als ihr letztes Lebenszeichen. Sie war wohl auch bereits zu Bett gegangen, was sie gewöhnlich gegen 22.00 Uhr zu tun pflegte. Am 4. Dezember war um 5.30 Uhr mit ihrer EC-Karte Geld abgehoben worden, und zwar an einem etwa 15 Gehminuten vom Tatort entfernten Geldautomaten, der leider keine Videoüberwachung hatte. Es lag demnach der Rückschluss nahe, dass sie möglicherweise in der Nacht vom 3. auf den 4. Dezember zwischen 22.00 und 5.15 Uhr ermordet worden war. Das deckte sich ebenfalls mit den rechtsmedizinischen Berechnungen zum Todeszeitpunkt, denen zufolge dieser eher vor Mitternacht gelegen haben dürfte. Exakte Zeitangaben zum Todeszeitpunkt machen allenfalls Rechtsmedizinerinnen und Rechtsmediziner in Kriminalfilmen.

Um den Ehemann als möglichen Täter ausschließen zu können, stellten sich mehrere Fragen: Konnte er heimlich nach München gekommen sein? Hätte er nach der Tat beziehungsweise nach Abhebung des Geldbetrags am 4. Dezember um 5.30 Uhr am Rosenheimer Platz in München wieder so rechtzeitig in Masaka in Uganda sein können, um am

5. Dezember gegen 7.00 Uhr dort von der Tochter telefonisch erreicht zu werden? Rein theoretisch möglich, denn die Flugzeit München-Nairobi beträgt etwa achteinhalb Stunden, die von Nairobi nach Entebbe eine Stunde und die Fahrzeit von Entebbe nach Masaka mit dem Auto rund zwei Stunden. Macht zusammen etwa zwölf Stunden – falls er gegen 6.00 Uhr am 4. Dezember zum Flughafen gefahren wäre, einen Flug nach Nairobi und von dort weiter nach Entebbe bekommen hätte und sofort mit dem Auto nach Masaka gefahren wäre.

Natürlich stellte es kein Problem dar, herauszufinden, ob er Flüge gebucht hatte. Aufgrund der strengen Ein- und Ausreiseregelungen in Uganda bekommt man in beiden Fällen dicke Stempel in den Pass. Käme also der Ehemann als Täter infrage, müsste er ziemlich naiv sein, nicht in Erwägung zu ziehen, dass es für uns ein Kinderspiel wäre, etwaige Reiseaktivitäten zu überprüfen. Doch Christian V. war sicher alles andere als naiv, sondern akademisch gebildet und hochintelligent.

Karin L. war bereit, mit uns eine Tatortbesichtigung durchzuführen. Sie sollte feststellen, ob außer den bereits bekannten Gegenständen Weiteres fehlte oder ob ihr sonst etwas Außergewöhnliches auffiele.

Sie wurde fündig. Wobei wir nicht einschätzen konnten, ob diese neue Erkenntnis für einen Einbrecher oder einen Täter aus dem Umfeld sprach. Jedenfalls vermisste sie das Sofakissen, das sie ihrer Mutter noch während ihrer Schulzeit zu einem Geburtstag geschenkt hatte. Den Kissenbezug habe sie im Rahmen des Handarbeitsunterrichts selbst bestickt, er sei für ihre Mutter eine liebevolle Erinnerung gewesen.

Welcher Täter nahm denn das Kissen mit, mit dem er sein Opfer erstickt hat, fragten wir uns. Dafür gab es nur eine Erklärung: Er fürchtete wohl mit Recht, Spuren darauf hinterlassen zu haben. Was wiederum keinen Rückschluss darauf zuließ, ob es sich um eine Beziehungstat oder einen Fremdtäter handelte. Gerade Einbrecher sind meist erkennungsdienstlich erfasst und wissen genau, dass man sich gegen das Hinterlassen von Fingerspuren schützen kann, nicht aber gegen das Hinterlassen verräterischer DNA-Spuren. Aber trotz dieser offenen Fragen tendierten wir zu einer Beziehungstat.

Beziehungstaten, sofern es sich um Mord handelt, lassen, wie bereits an anderer Stelle erwähnt, in der Regel erwarten, dass der oder die Täter planvoll und raffiniert vorgehen. Und dass sie das Risiko, überführt zu werden, als sehr gering einschätzen. Ein hohes Risiko gehen meist nur professionelle Täter ein. Bei Beziehungstaten finden sich dagegen häufig Manipulationen am Tatort, durch die der Verdacht in eine bestimmte Richtung gelenkt werden soll.

Wir bekamen den Brief vom 1. Dezember zu lesen, den die Tochter bei Auffindung ihrer Mutter in deren Briefkasten gefunden hatte. Er warf wieder eine Reihe von Fragen auf, die uns die Bewertung der Tat erschwerten. Die erste lautete, ob jemand einen Brief an seine Frau schreibt, um sie dann zwei Tage später zu töten? Zumal es sich um ein liebevolles, freundliches Schreiben handelte, in dem Christian V. den Fortgang der Bauarbeiten schilderte, seinen Besuch für den 9. Dezember bestätigte, und ihr versicherte, dass er sie liebe und sich auf ihr gemeinsames Leben in diesem herrlichen Land freue. Langjährige Mordermittler wissen, dass Menschen durchaus falsch, verlogen und gemein sein können. Andererseits schien es unwahrscheinlich, dass dieser Brief derart manipuliert war. Es sei denn, es wäre Absicht des Verfassers gewesen, dass er nach der Tat gefunden wurde. Aber was wäre gewesen, wenn er schon vor dem Tod der Frau angekommen und von ihr gelesen worden wäre? Hätte sie dann nicht sofort ihre Tochter informiert, wenn ihr der Inhalt als verlogen erschienen wäre?

Andererseits fragte ich mich, ob es normal sein konnte, im Alter von 63 Jahren einer Frau, mit der man über 30 Jahre verheiratet war, einen so glühenden Liebesbrief zu schreiben? Uns kam das eigenartig vor. Wollte er sie aus irgendwelchen Gründen einlullen? Oder täuschen? Oder ablenken? Oder besänftigen?

Der für die Sachbearbeitung zuständige Ermittler entdeckte etwas sehr Erstaunliches. Der Brief war zwar vom Verfasser auf den 1. Dezember datiert, aber das erwies sich als völlig beliebiges Datum, denn der Poststempel besagte zweifelsfrei, dass der

Brief in Deutschland aufgegeben wurde: abgestempelt in München am 3. Dezember. Welch eine Überraschung!

Eine Zeugin meldete sich, nachdem in den Medien über den Fall berichtet worden war. Die Postangestellte wohnte unmittelbar dort, wo der Pkw des Mordopfers abgestellt war, und die Frau kannte nicht nur die Familie V. seit vielen Jahren, sondern auch deren Auto. Dass der Fiat am Morgen des 4. Dezember direkt vor ihrem Haus stand, habe sie gewundert, da ihn Frau V. sonst immer auf ihrem angestammten Parkplatz abstellte. Sie sei sich absolut sicher, dass das Fahrzeug am Vorabend noch nicht dort geparkt war, da sie um 22.00 Uhr mit dem Hund um den Block gegangen sei. Es wäre ihr garantiert aufgefallen, wenn der Wagen von Frau V. bereits zu diesem Zeitpunkt vor ihrer Haustür gestanden hätte.

Am nächsten Morgen sei sie wie immer pünktlich um 5.50 Uhr aus dem Haus gegangen. Dabei habe sie einen Mann gesehen, der sich vom Fahrzeug weg in Richtung des Wohnhauses von Frau V. bewegte. Sie könne zwar nicht sagen, ob dieser Mann am Fahrzeug der Frau V. war oder ob er es gar selbst dort geparkt habe, aber er sei direkt auf das Wohnhaus der Familie V. zugegangen. Da sie ihn allerdings nur von hinten sah, vermochte sie ihn nicht näher zu beschreiben. Es sei ein großer, kräftiger Mann gewesen, der einen dunklen Blouson und einen Hut getragen habe.

Ob es sich um Herrn V., der ihr ebenfalls seit Jahren bekannt war, gehandelt haben könnte, wusste die Zeugin nicht zu sagen. Von der Statur und der Größe her sei es möglich. Sicher war sie hingegen, dass der Mann mit einem Handy telefonierte, während er sich langsam entfernte. Sie habe sogar Wortfetzen gehört, aber nicht verstanden.

Auf die Frage, ob der Mann deutsch sprach, meinte sie, es könnte Englisch gewesen sein.

Christian V. kam am 9. Dezember in München an, ohne zu wissen, dass einige Stunden vorher zwei Ermittler der Münchner Mordkommission in Entebbe gelandet waren. Was wir absichtlich so organisiert hatten. Sie sollten dort zusammen mit der ugandischen Polizei entsprechende Ermittlungen anstellen und insbesondere das Alibi des Ehemanns überprüfen. Selbstverständlich war diese Aktion geheim.

Christian V. erklärte nach seiner Ankunft am Flughafen München, er habe sich sofort nach der Nachricht vom Tod seiner Ehefrau bemüht, den Flug vorzuverlegen, aber eine Umbuchung sei leider nicht möglich gewesen. Dem großen, gut aussehenden Mann hätte man seine 63 Jahre nicht angesehen, trotz der grauen, jedoch immer noch dichten Haare. Er wirkte sichtlich nervös. Aber wer ist nicht nervös, wenn die Mordkommission auf ihn wartet?

Christian V. begleitete die Beamten nach Begrüßung seiner Tochter zur Dienststelle, um eine Aussage als Zeuge zu machen. Wobei den Beamten auffiel, dass die Tochter merkwürdig distanziert wirkte. Als ihr Vater sie in den Arm nehmen wollte, verhielt sie sich sehr zögerlich und befreite sich sogleich wieder aus seiner Umarmung. Es schien fast, als wollte sie ihren Schmerz nicht mit ihrem Vater teilen. Sie weinte auch nicht, sondern gab sich fast wie eine Fremde. Ahnte sie etwas? Oder wusste sie gar etwas, das sie uns verschwiegen hatte? Was übrigens ihr gutes Recht und auch verständlich wäre. Niemand ist in unserem Rechtssystem gezwungen, Angehörige zu belasten und diese dadurch der Strafverfolgung auszusetzen. Dabei kann es sehr schwer sein, eine Entscheidung zwischen Vater und Mutter treffen zu müssen.

Dass die Vernehmung des Ehemanns sich sehr ausführlich gestaltete, hing damit zusammen, dass wir in solchen Fällen alles wissen wollen, und zwar über die Opfer genauso wie über alle anderen Beteiligten. Gute Mordermittler interessiert jede Kleinigkeit, denn selbst winzigste Hinweise können wichtig werden.

Als Erstes ließen wir uns seinen Reisepass zeigen, wobei wir einen Kollegen hinzugebeten hatten, der als Spezialist in Sachen Dokumentenfälschung galt. Zudem besaß er umfassende Kenntnisse über die rechtlichen Aus- und Einreisebestimmungen der meisten Länder dieser Erde.

Christian V. legte einen deutschen Reisepass vor, acht Jahre zuvor in München ausgestellt, in dem sich zahlreiche Aus- und Einreisestempel der ugandischen Behörden befanden. Was er jedoch nicht wusste, war die Tatsache, dass wir uns gründlich vorbereitet und bereits in Erfahrung gebracht hatten, dass Christian V. vor gut einem Jahr seinen deutschen Reisepass als verloren gemeldet und daraufhin einen neuen erhalten hatte. Anscheinend hoffte er, wir würden das nicht herausfinden.

Im Nachhinein betrachtet blieb ihm allerdings gar nichts anderes übrig, als uns den alten Reisepass vorzulegen. Nur in diesem befanden sich die entsprechenden ugandischen Ein- und Ausreisestempel, und nur anhand dieser konnten seine Reiseaktivitäten nachvollzogen werden.

Sein Alibi schien zu stehen, denn laut Visum war er letztmals Mitte September in Uganda eingereist und erst jetzt, am 9. Dezember, wieder ausgereist. Natürlich hatten wir mithilfe der ugandischen Botschaft überprüft, ob es möglich gewesen wäre, nach Deutschland auszureisen ohne Stempel im Pass. Zwar ließ es sich nicht gänzlich ausschließen, wäre allerdings mit hoher Wahrscheinlichkeit bei der Wiedereinreise aufgeflogen und hätte zu enormen Problemen geführt, möglicherweise gar zur Festnahme. Bestochene Beamte am Einreiseschalter schlossen die ugandischen Behörden schon deshalb aus, weil es keine festen Dienstpläne gab – zumindest keine, die zuverlässig eingehalten wurden. Die

Fluktuation bei den Passkontrollen sei groß und völlig unberechenbar, erklärte man uns. Dass er nach illegaler Ausreise auch illegal wieder hätte einreisen können, würde voraussetzen, dass er an denselben bestochenen Beamten geraten wäre, was mit an Sicherheit grenzender Wahrscheinlichkeit ausgeschlossen wurde.

Was die Alibiangaben betraf, hatten wir natürlich bei allen Fluggesellschaften, die Entebbe anflogen, recherchiert, ob Christian V. einen entsprechenden Flug gebucht hatte. Doch er hatte in den letzten Monaten definitiv keinen Flug aus Uganda hinaus oder nach Uganda hinein gebucht. An seinem Alibi war also nicht zu rütteln.

»Wo ist Ihr neuer Reisepass?«, fragte der Vernehmungsbeamte unvermittelt, nachdem ihm Christian V. das alte, angeblich verloren gegangene Dokument vorgelegt hatte.

Der Mann, der ohnehin schon einen nervösen Eindruck machte, obwohl er als Zeuge und nicht als Tatverdächtiger oder gar Beschuldigter belehrt worden war, lief plötzlich rot an. Man sah ihm an der Nasenspitze an, dass er sich ertappt fühlte. Was ihm in diesem Moment wohl selbst bewusst wurde. Er musste etwas preisgeben, das er vermutlich gerne verschwiegen hätte. Erstaunliches kam jetzt zutage, allerdings vereinfachte es die Dinge nicht. Manchmal kann auch das Einräumen von Fehlverhalten oder sogar Straftaten vom Hauptthema ablenken. Und das war in diesem Fall Mord.

»Als Ausländer darf man sich nur für jeweils drei Monate in Uganda aufhalten, dann muss man ausreisen und wieder neu einreisen«, begann er zu schildern. »Deshalb habe ich immer rechtzeitig ein Flugticket gebucht, damit die Ausreise vor Ablauf der jeweiligen Dreimonatsfrist auch wirklich gesichert ist. Wird sie nämlich überzogen, kann es passieren, dass man überhaupt nicht mehr ins Land darf. Vor knapp einem Jahr habe ich einmal vorzeitig zurückreisen müssen, weil das Arbeitsamt mich einbestellt hatte. Und weil ich befürchtete, sie könnten meinen Reisepass kontrollieren und die vielen Ein- und Ausreisestempel der uganischen Behörden entdecken, meldete ich den Pass nach meiner Ankunft in München als verloren. Daraufhin bekam ich einen neuen. In der Folgezeit habe ich diesen dann bei den Einreisen in Deutschland vorgelegt, während ich bei den ugandischen Behörden stets den alten Reisepass vorzeigte. Auf diese Weise hatte ich für das Arbeitsamt immer einen ›sauberen‹ Pass und konnte so meine dauernde Anwesenheit in Deutschland belegen.«

Seine Beichte ging weiter, wodurch er den Eindruck bedingungsloser Offenheit erweckte. Immerhin bezichtigte er sich des Sozialbetrugs und musste damit rechnen, dass wir ihn dem Arbeitsamt meldeten. Ein starkes Indiz für ein Ablenkungsmanöver beziehungsweise für die Eröffnung eines sogenannten Nebenkriegsschauplatzes.

»Ich beziehe seit dem Ausscheiden aus meinem

alten Unternehmen vor fast zwei Jahren Arbeitslosengeld in Höhe von 2 300 Euro monatlich. Allerdings muss ich aufgrund der gesetzlichen Bestimmungen der Arbeitsvermittlung in München regelmäßig zur Verfügung stehen. Das ist schwierig, weil ich nahezu ausschließlich in Uganda bin, um dort unseren Hausbau voranzutreiben. Ich sehe das auch nicht als Betrug, denn das Arbeitslosengeld steht mir zu. Also hatte ich mit meiner Frau vereinbart, sie solle regelmäßig Bewerbungen an die verschiedensten Firmen absenden, um den Anschein zu erwecken, ich würde mich um einen neuen Arbeitsplatz bemühen. Wenn ich hin und wieder zum persönlichen Erscheinen beim Arbeitsamt vorgeladen wurde, hat sie mich sofort informiert. Da die Aufforderungen immer schriftlich und mit ausreichend zeitlichem Vorlauf erfolgten, blieb genügend Zeit, meine rechtzeitige Rückkehr zu organisieren.«

Das alles klang sehr ehrlich, zu ehrlich. Als er aus dem Unternehmen ausschied, ergänzte er, habe er eine Abfindung in oberer fünfstelliger Höhe erhalten. Seine in München lebende Mutter habe ihm vorzeitig sein Erbteil in Höhe von etwa 100 000 Euro geschenkt. In Masaka, einem Touristenort etwa zwei Autostunden von der ugandischen Küstenstadt Entebbe entfernt, kaufte er dann seinen Angaben zufolge ein Grundstück für 10 000 Euro und baute darauf ein Haus, für das er bislang 140 000 Euro aufgewendet hatte. Insgesamt sei er leicht verschuldet, aber aufgrund des hohen Arbeitslosengeldes und unter Mithilfe seiner Frau, die ebenfalls eine gute Rente zu erwarten habe, hätten sie die Schulden in den nächsten fünf Jahren tilgen können. Ohne seine Frau würde das jetzt sehr schwierig, klagte er. Ihr Tod sei deshalb eine Katastrophe, er wisse nicht, wie es weitergehen solle. Hatte er gar kein Motiv? Es sah so aus.

Seine Frau habe immer mindestens 2 000 bis 3 000 Euro im Hause gehabt, wusste er zu berichten. Rein für Notfälle, man könne ja nie wissen. Welche Art von Notfällen das hätte sein können, vermochte er uns nicht zu erklären. Klar war hingegen, dass er als Ehemann über Insiderwissen verfügte, sodass sich weder aus Spuren noch aus der Kenntnis von Aufbewahrungsorten oder Gewohnheiten seiner Frau ein Verdacht ableiten ließ.

Das Schwierige bei solchen Fällen ist, dass interessante Spuren nicht beweiskräftig sind, sofern es sich bei den Verursachern um Berechtigte handelt. Die Spurensicherung war zwar noch nicht abgeschlossen, aber selbst Fingerspuren oder DNA von ihm in der Tatwohnung würden nichts beweisen.

Christian V. konnte nicht viel zur Aufklärung des Mordes an seiner Frau beitragen. Er habe keine Vorstellung, wer das gewesen sein könnte. Wenn kein Geld mehr in der Wohnung sei, müsse es sich um einen Raubmord gehandelt haben, sinnierte er und gab uns damit gleich die Richtung vor, in die wir wohl ermitteln sollten. Genügend kriminelle

Gestalten würden sich in der Gegend ja herumtreiben, fügte er hinzu.

Die Beisetzung von Gerda V. erfolgte im engsten Familienkreis. Ihr Ehemann, die Tochter und die betagte Schwiegermutter der Verstorbenen, geführt von der Enkelin und mit deutlichem Abstand zum eigenen Sohn, folgten der Urne. Außer den Angehörigen waren noch einige enge Freundinnen der Ermordeten gekommen. Wir hielten uns im Hintergrund und beobachteten die Szenerie, ausgehend von der aus meiner Sicht völlig unbewiesenen Annahme, Mörder würden heimlich an den Beisetzungen ihrer Opfer teilnehmen. Ich bin vielmehr überzeugt, dass manche Mörder nicht heimlich teilnehmen, sondern in der vordersten Reihe der Trauernden zu finden sind.

Da wir keine Rechtsgrundlage hatten, Christian V. festzuhalten oder ihm die Ausreise zu verbieten, zogen wir seine Reisepässe ein, weil er sich den zweiten widerrechtlich erschlichen hatte. Er müsse warten, bis die Verwaltungsbehörde entscheide, wie in dieser Sache zu verfahren sei.

Es war Zeit, die 92-jährige Schwiegermutter der Ermordeten zu vernehmen. Menschen in diesem Alter können nicht mehr lügen, das wäre für sie zu anstrengend. Allerdings irren sie sich häufiger, was dem nachlassenden Gedächtnis geschuldet ist. Manche allerdings erweisen sich als wahre Naturwunder und verblüffen oft mit einem hervorragenden Langzeitgedächtnis. So wie in diesem Fall. Am 18. November, ihrem Geburtstag, sei ihre Schwiegertochter zusammen mit ihrer besten Freundin, die inzwischen ebenfalls vernommen worden war, zum Kaffee bei ihr gewesen.

Die Angaben beider Damen deckten sich im Wesentlichen und können wie folgt zusammengefasst werden:

Gerda V. war empört. Sie hielt einen Brief ihres Ehemanns, den er ihr aus Uganda geschrieben hatte, in Händen. Darin kündigte er ihr an, auf seine Geliebte keinesfalls verzichten zu wollen. Er werde von seinem ursprünglichen Plan, in einer Dreierbeziehung in Uganda im gemeinsamen Haus den Lebensabend verbringen zu wollen, nicht abrücken. Ein trautes Zusammenleben mit ihrem Mann und dessen junger Geliebter kam für Gerda jedoch nicht infrage. Vor einigen Monaten war sie in Uganda gewesen, um den Fortgang des Hausbaus zu begutachten, dabei hatte sie auch Mary kennengelernt, eine 27-jährige Schönheit.

Nach ein paar Tagen schon machten ihr Ehemann und Mary kein Geheimnis mehr aus ihrer intimen Beziehung, was sie zunächst nicht allzu sehr störte. Schon immer hatte ihr Mann kurze, rein sexuell motivierte Affären gehabt, die sie aber in dem Wissen tolerierte, er würde deswegen die Ehe mit ihr nie gefährden. Da sie außerdem selbst seit Jahren keinen Sex mehr wollte, sah sie ein, dass es lebensfremd und egoistisch wäre, die gleiche Abstinenz von ihrem Mann zu verlangen, zumal er in dieser Hinsicht ganz anders dachte als sie. Für ihn war Sex immer schon wichtig, ihr bedeutete er nichts. Bei dieser neuen Beziehung jedoch handelte es sich für Christian nicht nur um eine Affäre oder ein sexuelles Abenteuer, sondern er liebte diese junge Frau. Mehr noch: Er war ihr hörig. Jedenfalls hatte er sich von seiner Ehefrau in über 30 Ehejahren nie so herumkommandieren lassen wie von dieser jungen Afrikanerin. Eigentlich war er früher eher das, was man einen Macho nennt. Jetzt schien er fast unter dem Pantoffel der Uganderin zu stehen. Sogar während ihrer Anwesenheit schlief sie mit in seinem Zimmer – nicht einmal in dieser kurzen Zeit nahmen sie Rücksicht. Stattdessen spielte Mary sich als Herrin des Hauses und Gastgeberin auf – eine Rolle, die immer noch ihr gebührte, ereiferte Gerda V. sich. Als sie abreiste, machte sie ihrem Mann klar, dass er sich entscheiden müsse. Niemals werde sie diese Dreierbeziehung akzeptieren.

Gerda V. war erstmals während ihrer jahrzehntelangen Ehe eifersüchtig und tief gekränkt. Wurde ihr doch bewusst, dass sie in dieser Dreierbeziehung nur ein notwendiges Anhängsel wäre, und zwar nur aus rein finanziellen Erwägungen heraus. Würde sie sich scheiden lassen und in München bleiben, müsste er ihr einen finanziellen Ausgleich zahlen und das gemeinsame Vermögen mit ihr teilen. Dazu hätte er das Haus in Uganda verkaufen müssen. Außerdem konnte sie ihn beim Arbeitsamt auffliegen lassen, denn sie wusste schließlich Bescheid. Das konnte Ärger und auch eventuelle Rückzahlungsforderungen nach sich ziehen.

Alle diese negativen Aussichten zeigte sie ihm in einem Brief vom 17. November sehr deutlich auf. Ihr Entschluss stand fest, wie immer, wenn sie sich einmal entschieden hatte. Sie würde nicht mehr wie geplant nach Uganda umsiedeln, sondern hier in München in ihrer Wohnung bleiben und sich außerdem scheiden lassen.

»Ich werde ihn ruinieren«, sagte sie zu ihrer Schwiegermutter.

»Gerda, das gibt eine Katastrophe, tu das nicht«, beschwor sie die betagte Dame. Aber Gerda lachte nur, denn zu groß waren ihr Hass und ihre Rachegedanken.

Dann ging es Schlag auf Schlag. Die Auswertung der Funkzellen rund um den Tatort bezüglich der Tatnacht lag vor. Dabei hatte uns die Aussage jener Nachbarin geholfen, die am 4. Dezember um 5.50 Uhr einen Mann in Tatortnähe gesehen hatte, der mit einem Handy telefonierte. Wir landeten einen Volltreffer: Eingeloggt hatte sich genau zu dieser Zeit die Rufnummer eines in Uganda registrierten Mobiltelefons.

Von diesem Handy aus war sowohl am 3. als auch am 4. Dezember mehrfach eine Nummer in

Uganda angerufen worden, die sich als die des besagten Hotels herausstellte, das Christians bestem Freund gehörte und in dem Mary als Geschäftsführerin arbeitete. Welch ein Zufall.

Über den uganischen Provider war ohne Schwierigkeiten zu eruieren, wann und von wo aus dieses Handy nach Uganda Verbindung hatte. Die deutsche Funkzellenauswertung zeigte, wo sich der Teilnehmer befand, als er telefonierte. Es wurden zwei Standorte ermittelt, die am Flughafen München lagen und die sich von dort in die Stadt bewegten, unter anderem zum Tatort. Allerdings waren zu den bekannten Zeiten keinerlei Flugzeuge aus Uganda gelandet oder dorthin gestartet.

Auffallend war jedoch, dass am 3. Dezember um 12.50 Uhr eine Maschine der British Airways landete, die über London aus Nairobi kam, und am 4. Dezember um 7.25 Uhr eine Maschine der Al Italia von München über Mailand nach Nairobi startete. Zufall, dass sich der Handybesitzer zu beiden Zeiten ausgerechnet am Flughafen aufhielt? Aber weder bei British Airways noch bei Al Italia war jemals ein Passagier namens Christian V. registriert.

Die Kollegen aus Uganda übermittelten uns eine enttäuschende Nachricht: Mary bestätige das Alibi von Christian V. Ihr Freund habe sich während der letzten drei Monate ununterbrochen im Lande aufgehalten und Nacht für Nacht neben ihr im Bett gelegen. Die Ehefrau ihres Geliebten sei zwar einmal zu Besuch hier gewesen, habe sich aber an der Beziehung zwischen ihr und ihrem Mann nicht gestört. Sie sei deshalb wohl auch mit einem künftigen Zusammenleben zu dritt einverstanden gewesen, weil sie sich selbst mehrmals wöchentlich schwarze Boys ins Bett geholt habe.

Jetzt kannte sich niemand mehr aus. Gerda V. soll eine Sextouristin gewesen sein? Nie und nimmer. Das konnten wir aufgrund des Opferbildes, das wir längst erarbeitet hatten, definitiv ausschließen. Mary musste gelogen haben.

Die Auswertung der Spuren brachte den Durchbruch und lieferte einen klaren, unumstößlichen Sachbeweis. Egal wie und auf welche Weise Christian V. nach München gekommen war, er hatte seine Frau getötet. Unter deren Fingernägeln fand sich nämlich seine DNA. Nun sind DNA-Spuren für sich alleine genommen nicht beweiskräftig, vor allem wenn es sich bei dem Verursacher um eine Person handelte, die sich berechtigt am Tatort aufhielt. Aber es gibt Ausnahmen. Spermaspuren zum Beispiel auf einer Kinderleiche bedürfen keines Geständnisses mehr. Deutliche Hautzellen unter den Fingernägeln einer erstickten Frau ebenso nicht.

Christian V. war überführt. Er tat das einzig Richtige in dieser Situation und legte ein Geständnis ab. Allerdings eines, das nicht von Reue und Einsicht getragen war, sondern von Schuldzuweisungen. Angeblich habe ihn seine Frau im Rahmen einer Aussprache wegen der von ihr geplanten Scheidung, zu der er eigens mit einem gefälschten britischen Pass nach München gekommen sei, aufs Übelste beleidigt, angegriffen und geschlagen, sodass ihm gar nichts anderes übrig geblieben sei, als sie im Affekt zu töten.

Warum er einen gefälschten britischen Pass benötigte, wenn er »nur« zu einer Aussprache nach München gekommen war, vermochte er nicht zu erklären. Und von wem er diesen bekommen hatte, konnten wir ihm nicht entlocken.

Am 2. Dezember gab Christian V. gegenüber seiner Geliebten Mary vor, er habe sich den Magen verdorben und halte es für besser, nach Entebbe zu fahren und dort einen Arzt aufzusuchen. Er wolle nicht riskieren, an einer Lebensmittelvergiftung zu erkranken. Sicherheitshalber würde er dort einige Tage unter ärztlicher Beobachtung bleiben und den Aufenthalt für einen Generalcheck nutzen. Vielleicht könne er auch einige Termine erledigen. Da sein Freund Harry G., der deutsche Hotelbesitzer, ohnehin zum Flughafen Entebbe fahre, um nach Deutschland zu fliegen, wolle er sich ihm gleich anschließen.

Gesagt, getan. Am Flughafen gab Christian seinem Freund den Brief für seine Frau mit, in dem er seinen turnusmäßigen Besuch in München für den 9. Dezember ankündigte. Harry G. sollte diesen in Deutschland einwerfen, damit es schneller ging.

Kaum war der andere im gesperrten Bereich entschwunden, eilte Christian V. zum Flugschalter der Uganda Airlines, kaufte sich dort ein Ticket und flog unmittelbar darauf nach Nairobi. Dort buchte er bei British Airways einen Flug über London nach München, wobei er als Reisedokument einen britischen Pass auf den Namen George Broomhead vorlegte, ein gefälschtes Dokument, das er sich schon einige Wochen vorher in Entebbe besorgt hatte.

Die Reise über London nach München verlief problemlos. Christian V. landete in den Mittagsstunden des 3. Dezember, benutzte die S-Bahn vom Franz-Josef-Strauß-Flughafen in die Innenstadt und besuchte verschiedene Sexkinos in der Bahnhofsgegend. Angst davor, Bekannten oder ehemaligen Arbeitskollegen zu begegnen, hatte er nicht. Zum einen war kaum damit zu rechnen, dass sich Leute aus seinem Bekannten- und Freundeskreis in solchen Etablissements herumtrieben, zum anderen hatte er sich mittels Hut, dunkler Brille und künstlichem Schnauzbart getarnt.

Gerda V. verbrachte den Abend des 3. Dezember wie nahezu jeden Tag zu Hause, telefonierte noch um 19.00 Uhr mit einer Bekannten und verabredete sich mit ihr für den nächsten Tag zum Kaffeetrinken. Ob sie wie täglich um 20.15 Uhr den Fernseher einschaltete, ließ sich nicht mehr feststellen. Das benutzte Bett und die Schlafbekleidung lassen den Schluss zu, dass sie bereits im Bett gelegen hatte und nochmals aufstand, weil sie vermutlich Geräusche wahrnahm.

Sie dürfte ziemlich überrascht gewesen sein, als plötzlich ihr Ehemann vor ihr stand, der sich mit seinem Schlüssel unbemerkt Zugang verschaffen konnte. Wahrscheinlich vollkommen perplex, kam sie wohl nicht mehr dazu, um Hilfe zu schreien, als er sich auf sie stürzte und zu Boden riss, wo sie rücklings liegen blieb.

Gegen den kräftigen Mann, der sich mit seinen über 90 Kilogramm Körpergewicht auf sie setzte und ihr den Mund zuhielt, hatte sie nicht die geringste Chance, obwohl sie sich verzweifelt wehrte. Um ihre Gegenwehr endgültig zu unterbinden, kniete er sich auf ihre seitlich ausgestreckten Arme, griff nach einem Kissen auf dem Sofa und drückte es ihr mit aller Kraft so lange auf das Gesicht, bis ihr Körper erschlaffte.

Nach der Tat verursachte Christian V. jene Veränderungen in der Wohnung, die uns glauben machen sollten, es habe ein Einbruch stattgefunden. Dann fuhr er mit ihrem Auto zu dem Geldautomaten und hob dort 1 000 Euro ab, um den Eindruck zu verstärken, es handle sich um einen Fremdtäter, dem es nur ums Geld ging. Indem er das Auto seiner Frau nahm, ging er ein hohes Risiko ein. Immerhin hätte er in einen Verkehrsunfall verwickelt werden können. Dummerweise fand er trotz baldiger Rückkehr den Parkplatz besetzt vor, sodass er das Fahrzeug auf der Straße abstellen musste. Er legte den Autoschlüssel in die Küche zurück und sperrte die Tür nach Verlassen der Wohnung wieder ab. So wollte er den Eindruck verstärken, ein Einbrecher sei über den Balkon gekommen und auch auf diesem Weg geflohen. Den Glasschneider und das Kissen, mit dem er seine Frau erstickt hatte, nahm er in einer Plastiktüte mit und entsorgte diese in einem Müllcontainer.

Anschließend fuhr er mit der S-Bahn zum Flughafen, buchte unter seinem englischen Pseudonym bei Al Italia einen Flug über Mailand und Nairobi nach Entebbe, wo er am 4. Dezember um 23.45 Uhr eintraf. Seiner Geliebten, die in die Mordpläne nicht eingeweiht gewesen sein soll, habe er nur mitgeteilt, er sei zu einer Aussprache nach Deutschland gereist, habe dort seine Frau tot vorgefunden, gestorben an einem Herzinfarkt.

Woher dieser plötzliche Entschluss, nach Deutschland zu reisen, gekommen sei – wollte er doch ursprünglich wegen einer Magenverstimmung einen Arzt in Entebbe aufsuchen –, habe Mary nicht gefragt, erklärte sich allerdings sofort bereit, ihm ein Alibi zu geben.

Woraus wir den Schluss zogen, dass sie wusste, was passiert war. Eine andere Erklärung gab es nicht. Erst als sie erfuhr, dass ihr Geliebter ein Geständnis abgelegt hatte, korrigierte sie ihre Aussage dahingehend, ihm auf seine ausdrückliche Bitte hin ein Alibi gegeben zu haben, ohne jedoch zu wissen, dass er seine Frau getötet hatte. Sie kam sogar nach München zum Prozess und sagte aus. Von großer Liebe wollte sie nichts mehr wissen und behauptete, sie sei nur ausgenutzt worden. Er sei es auch gewesen, der sie dazu anstiftete, seine Frau als deutsche Touristenhure darzustellen, was definitiv nicht der Wahrheit entspreche. Dem Wunsch der schönen Mary, »etwas länger« in Deutschland bleiben zu dürfen, wurde nicht entsprochen.

Christian V. wurde wegen Mordes aus Habgier und niedrigen Beweggründen zu lebenslanger Freiheitsstrafe verurteilt, wobei die besondere Schwere der Schuld festgestellt wurde. Als besonders verwerflich empfand es das Schwurgericht, dass er seine Geliebte angestiftet hatte, die Ehre seiner Ehefrau posthum wider besseres Wissen zu beschmutzen.

Der Brief, den Gerda V. am 17. November, also zwei Wochen vor ihrem Tod, an ihren Mann in Uganda geschrieben hatte und der die Mordgedanken ihres Mannes und die sogenannte Zuspitzung der Ereignisse überhaupt erst auslöste, wurde in dem Haus in Uganda gefunden. Er begann mit der Anrede »Du schwanzgesteuerter Scheißkerl«.

Begegnungen mit der Bestie Mensch

Das Unfassbare war bei ihm der Normalfall: Der legendäre Mordermittler Josef Wilfling hatte es tagtäglich mit Menschen zu tun, die Ungeheuerliches getan oder erlebt haben. In *Abgründe* erzählt er seine spektakulärsten Fälle, schildert Tathintergründe, gibt den Blick in seelische Abgründe frei und zeigt: Die Wirklichkeit ist packender als jeder Krimi.